Réflexions sur le budo

Bernard Grégoire

© 2017
ISBN 978-2-9815240-5-8

Table des matières

Introduction

Je pense que ce livre porte bien son nom : Réflexions sur le *budo*. Il touche à une grande variété de sujets et son but n'est pas de partager de l'enseignement, mais simplement d'amener le lecteur à se poser des questions. C'est le but d'un ouvrage sur la réflexion, créer des controverses pour trouver des sujets à réfléchir. Bien sûr dans bien des cas vous ne serez pas d'accord avec mes propos. Vous aurez probablement quarante-sept raisons de ne pas partager le même point de vue que le mien. Et si c'est le cas, c'est bien, c'est signe que les propos tenus dans ce livre ne vous ont pas laissé indifférent. Ne pas être d'accord est déjà le résultat d'une réflexion.

Si vous êtes d'accord, c'est probablement que vous avez pris le temps de réfléchir et d'analyser ce que vous avez lu. Donc là aussi j'ai gagné en vous amenant à prendre le temps de songer à ces allégations. On ne peut progresser sereinement dans les arts martiaux sans parfois se remettre en question ou remettre en question les connaissances que l'on nous enseigne. Dans les arts martiaux, moins il y a de doutes et plus on peut devenir efficace. Si vous doutez de vous ou de vos techniques devant un adversaire, il vous sera difficile de gagner votre combat. Le contraire est aussi vrai. Si vous avez une confiance aveugle en vos techniques, un jour ou l'autre, cela vous perdra. Le meilleur moyen de se protéger de ça, c'est la réflexion. Si cet ouvrage peut vous permettre d'allumer quelques lumières, alors le travail aura été fait.

Plusieurs de ces textes ont été écrits suite à des conversations avec des amis instructeurs d'autres écoles et types d'arts martiaux. Même si l'on n'enseigne pas le même matériel, il y a tout de même des constances. En discutant, on réalise que l'on vit les mêmes vérités, les mêmes problèmes et parfois les mêmes bonheurs. Ces discussions sont toujours intéressantes, car elles nous font prendre conscience de notre rôle de professeurs et de celui des étudiants.

La pire chose à faire dans les arts martiaux est de suivre un chemin en ne remettant jamais rien en question. Le *budo* est une façon de vivre pour certains et une façon de survivre pour d'autres. Peu importe le chemin qui est le vôtre, la compréhension exige parfois des remises en questions ou du moins un questionnement sur soi-même, nos compétences et l'art que l'on pratique. Avec un peu de chance, vous y trouverez peut-être des sujets auxquels vous n'avez jamais réfléchi. Peu importe que vous connaissiez ou non ce dont on traite dans ces chapitres, l'important est d'être conscient que cela existe.

Vous remarquerez que les chapitres sont très courts. J'aime m'inspirer des mangas japonais où la lecture d'un chapitre peut se faire entre deux stations de trains. Croyez-moi, j'ai mis beaucoup d'efforts à tenter que la plupart des chapitres ne dépassent pas trois pages à simples interlignes. Pourquoi cette restriction? Pour demeurer ciblé sur le vif du sujet, pour ne pas laisser vagabonder l'esprit du lecteur sur autre chose. En écrivant ainsi, ça permet au lecteur de prendre quelques minutes pour lire un seul chapitre à la fois et permettre à son esprit de laisser décanter ce qui s'y trouve.

Merci de prendre le temps de lire ces 47 chapitres, un peu dissidents, de la foi aveugle qu'on a parfois tendance à avoir lorsque l'on pratique le *budo*.

Chapitre 1

Qu'est-ce qu'un art martial?

Sur Wikipédia il est écrit qu'un art martial est un style ou une école où l'enseignement porte principalement sur des techniques de combat, à mains nues ou avec arme. Pour la plupart des gens, dès que l'on parle d'art martial, les mots « karaté », « judo » ou « taekwondo » leur viennent naturellement à l'esprit. Et, plus récemment, les lettres « MMA » sont devenues familières. Mais est-ce que toutes les écoles sont égales face à un combat en situation réelle?

Nous pourrions argumenter longtemps sur le sujet. Pour moi, un bon bagarreur de rue est quelqu'un qui possède déjà une ceinture noire. Les puristes diront que ça n'a rien à voir. Au contraire, un art martial est dédié à la guerre. Sa raison d'être était la survie de celui qui le pratiquait. Je pense que l'on serait surpris du nombre de ceintures noires qui ont visité le plancher en livrant combat à un dur à cuir dans un bar.

Ma philosophie sur les arts martiaux diffère généralement de celle de la plupart des écoles. Il y a longtemps que je n'envoie plus mes étudiants parader dans des compétitions. Les dernières années où j'enseignais le kempo, si j'avais dix personnes qui participaient à un tournoi, il était rare que nous ne revenions pas avec une douzaine de trophées ou de médailles. Mes étudiants étaient performants d'un point de vue sportif. À cette époque je possédais encore deux chapeaux d'enseignants sur le plan martial, soit le karaté et le *budō taijutsu*. Nous participions régulièrement aux diverses compétitions qui se tenaient dans la région en plus de quelques escapades aux États-Unis. Puis, un jour, mes étudiants atteignaient leur cible à tout coup lors de combat, mais les juges ne voyaient rien, ils ne voulaient rien voir. J'ai donné le feu vert à mes étudiants afin qu'ils n'y aient aucune erreur possible sur le fait que leurs poings touchent bien à leurs adversaires. Naturellement, nous avons eu une série de disqualifications en cascade. Mais au moins, nous savions que mes étudiants étaient capables d'atteindre leurs opposants.

Dans la même période, j'enseignais de plus en plus aux gens du domaine de la sécurité. Mon travail consistait à former ces agents non seulement pour qu'ils puissent survivre à diverses agressions, mais également pour qu'ils ne blessent pas les personnes qu'ils avaient à maîtriser. Un art martial dont les automatismes consistaient à répondre à une attaque avec les poings et les pieds n'avaient plus sa raison d'être pour moi. Aux grands regrets de plusieurs de mes étudiants, je cessai d'enseigner le karaté kempo pour me consacrer uniquement à l'art du Bujinkan.

Des résultats

Si l'on juge une école aux résultats de ses élèves, je pense pouvoir dire que nous avons un bon dojo. Au fil des décennies, j'ai eu plus d'une quinzaine d'étudiants qui ont non seulement survécu sans se faire blesser à des attaques au couteau, mais qui ont également dans tous les cas, maîtrisé leurs agresseurs sans les esquinter. Juste une petite parenthèse pour dire que notre ville n'est pas plus violente qu'une autre. C'est simplement le fait que comme j'ai beaucoup de membres qui travaillent dans le domaine de la sécurité, il est normal qu'ils soient confrontés à des situations plus violentes. Mais dans ce lot, ce ne sont pas toutes ces personnes qui s'affairent dans le milieu de la sécurité. Deux de mes étudiantes n'œuvrant pas dans ce domaine ont été agressées au couteau et dans les deux cas elles s'en sont bien sorties.

Deux autres jeunes femmes ont été attaquées par des hommes, dont une qui s'est défendue contre trois. Elle avait entendu l'un de ses agresseurs dirent à ses compagnons de le suivre qu'ils se « feraient du fun ». Après avoir cassé le nez et brisé le coude de celui qui l'avait agrippé par-derrière, elle a demandé aux deux belligérants s'ils trouvaient ça toujours amusant. D'autres personnes sont arrivées sur les lieux et une voiture de police qui était dans les parages est intervenue.

J'ai probablement quelques dizaines d'exemples de mes étudiants qui ont eu à se défendre et qui s'en sont bien sortis. Ça semble beaucoup, mais dites-vous que cela se passe sur plus de trente années. J'étais bien fier d'eux lorsqu'ils ramenaient des médailles. Mais je le suis davantage lorsque j'apprends que les techniques que je leur ai enseignés les as protégés de blessures et peut-être même dans certains cas sauvés la vie.

Cela décrit ce qu'est pour moi un art martial. C'est un outil qui a pour but d'aider le pratiquant à survivre à divers type d'agressions. Mais la question est : « Est-ce que tous les arts martiaux ont la capacité d'aider quelqu'un à survivre à de violentes agressions? Est-ce que toutes les écoles sont égales face à la réalité violente de la rue? » Dans mon esprit la réponse est non ou du moins pas de la même façon.

Pratiquer un art martial relève d'un choix. On doit faire le tri entre divers professeurs, des méthodes d'enseignement différentes et des techniques qui varient énormément d'un style à un autre. Pour quelqu'un qui se cherche un art martial à pratiquer, le nombre d'options offre une grande diversité. Certaines écoles sont inspirées de divers animaux, d'autres utilisent les éléments de la nature, d'autres ne se préoccupent pas de trouver un lien avec quoi que ce soit, ils se contentent d'essayer de frapper sur tout ce qui bouge. Bref, il y en a pour tous les goûts et c'est ce qui fait la richesse du *budo*.

Est-ce que toutes ces écoles sont des écoles d'art martial? Cette question relève d'un point de vue personnel à chacun. La vraie question est probablement davantage : « Qu'est-ce qu'en tant que pratiquant, je recherche dans un art martial? »

Trois catégories

On peut diviser les arts martiaux en trois catégories. D'abord les sports de combat. Dans un art martial où l'on retrouve de la compétition, les automatismes dangereux ont été éliminés et c'est une bonne chose. Je crois que ça serait mal perçu qu'un concurrent ait le réflexe de mettre son doigt dans l'œil de son adversaire. Dans cette catégorie, le pratiquant évolue en suivant des règles. Un arbitre arrêtera la rencontre si cela tourne au drame. Dans la rue, il n'y aura personne pour mettre fin au combat.

Plusieurs arts martiaux se sont développés pour offrir une voie plus spirituelle. Ce sont souvent des arts qui se terminent par le kanji « do ». Que l'on pense à l'aïkido ou au kendo, ces arts martiaux prêchent le contrôle et présentent aux pratiquants une philosophie de vie axée sur le respect de la vie elle-même. Dans ces disciplines, les vieux maîtres ne priorisaient pas le combat pour la survie. La gestuelle des mouvements, la concentration dans l'action, tout est orienté pour que le pratiquant puisse développer ses émotions en harmonie, pour qu'il acquière un équilibre spirituel.

En troisième lieu, on retrouve des écoles qui portent l'appellation de bugeï. Le but de ces enseignements est d'assurer la survie de ses adeptes. Les techniques ne misent pas sur l'esthétisme, mais sur l'efficacité. Celui qui s'entraîne dans ces arts martiaux apprend à utiliser toutes les ressources qui sont à sa disposition afin de pouvoir survivre à n'importe quelle confrontation. Il est sensibilisé à faire des choses qui sembleraient immorales pour la plupart des gens. Peu de personnes auraient le courage de crever un œil si leur vie était en danger. Le simple fait d'enfoncer des doigts dans la trachée d'un adversaire répugne à beaucoup d'individus.

Le mot martial découle du mot « Mars », dieu de la guerre. Lorsque l'on part à la guerre, personne ne peut garantir qu'il va en revenir vivant. L'art martial a pour but de préparer la personne à cette réalité, d'en faire un guerrier lorsque c'est possible. Et si ce dernier n'a pas la capacité de devenir un guerrier, de lui donner les outils nécessaires pour pouvoir se rendre jusqu'au lendemain.

Un art martial a pour but de nous doter des moyens essentiels à notre protection. Mais choisir le bon outil qui convient à notre personnalité est parfois difficile. Il faut chercher celui qui correspond le mieux en fonction de nos besoins et de notre capacité. Certains instruments employés par des travailleurs de la construction sont trop sophistiqués pour qu'un bricoleur du dimanche l'utilise à son plein potentiel. Il faut être conscient de son niveau sans se surestimer ou se dévaluer. Je vois souvent des gens qui arrivent de milieu sportif et qui sont certains d'être des machines de guerre. C'est toujours drôle de voir leur mine lorsqu'ils constatent qu'ils peuvent être battus d'une seule main. Mis à part un doigt dans l'œil, il existe une multitude de kyushos qui peuvent déstabiliser et neutraliser une personne. Dans les sports de combat, ces points ne peuvent être utilisés. Les gants et diverses protections n'autorisent pas ces actions. Dans les arts martiaux à mains nues où les confrontations se terminent souvent au sol, il serait mal vu d'insérer un petit doigt dans l'oreille de son rival afin de lui perforer un tympan. Imaginer la mauvaise presse que ferait un combattant qui enfoncerait son index loin dans la narine de son adversaire. Ce sont des gestes disgracieux auxquels ne sont pas préparés la plupart des combattants sportifs. Mais si dans une confrontation réelle il faut en arriver à ça pour survivre, pourquoi pas?

Je pense que l'une des choses intéressantes à vérifier lorsque l'on cherche un art martial est de jeter un coup d'œil du côté de ses racines. Depuis combien d'années que ces techniques s'enseignent? Est-ce qu'elles ont déjà eu à faire leurs preuves dans des situations difficiles? Par qui ont-ils été créés? Est-ce que les méthodes se sont adaptées au fil des années? Y a-t-il une succession reconnue qui permet de garantir la qualité de ce qui s'est transmis au fil des ans et même des siècles? On voit souvent des écoles où le niveau technique s'est dégradé au fil des générations d'enseignants.

Après s'être posé des questions sur le style lui-même, on peut tenter de trouver de l'information sur le professeur et sur l'école qui nous intéresse. Est-ce qu'ils offrent l'orientation que je désire prendre dans ma pratique? Si je cherche l'autodéfense, quels sont les résultats obtenus dans cette école? Certains professeurs ont un talent incroyable, mais comme ils sont jeunes et débutent dans la profession, il faut apprendre à les évaluer à leur juste valeur et à leur donner une chance. Mais qu'il soit jeune ou vieux, ne vous gênez pas pour lui poser les questions qui vous viennent à l'esprit. Un choix d'une école est généralement un choix de plusieurs années lorsque l'on trouve le bon endroit avec les bonnes personnes. Et si le professeur semble irrité par vos interpellations, c'est peut-être qu'il ne possède simplement pas la compétence de vous répondre.

Se poser des questions, c'est s'assurer d'avoir une fondation solide pour ce que l'on va accomplir. La plupart des gens ne feront que passer sur la voie martiale. Il n'est pas rare de voir des pratiquants diminuer leur assiduité au dojo après la ceinture noire. Pourtant, ce niveau ne représente que la fondation de l'édifice que l'on pourrait construire.

Chapitre 2

Choisir son professeur

La recherche d'un bon enseignant est une tâche ardue. Il existe toute une panoplie d'instructeurs afin de répondre à la demande de tous. Des gens qui selon leur culture, de par l'art martial qu'ils professent, réagiront différemment aux questions que vous leur poserez. Dans un premier temps, on ne choisit pas un enseignant lorsque l'on débute dans les arts martiaux, on sélectionne une école. Le plus souvent, la situation géographique primera la qualité de l'enseignement qui s'y donne. Des critères comme la facilité de stationnement joueront davantage que sur la bonne réputation de l'établissement.

À ce stade, le débutant ne connaît rien aux arts martiaux. Mis à part la personnalité agréable ou non du professeur, peu de paramètres influenceront le choix de ce dernier. Naturellement, pour les plus débrouillards, après quelques semaines, ils pourront juger de la compétence pédagogique de leur enseignant. J'ai eu récemment une personne qui arrivait d'une école concurrente et qui me disait que le professeur se contredisait en expliquant les techniques. Dans l'espace de quelques semaines, il avait noté l'incompétence de cet enseignant. On peut ne pas connaître les arts martiaux, ça ne veut pas dire que l'on n'est pas intelligent pour autant.

Depuis quelques années sur Internet, on peut voir des gens, souvent des anciens combattants qui ont fait partie des forces spéciales et qui accomplissent des prouesses extraordinaires. Il y a eu une époque où ces athlètes, c'est-à-dire des militaires surentraînés, démontraient l'efficacité de leur système de défense. La question est : « Est-ce que vous vous pourrez devenir aussi performant qu'eux en tentant d'effectuer les mêmes techniques? » Ces anciens militaires ont des réflexes plus rapides que la moyenne. Ils ont travaillé des années à pratiquer des automatismes qui font en sorte que leurs gestes sont précis. Dites-vous bien que lorsque vous choisissez un art martial, il faut qu'il soit accessible à votre niveau de compétence. Ce n'est pas donné à tout le monde d'être un Bruce Lee.

Ces gens sont entraînés pour faire face à toute sorte de situations. Ils sont payés pour développer des réflexes extrêmes afin d'assurer leur survie. Dans cette optique, ils peuvent se pratiquer un grand nombre d'heures, un luxe que ne peut se permettre la majorité des gens. Les personnes qu'ils forment peuvent atteindre un bon niveau, mais est-ce les attentes seront au rendez-vous lorsque arrivera le moment de mettre ces techniques en pratique en situation réelle s'ils ne disposent pas du même entraînement physique? De plus, avant que ces personnes ne fassent partie de ces unités d'élite, elles ont passé au travers une sélection serrée. Un nombre impressionnant de candidats ont été mis de côté, car ils ne possédaient pas la génétique nécessaire pour atteindre ces hauts niveaux.

J'ai un jour rencontré deux instructeurs d'un style que je ne nommerai pas. Leur professeur était l'une de ces sommités qui avaient eu la chance et la capacité de faire partie des forces spéciales. Ces deux personnes enseignaient dans le domaine de la sécurité. Lorsqu'ils exécutaient des routines bien déterminées, ils étaient excellents. Mais à quelques reprises, je leur ai demandé de faire certaines techniques sur moi. Dans bien des cas, par un simple déplacement que leurs chorégraphies ne prévoyaient pas, ou par une pression sur un kyusho, j'arrivais à les déstabiliser et à les immobiliser. Les deux hommes étaient de véritables professionnels. Plutôt que de réagir avec frustration, ils en profitèrent plutôt pour analyser leurs faiblesses. Ensemble, nous avons pu combler quelques lacunes dans le peu de temps que nous avions.

Ce n'est pas parce qu'un joueur excelle au hockey qu'il peut devenir un bon entraîneur. Ses trophées ne sont pas un gage de sa compétence à transmettre son savoir. C'est la même chose dans les arts martiaux. Il faut prendre le temps d'observer comment votre professeur répond à vos questions et à celle des autres étudiants. Si personne n'ose le questionner, il y a peut-être une raison à cela. Occasionnellement, je vois certains instructeurs qui s'entourent d'une aura de mystère et qui se retirent en se contentant de regarder les étudiants de débrouiller du mieux qu'ils le peuvent. La plupart du temps, ce sont des gens qui sont complexés et qui ont peur de l'échec. Que se passerait-il s'il démontrait de l'incapacité à ne pouvoir répondre à la question d'un étudiant? Comme enseignant, il est de notre devoir d'être accessible et disponible pour eux. Il ne faut pas que notre ego nuise à leur progression.

Question de valorisation

Dans la plupart des arts martiaux, on appellera le professeur par son titre et non par son nom. Cette façon de faire est traditionnelle et permet à l'enseignant de garder une certaine distance avec l'étudiant. Un lien de familiarité trop grand n'est pas souhaitable si l'on n'a pas la capacité de gérer le tempérament de son étudiant. Si pour le professeur, cette procédure est une façon d'obliger l'étudiant à le respecter, je pense qu'il y a un problème. Le respect, ça se mérite, ça ne s'oblige pas. À mon dojo, les gens m'appellent par mon prénom et je n'ai jamais eu l'impression qu'aucun d'entre eux ne m'a manqué de politesse. Il faut prendre conscience de la relation que l'on a avec l'instructeur qui est devant nous. Est-ce que je lui voue instinctivement un respect parce qu'il le mérite ou si les protocoles du dojo m'obligent à agir de la sorte? C'est ce respect naturel qui fait en sorte que l'on focalisera davantage sur l'enseignement du professeur plutôt que de se contenter de mimer ce qu'il fait.

Beaucoup d'instructeurs dans les arts martiaux n'ont pour seule valorisation que leur ceinture autour de la taille et les degrés qui l'accompagnent. Souvent, cet état crée un manque d'assurance chez eux. Ils auront tendance à obliger davantage leurs étudiants à s'aplatir devant eux. Plusieurs créeront une aura presque mystique autour d'eux afin de se munir de ce petit quelque chose qui les démarqueront du commun des mortels. Pour ces gens, l'erreur est une atteinte à leur valorisation. Ils ne démontreront que ce qu'ils contrôlent parfaitement. Il arrive souvent que des étudiants me demandent comment se sortir d'une situation que je n'ai pas enseignée ou que je n'ai jamais vue. Je ne refuse jamais ce genre de défi, c'est une occasion pour moi de progresser. Il peut arriver que je n'aime pas ma réponse et où, horreur, que je me trompe. L'erreur fait partie de notre apprentissage. Si les étudiants ne comprennent pas que le professeur est humain et a droit à l'erreur, il y a un problème dans les protocoles non verbaux qui ont été établis entre eux.

Personnellement, j'ai eu le privilège d'organiser et de diriger des systèmes de gestions de foule pour divers événements. J'ai eu à gérer des rassemblements de plus de soixante-dix mille personnes. Ma valorisation je l'ai trouvée à relever ces défis. Je l'ai trouvé en enseignant en sécurité industrielle au Collège Garneau. Je l'ai également trouvé à écrire mes livres sur les arts martiaux. Je l'ai aussi rencontré dans l'apprentissage du japonais et un peu de l'espagnol. Je l'ai découvert dans les années où j'ai eu à travailler avec des jeunes ayant des problèmes comportementaux. Alors après tout ça, devenir professeur dans les arts martiaux n'est pas une raison de vivre et de m'afficher. C'est une opportunité de partager une passion et de réussir à transmettre un peu de cette passion. C'est peut-être à cause de tout ça que je ne ressens pas le besoin d'écraser mes étudiants pour qu'ils se mettent à mes genoux. Je détesterais cela. Pourquoi dire tout cela? Simplement que ça fait partie d'un examen de conscience que devrait faire un instructeur d'art martial. Lorsque j'enseigne, est-ce pour flatter mon égo ou pour partager mes connaissances avec mes étudiants? L'élément le plus important dans une relation professeur-étudiant ne devrait pas être le premier, mais bien celui qui est là pour apprendre. Naturellement, une appréciation et un respect mutuel devraient se créer entre les deux.

Hors du dojo

Je me souviens d'une personne, qui à une certaine époque, désirait acquérir mes écoles. J'avais réussi à former un petit réseau de dojos qui était vraiment plus que professionnel. Cette personne voulait associer nos membres à son groupe, qui était beaucoup plus vaste que le nôtre. Nous aurions eu plusieurs bénéfices à nous unir avec eux. Plus d'accès à des compétitions aux É.-U., plus de possibilités de prendre des séminaires avec quelques sommités, bref, l'avantage des multinationales d'art martial.

Cela faisait déjà quelques mois que le responsable du pays me talonnait pour que j'accepte de me joindre à eux. Dans cette organisation, les titres et le comportement face aux professeurs étaient plus qu'importants. Oui sensei, non sensei et on n'argumente pas avec son enseignant. Je n'ai rien contre cette politesse, au contraire, elle peut dans bien des cas inculquer de la discipline aux plus jeunes. Lors d'une de nos rencontres avec ce responsable, son second était présent. Il m'avait fait toute une allocution sur la nécessité du respect dans les arts martiaux. L'obligation des saluts à la photo du maître, du dojo et de tout ce qui était cérémonial. J'avais eu droit à un discours de cet homme sur l'importance du respect au sein de leur organisation.

Quelques semaines plus tard, en revenant d'une compétition avec mes étudiants, nous nous sommes arrêtés à l'un des rares restaurants qu'il y avait sur le chemin du retour vers Québec. Le second en question était assis à une table voisine. On ne pouvait pas le manquer, il parlait suffisamment fort pour attirer l'attention. Au moment où la serveuse vint lui servir du café, il lui lança directement des demandes sexuelles qui étaient sans équivoques, le tout servi dans un langage de bas fond. C'est là que ma décision de ne pas faire partie de cette organisation s'était prise. Le respect, ce n'est pas seulement dans le dojo que ça se passe. Le respect ne doit pas être qu'une façade lorsque l'on porte le kimono. Les arts martiaux doivent avoir une influence positive sur notre vie de tous les jours.

Une saine relation se construit sur le respect mutuel des deux parties. Mais, malheureusement, ça ne se fait pas toujours dans les deux sens. Pour bien des enseignants, les étudiants ne sont qu'un moyen d'obtenir de l'argent. Oui, c'est normal d'en recevoir, cela fait partie du travail du professeur, il faut bien qu'il vive. Or, se contenter d'un simple échange de service n'est pas suffisant en ce qui me concerne. Comme enseignant, j'ai la responsabilité de faire de mon mieux afin que celui avec qui je partage mon savoir soit en sécurité dans la rue. Mais un art martial ne doit pas se contenter d'apporter des techniques de combat. Il doit également léguer des valeurs qui se transmettent depuis des générations. Il doit aider le pratiquant à trouver un juste équilibre sur le plan de la gestion des émotions afin qu'ils puissent utiliser sainement les méthodes de combat qu'il possède.

Avant de vouloir dire aux autres comment ils doivent agir, on doit comprendre pourquoi nous-mêmes agissons de telle ou telle façon. Certes, les arts martiaux influencent notre vie de tous les jours. Mais on ne peut vivre vingt-quatre heures sur vingt-quatre en ne songeant qu'à cela. Les samouraïs pratiquaient la poésie, la calligraphe et même les arrangements floraux afin de demeurer équilibrés.

Un guerrier ne peut être équilibré s'il ne vit et ne pense qu'au combat et à ce qui gravite autour de son art. Un équilibre est nécessaire et permet d'avoir une vision juste. Il est assez inhabituel pour moi de discuter d'art martial en dehors du dojo. Ce qui ne veut pas dire que je n'aime pas ce que j'enseigne, au contraire. Mais le fait de ne pas toujours avoir cela à l'esprit me permet de prendre du recul. Lorsque j'y reviens, ça me permet de voir cela sous un nouvel angle. Mais, comme tous les instructeurs, il m'arrive souvent de penser à certaines techniques ou certains principes le soir en me couchant. C'est normal, mais il ne faut pas que cela devienne obsessionnel. Les enseignants d'arts martiaux que j'ai rencontré qui pensent et ne vivent que pour les arts martiaux ne réussissent généralement pas à atteindre les niveaux plus avancés du *budo*. Leur obsession ferme la porte à des degrés plus élevés de compréhension. Si votre seul sujet de conversation tourne autour du dojo, vous avez probablement un problème.

J'aime bien faire un petit sudoku pour me détendre. Et vous comme enseignant, que faites-vous pour vous sortir la tête des arts martiaux?

Chapitre 3

Pouvoir adapter son art martial

Lorsque l'on s'adonne aux arts martiaux, il est coutumier de créer une relation professeur/étudiant qui soit forte. Dans le *budo* japonais on traduit le nom professeur par sensei. Dans notre langue, les deux kanjis qui composent ce mot signifient « celui qui est né avant ». Alors quoi de plus normal que de se fier à la personne d'expérience, celui qui a arpenté la voie avant nous?

Cependant, sur le chemin du *budo*, tous les sentiers parcourus n'apportent pas nécessairement une vision identique de ce que peut être un art martial. Tous n'ont pas emprunté le même chemin et l'expérience qui en découle peut varier énormément d'un voyageur à l'autre. Pour certains la recherche du *budo* tient plus de la quête du Saint-Graal que de l'acquisition de principes qui respectent les lois de la physique.

Les arts martiaux ne s'enseignent pas à partir d'un programme informatique. Bien sûr, vous pouvez aller voir une technique sur Internet et la mimer afin de la reproduire. Par contre, pour arriver à bien comprendre ce que vous faites, vous aurez probablement bénéficié d'une certaine expérience que vous aurez acquise auprès d'un professeur compétent. En photocopiant ainsi l'agencement de mouvements que vous aurez trouvé, sans une certaine maturité martiale, vous n'aurez pas la capacité de l'adapter à votre corps et à votre tempérament. Vous n'aurez pas les aptitudes nécessaires pour vous ajuster au gabarit et au type d'émotions qu'aura votre agresseur au moment de vous en servir pour vous défendre.

Le bon enseignant saura vous guider sur la meilleure manière d'adapter la technique à vos besoins personnels. Il tiendra compte de votre capacité physique, de votre grandeur ainsi que de votre tempérament s'il a un peu de temps à vous consacrer. S'il a atteint un niveau de compréhension martial un peu plus élevé, il évitera de vous façonner dans le même moule que tous les autres étudiants du groupe.

La plupart des arts martiaux modernes sont faits pour être enseignés en plaçant tout le monde dans une matrice identique. Durant des années, j'ai formé des gens en étant certain que c'était la bonne façon de faire. Lorsqu'une femme de petite stature avait des problèmes à performer de la même manière que les autres, l'entraînement que j'avais reçu m'avait conditionné à ne pas me poser de questions. Le seul jugement qui découlait de la difficulté de l'étudiante était qu'elle n'était pas aussi compétente que les autres. Je pense qu'énormément d'instructeurs se reconnaissent dans ce modèle.

Ne pas se fier aux apparences

Aujourd'hui, j'enseigne en personnalisant les techniques. Je les adapte aux besoins de l'étudiant, quel que soit sa stature ou son sexe. De qui avez-vous le plus peur? De la petite dame au sourire charmant ou de l'armoire à glace au crâne rasé et plein de tatouages? J'ai enseigné à un très grand nombre d'intervenants en sécurité, de portiers habitués à se bagarrer, à des policiers et des gardes du corps. Les apparences sont souvent trompeuses. Les genoux d'une personne de forte stature ne résisteront pas davantage à un coup de pied latéral que la petite dame au charmant sourire. Un doigt dans un œil nous met tous sur le même pied d'égalité. J'ai rencontré des hommes de petite taille qui étaient de loin plus dangereux que la plupart des colosses que j'ai croisés ou encore que j'ai dû maîtriser. Pourtant, cet homme est de loin plus dangereux que la plupart des arts martialistes performants que j'ai pu rencontrer. Si un jour un groupe s'en prend à lui, il y a de fortes chances que tous ces gens disparaissent un à un et que l'on ne retrouve plus jamais leurs cadavres. On ne sait jamais à qui l'on a affaire dans la rue.

Une de mes étudiantes qui est policière travaillait dans un endroit éloigné dans le nord du pays. Elle n'était pas du style débardeur, mais une jolie femme à l'allure très féminine. Un jour, elle a eu une confrontation avec une personne sous l'emprise de la drogue. L'homme lui a donné un coup de pied au corps. Elle s'est relevée et a sauté sur lui dans l'espoir de pouvoir lui faire une clé de bras. Sans savoir trop comment, elle s'est retrouvée agrippée dans son dos, son poivre de cayenne à la main. Elle a aspergé l'homme directement dans les yeux, mais le jet semblait sans effet sur lui. En lui crochetant une jambe, elle a réussi à le faire chuter, son agresseur s'est assommé en tombant. Elle en a profité pour le menotter. Durant tout ce temps, son partenaire masculin était resté debout, figé par la peur. Elle a su adapter sa souplesse et son agilité au besoin de son travail. Je ne l'imagine pas du tout essayant de jouer du poing avec un contrevenant qui ne sent rien sous l'influence de la drogue. Sa combativité lui a probablement épargné de graves blessures.

On ne doit jamais se fier aux apparences tant pour l'adversaire que pour le professeur. Notre vie est dictée par les apparences. Personne n'aime paraître inférieur aux individus qu'ils côtoient. Peu importe le salaire qu'ils gagnent, beaucoup de gens se rendront au maximum de leur capacité financière afin d'afficher un niveau de vie égale aux gens qu'ils fréquentent. Dans les arts martiaux, les apparences justifient souvent les techniques enseignées. Imaginez une personne qui est attaquée au couteau lors d'une démonstration et qui se contente de se tasser de côté et d'immobiliser le bras à l'aide de points de pression. L'attaquant est complètement maîtrisé, il est amené rapidement au sol et est désarmé. Les spectateurs vont probablement regarder sans trop comprendre et sans vraiment apprécier ce qu'ils ont vu. Une autre personne fait une nouvelle démonstration d'attaque avec la même arme. Mais cette fois-ci, celui qui se défend se tasse de côté, en frappant l'avant-bras de l'adversaire avec ses poings et en criant fortement. Puis il saisit le bras, donne un coup de genou au ventre et amène l'assaillant au sol en laissant de nouveau un cri puissant. Lequel des deux défenseurs aura eu le plus de succès auprès des spectateurs dans ces deux attaques selon vous? Probablement le second. Pourtant sa technique était plus hasardeuse. De plus, en criant, il avertit les amis de son agresseur qu'il se passe quelque chose. Mais les apparences étant ce qu'elles sont, le public l'aura élu au rang du plus compétent.

En politique, c'est un fait connu que celui qui parle le plus a de meilleures chances de sortir du rang. Cette réalité s'applique à bien des domaines. Dans les arts martiaux, on rencontre souvent de ces gens à la parole facile et qui sont prêts à prêcher leurs savoirs à la première occasion. Est-ce que ces personnes sont les meilleures? Pas nécessairement. Une chose est sûre, ils iront chercher un plus grand nombre d'étudiants. Les gens se baseront sur ce que dit cet entraîneur et non sur sa capacité et sur la qualité de ses connaissances. En écrivant cela, je repense à certains professeurs que j'ai connus. Certains parlaient beaucoup et d'autres très peu. Dans des rencontres interdisciplinaires, les plus loquaces amassaient les plus gros groupes. Ce n'était généralement pas les instructeurs qui m'impressionnaient le plus.

La question à se poser est simple : « Est-ce que ce qu'enseigne mon professeur est logique compte tenu de ma grandeur, de ma force physique et de mon tempérament? » C'est certain qu'il est beaucoup plus difficile pour un enseignant de personnaliser et d'adapter les techniques à la réalité du pratiquant. Cela demande plus d'effort et cela exige une meilleure maîtrise du matériel à enseigner.

Dans les temps anciens

Dans les temps anciens, un maître d'art martial ne prenait que quelques élèves. Il adaptait son enseignement en fonction de son disciple. S'il avait plusieurs étudiants, il n'était pas rare d'en voir un se spécialiser dans une discipline quelconque et tandis que les autres se perfectionnaient dans une autre branche. De nos jours, plusieurs écoles traditionnelles n'existent plus. Souvent, le maître ne trouvait pas la personne qualifiée pour lui succéder. Dans bien des cas, il préférait laisser disparaître le ryu plutôt que de le transmettre à n'importe qui.

Après la Seconde Guerre mondiale, les arts martiaux se sont un peu plus démocratisés. Devenus plus accessibles, les pratiquants étaient souvent entraînés à la dure. Il était plus difficile à l'époque d'être accepté au sein d'une école. Ceux qui réussissaient à y accéder prenaient à cœur leur formation. Ils s'y investissaient pleinement. De nos jours, pour la majeure partie des étudiants, il s'agit simplement d'un loisir, d'un passe-temps ou dans bien des cas d'une activité sociale. Ce n'est pas mauvais, loin de là. Mais il ne faut pas s'étonner si le niveau de maîtrise obtenu ne parvient pas à égaliser celui des générations précédentes. Nous nous sommes adaptés à notre culture moderne où l'effort n'est plus un paramètre essentiel.

L'adaptation est primordiale si l'on veut atteindre son maximum de potentiel. Imaginez un instant que vous vous battez contre un clone de vous-même. Il possède les mêmes acquis, la même vitesse, la même force physique. Si vous foncez tête baissée sans vous adapter, en ne vous basant que sur ce que vous connaissez, il y a de fortes chances que vous vous en sortiez tous les deux drôlement esquintés. Pour vaincre votre adversaire, vous devrez improviser, sortir de vos habitudes robotisées, vous devrez penser différemment. Peut-être que pour gagner vous devrez éviter de terminer vos techniques et changer constamment vos plans d'attaques afin que votre agresseur ne puisse deviner vos plans.

Chaque nouvelle situation demande une adaptation. Bien sûr, vous pouvez vous ajuster à n'importe quel art martial. Mais ça serait bien que votre art martial s'adapte également à vous.

Chapitre 4

La compétence d'apprécier

Beaucoup d'enseignants de haut niveau ne sont pas reconnus à leur juste valeur simplement parce qu'un grand nombre de pratiquants d'art martial n'ont pas la compétence requise pour les apprécier. Ces personnes affectionneront davantage des maîtres qui feront une mise en scène élaborée ou une gestuelle pompeuse et des rictus expressifs, mais inutiles, qui donneront une fausse impression de puissance et d'efficacité.

Cela fait plus de quarante ans que j'ai touché à mes premiers arts martiaux. Ma perception du *budo* a grandement évolué. Durant mes premières années, comme tout bon art martialiste, il était naturel pour moi de désavouer tel ou tel style. De classer une technique comme étant quelque chose de complètement farfelu. Je suis sûr que tous les pratiquants d'expérience de longue date se reconnaissent dans ce modèle. Il est si facile de critiquer lorsqu'on n'a pas encore développé le talent de voir les choses dans leur ensemble.

Avoir la capacité d'apprécier toute la logique et toute la complexité d'une technique n'est pas donné à tous les pratiquants d'arts martiaux. Il m'est arrivé souvent de découvrir des petites merveilles dans des techniques que je trouvais dénuées de toute logique la première fois que je le voyais. Au premier regard, je ne réalisais pas la subtilité d'une torsion sur un poignet qui changeait complètement la donne ou d'une légère pression appliquée au bon endroit. Lorsque l'on débute dans l'apprentissage du *budo*, au grand dam de plusieurs, je dirais les vingt premières années, on s'entraîne à exécuter et non pas à disséquer les connaissances qui nous sont offertes. On se contente de tenter de reproduire les mouvements tels qu'ils nous ont été appris.

La première fois que j'ai dû frapper Hatsumi sensei, je me suis retrouvé genoux et mains sur le sol. À chacune des tentatives où j'essayais de me remettre sur pieds, il déposait un ou deux doigts à un endroit stratégique de mon corps. Immanquablement, il m'obligeait à répartir le poids de mon corps d'une nouvelle manière si je voulais me relever. Il jouait avec moi comme si j'avais été un simple chaton. Toutes mes tentatives pour retrouver une position verticale se révélaient infructueuses. Pour être honnête, si j'avais regardé sur une vidéo une personne faire la même chose, je me serais dit que cela était arrangé avec le gars des vues. Vu de l'extérieur, je devais paraître tellement ridicule. Pourtant, j'étais incapable de me relever, et cela sans qu'il utilise de force musculaire. C'était frustrant de me faire contrôler de la sorte du bout des doigts. Il avait eu le don de déposer la pointe de ses doigts exactement à l'endroit nécessaire pour me faire perdre mon équilibre. Aujourd'hui encore, je serais incapable d'arriver à une telle maîtrise.

Pour apprécier pleinement les hautes sphères du *budo*, il faut avoir été confronté à ce genre de situations. Aujourd'hui, mes étudiants savent bien comment il devient possible de contrôler une personne sans effort. Bien sûr, ils ne maîtrisent pas cela, mais ils possèdent la compétence nécessaire pour savoir que ce type de manipulation existe et pour les reconnaître lorsqu'ils les voient. Attention ici à ne pas mélanger le pouvoir des Jedi et la réalité.

Je dis toujours à mes étudiants de ne jamais croire leurs professeurs et je m'inclus dans ce processus. Vérifiez si ce que je vous dis est logique et réalisable. Posez-vous les questions afin de trouver les failles possibles dans ce que l'on vous enseigne. Si la technique vous semble dangereuse à exécuter, c'est soit qu'elle l'est ou qu'il y a simplement quelque chose que vous n'avez pas bien saisi. Bref, je les sensibilise au fait de réfléchir par eux-mêmes. Ils analysent, ils explorent pour en arriver à comprendre toute la mécanique de ce qui est montré. Le but est de les rendre autonomes dans la gestion de leur apprentissage. Ils ne doivent pas gober tout ce qu'ils acquièrent de manière aveugle. Le résultat est intéressant. Il n'est pas rare que l'un de mes étudiants qui essaient un autre art martial revienne en me racontant les lacunes qu'il trouvait dans l'art qu'il avait visité.

Plusieurs arts martiaux modernes sont construits sur des apparences. La gestuelle laisse sous-entendre une puissance de frappe terrible. L'impression de concentration sur le visage démontre une force intérieure spectaculaire. Le son du kiai exécuté au moment opportun réussira probablement à surprendre un adversaire sans expérience. On évalue sur ce qui paraît et non sur ce qui est. Baser son jugement sur les apparences est normal pour un débutant. Or, si l'on observe attentivement et que l'on surveille bien les opportunités qu'a un assaillant pour contre-attaquer, on s'aperçoit que ces trous tactiques sont très nombreux. Un bon pratiquant doit apprendre à repérer les lacunes laissées par son opposant.

Beaucoup d'arts martiaux offrent un enseignement où l'adversaire est statique. Bien sûr, si l'agresseur demeure sur sa position sans bouger il est facile d'enchaîner plusieurs frappes pour le réduire à l'impuissance. Mais dans la réalité, s'il se déplace un peu de côté ou dans une direction que nous n'avions pas prévue, toute notre stratégie s'écroule si elle ne tient pas compte des possibilités de l'adversaire. Dans un combat réel, notre agresseur ne se laissera pas faire sans rien dire. Combien de techniques s'exécutent pendant que l'opposant aurait l'opportunité de nous frapper de son autre poing? Lorsque l'on attaque un membre ou toute autre partie du corps, il faut arriver, dans chaque intervention que l'on fasse, à gérer au complet le corps de l'agresseur. Si l'on tient son bras, en jouant sur l'alignement des os, il devient alors impossible pour lui de pouvoir nous frapper de son autre poing.

Ces mesures de contrôles sont subtiles. Tellement raffinée que la plupart des pratiquants d'arts martiaux modernes n'ont pas la compétence de le remarquer. Parvenir à voir ces détails demande de l'entraînement et surtout une bonne prise de conscience. Mais comment fait-on pour y arriver? Il ne faut pas aborder les techniques de manières robotisées. On peut faire des arts martiaux plus de soixante ans et ne pas dépasser un stade basique. Si durant toutes ces années on n'a fait que collectionner des katas sans pouvoir les interpréter dans les moindres détails, je pense pouvoir dire qu'il y a un problème quelque part.

Dans mon livre « Les caprices du *budo* », je parle des trois triangles, un schéma simple pour s'autoévaluer. Ce n'est pas la majorité des pratiquants qui acquerront les compétences nécessaires pour le second niveau des triangles et encore moins qui atteindront le niveau de la maîtrise. Mais même si l'on ne réussit pas à exécuter correctement ces techniques, on peut cependant tenter de développer la capacité d'apprécier ceux qui y arrivent.

Ne sous-estimez pas la technique

Dans les arts martiaux, comme dans bien des domaines, lorsqu'on a acquis un certain niveau, on ne réfléchit plus de la même façon. Au lieu de se questionner, on a tendance à critiquer. On se base sur nos connaissances déjà obtenues et partant de notre banque de données, on compare à ce que l'on possède plutôt que de voir ce qui se passe réellement. Il y a un phénomène de projection au lieu d'une procédure d'analyse impartiale. Je reparlerai de cette démarche un peu plus tard.

Notre édification se limite souvent à apprendre, mémoriser et reproduire le kata ou la technique. C'est très linéaire et ça ne va pas beaucoup plus loin. Il faut se poser la question suivante : « Qu'est-ce que la technique veut m'enseigner? » Cette petite phrase nous amène à pousser un peu plus notre investigation. Malheureusement, dans beaucoup de systèmes d'arts martiaux, la progression des ceintures passe uniquement par la mémorisation et la reproduction robotisée des enchaînements mécaniques du style. Je fais du budō taijutsu depuis trente-deux ans au moment d'écrire ces lignes et je découvre encore aujourd'hui de nouvelles applications aux techniques que je connais depuis plus de trente ans.

À notre dojo, nous avons une télévision et un lecteur DVD. Il m'arrive occasionnellement avant les cours de regarder quelques-uns de ces vidéos avec quelques étudiants. Parfois, on joue à un jeu ou les gens doivent raconter ce qu'ils ont vu et que moi j'explique ce qu'ils n'ont pas vu. Dans bien des cas, ils réussissent à voir le détail important seulement après que je leur ai fait sentir la technique. À partir de là, en regardant de nouveau la vidéo, ils parviennent à comprendre ce qu'ils n'avaient pas remarqué. Ils apprennent à observer les petits détails sans chercher à comparer avec ce qu'ils connaissent.

C'est la beauté du *budo*, une subtilité qui se fait capricieuse, gênée de révéler ses plus beaux atouts. C'est la même chose lorsque je vais au Japon avec les étudiants. Au retour, il est fréquent que je montre quelque chose qu'ils n'avaient pas remarqué ou compris. Le plus intéressant dans tout ça, c'est que je sais qu'énormément de subtilités m'ont échappé à moi aussi. On apprend selon le niveau que l'on est rendu. Si l'on veut gravir un échelon dans l'acquisition du *budo*, il faut faire un effort. Ne pas s'asseoir sur ses connaissances et travailler très fort.

Un adage dit que quand l'étudiant est prêt le maître apparaît. C'est vrai, mais le professeur qui se montrera sera adapté au niveau de l'étudiant. C'est à lui de se montrer digne d'un professeur de plus haut niveau. Sur Internet, on voit souvent des gens critiquer des pratiquants de tous les styles. Il est si facile de se montrer expert derrière un clavier. La plupart du temps, ces remarques se font simplement par manque de compétences. Alors la prochaine fois que vous verrez une démonstration faite par quelqu'un, demandez-vous si vous avez vraiment l'expertise requise pour apprécier ce qu'il fait.

L'esprit du débutant

Shunryu Suzuki était un moine bouddhiste qui s'installa à San Francisco. Il popularisa en occident le concept de l'esprit du débutant. Un enfant est avide d'apprendre, il ne voit pas le monde avec les préjugés d'un adulte. Sa vision se repose sur tout ce qui est nouveau. Malheureusement après quelques années, nous avons tendance à perdre cette vision. Il faut réapprendre à devenir un enfant, à développer un regard nouveau. Lorsque je vais au Japon voir mes professeurs, j'essaie de ne jamais comparer ce que je regarde avec ce que je connais. Je m'efforce d'avoir ce regard d'enfant qui s'émerveille devant tant de nouveauté plutôt que de faire le lien tout de suite en me disant « cette technique-là, je la connais bien ». Penser de la sorte faite en sorte que l'on dépose immédiatement l'enchaînement que l'on regarde dans un tiroir « affaire classée ». Il faut apprendre à lire entre les lignes et chercher les petits détails qui nous ont échappé. Alors, peut-être développerons-nous la compétence d'apprécier quelqu'un d'un niveau supérieur.

Chapitre 5

Multidisciplinaire

Il n'est pas rare de voir des enseignants qui possèdent ceintures noires dans plusieurs disciplines. C'est toujours valorisant de clamer que l'on possède plusieurs reconnaissances dans divers styles. Je suis un ancien 6e dan en karaté kempo. Je dis ancien, car je n'ai pas retouché à ce matériel depuis des années. On ne doit jamais renier les arts martiaux que l'on a pratiqués auparavant. Nous sommes la somme de nos expériences. Il peut arriver cependant que nos anciennes amours martiales nous empêchent de progresser. Dans ma carrière, j'ai dû faire au moins une bonne douzaine de styles d'arts martiaux différents. Le plus difficile dans tout ça est de compartimenter chacun d'eux de façon à ce qu'un style n'interfère pas avec un autre. Et ça, croyez-moi, ça relève parfois du tour de force. Beaucoup de ceintures noires disent qu'ils n'ont pas de problèmes avec ça. Malgré cette sincérité, en les voyant bouger, dans la majorité des cas, on peut dire quel art martial ils ont pratiqué auparavant. Cela demande énormément de discipline et d'effort pour arriver à départager tout ça.

Pourquoi devons-nous séparer cela? Parce que cela peut dans bien des cas nuire à notre progression vers des niveaux plus avancés du *budo*. J'ai enseigné le karaté en parallèle avec le budō taijutsu et le tai-chi durant de nombreuses années. Dans chacun de ces arts, je pense pouvoir dire que j'excellais. Mais ce niveau n'était plus suffisant pour moi. Lorsque l'on s'entraîne aux arts martiaux, on se doit de devenir meilleur d'année en année, pas uniquement de collectionner de plus en plus de techniques. Un jour, après un bon examen de conscience, j'ai réalisé que je ne m'étais pas amélioré depuis deux ou trois ans. Bien sûr, si je me comparais aux autres, je n'avais aucune gêne. Mais ce n'est pas aux autres que je voulais prouver quoi que ce soit, c'était à moi-même. Progresser au maximum devrait être le but de tout art martialiste qui se respecte.

Après analyse de la situation, le constat était simple. Mes énergies étaient trop dispersées entre ces différents styles. C'est avec regret que je décidai d'abandonner le karaté et que je limitais le tai-chi à mon entraînement personnel. À partir de ce moment, c'est comme si je regardais les arts martiaux pour la première fois. Ma compréhension du *budo* s'améliorait, me permettant d'être un meilleur combattant.

Cela entraîna même des répercussions dans mon travail en sécurité. Je voyais davantage les lacunes des techniques utilisés dans cet univers.

Quelques rares personnes peuvent prétendre à avoir la capacité de mener de front plusieurs styles d'art martial. Ces gens évaluent généralement leur maîtrise martiale à la quantité de technique et non à la compréhension qu'ils en ont. Dans tous ceux que j'ai côtoyés, je n'en connais qu'un seul qui a réussi ce tour de force. Mon ami Alain est ceinture noire dans sept styles différents et il excelle dans chacun d'eux. Mais des individus tels que lui sont des exceptions.

Il y a des styles d'arts martiaux qui sont très connexes. Si vous faites du jujitsu et du judo, la proximité des techniques peut se faire de manière fluide. Mais dès que les différents arts s'éloignent l'un de l'autre, alors c'est une tout autre histoire.

Le touche à tout

Quel professeur n'a pas rencontré un jour ou l'autre, un étudiant de passage qui possédait les premières ceintures d'un grand nombre d'arts martiaux différents. Dans la majorité des cas, ces personnes étaient persuadées d'être les dépositaires de connaissances supérieures. Parce qu'ils effleuraient une multitude de façons de faire diverses, ces individus étaient convaincus que ça les plaçait au-dessus de la plupart des ceintures noires. Mauvaises nouvelles pour eux, apprendre à jouer trois ou quatre accords de trente instruments de musique ne fera pas de vous un virtuose. Vous pourrez tout juste accompagner les chanteurs pour quelques chansons.

Ces gens ont la plupart du temps une grande facilité à s'exprimer. Lorsqu'ils discutent avec vous, ils sont au courant de tous les principes théorique qui donne vie au *budo*. Malheureusement, dans la réalité, lorsque vient le temps d'exécuter des techniques un peu avancées, on constate rapidement l'essoufflement dû au manque d'expérience. Le *budo* ne s'apprend pas seulement par l'intellect, le corps doit aussi assimiler des connaissances. C'est à travers des milliers de répétitions que les automatismes se créent. C'est à partir de ce moment que notre temps de réaction atteint son apogée. Je ne sais trop si ces gens n'approfondissent pas davantage parce que ça demande souvent de se creuser les méninges ou si c'est simplement par paresse. Mais peu importe l'art martial que l'on choisit, la constance est une des conditions gagnantes pour avoir accès aux niveaux supérieurs des arts martiaux.

N'importe quel enseignant d'art martial vous dira qu'avant la ceinture noire on nage dans l'univers des débutants. Les techniques sont simples à la ceinture blanche et se compliquent en évoluant d'un grade à l'autre. Celui qui n'a eu accès qu'à du matériel de base ne sait généralement pas ce qu'est le *budo* dans ses niveaux supérieurs. Il y a également un autre phénomène qui pèse dans la balance. Demandez à des ceintures noires qui ont eu à se servir de leur art martial dans la rue, quelles techniques ils ont utilisées pour se défendre. S'ils sont de niveau trois ou quatrième degré en descendant, ils vous diront probablement que c'est le matériel de ceinture blanche à marron qu'ils ont utilisé. S'ils sont de niveau supérieur, ils vous diront probablement qu'ils n'ont pas puisé dans le matériel codifié qu'ils connaissaient. Ils se sont contentés de bouger à la bonne place, au bon moment, et de faire ce qu'il fallait avec un minimum d'énergie dépensée. C'est à ce niveau-ci que l'on rencontre ceux qui ont une vraie maîtrise du *budo*.

Internet est un outil extraordinaire. Pour un grand nombre, il représente le professeur idéal. On trouve de tout, dans tous les styles. Comme on n'a pas besoin d'accréditation de qualité pour mettre une vidéo sur ce média, on peut aussi y dénicher des techniques qui sont tout simplement bourrées d'erreur. Le touche à tout aime bien parfaire ses connaissances là où il le peut. Internet est également un bon endroit pour pouvoir comparer son art martial à celui des autres. Il y a peu de styles d'arts martiaux qui n'ont pas pignon sur la toile. Généralement, lorsque l'on trouve le site officiel d'un dojo, le matériel est de qualité. Mais si la vidéo retrouvée n'est pas associée à un dojo en particulier, alors peut-être faudrait-il prendre garde et s'assurer que l'information donnée est pertinente et logique.

Lorsque l'on évolue dans le *budo* de niveau supérieur, on s'aperçoit que ces fondations sont nécessaires, que sans elles on ne peut apprendre à se déplacer de manière adéquate et qu'il est difficile de se connecter à notre adversaire et à ce qui nous entoure. Or, la liberté se trouve au-delà des bases. On se réveille un bon matin et l'on réalise que notre manière de réagir à une attaque n'est plus la même. Que notre perception s'est modifiée lorsque le poing ou l'arme arrive pour nous frapper de plein fouet. Nos émotions ne tombent plus sous l'influence du stress et de l'angoisse. On devient calme devant la menace. Notre esprit n'est plus troublé par le stress et que jamais nous n'avons été aussi prêt au combat. Et cet état émotionnel, on ne le trouve pas en butinant les arts martiaux à gauche et à droite.

Chapitre 6

Des besoins ciblés

Vous êtes-vous déjà question sur les raisons qui vous ont poussées à pratiquer cet art martial plutôt qu'un autre? Pour plusieurs, la réponse est facile, c'est simplement qu'ils aiment ça. Pour d'autres c'est souvent la confusion. Ces derniers vont avoir tendance à aller jeter un coup d'œil chez le voisin. Je suis bien mal placé pour critiquer ceux qui vont flirter avec d'autres arts martiaux. C'est ce que j'ai fait une bonne partie de mes premières années dans la voie du *budo*.

J'ai pratiqué un assez grand nombre de styles avant de réussir à trouver ma place. Dans toutes mes pérégrinations chez les voisins, il y avait cependant une constante dans ma recherche : l'efficacité. J'enseigne dans le domaine de la sécurité depuis 1982. À l'époque, je donnais de la formation à des agents de plancher pour les défunts magasins Woolco. Je suis d'accord, ça ne me rajeunit pas. Ces agents avaient parfois des problèmes pour maîtriser des individus récalcitrants. Il arrivait fréquemment que les confrontations se terminaient avec des blessures d'un côté ou de l'autre. À l'époque, j'avais déjà fait quelques styles comme du judo, du karaté, du kempo et certaines formes de kung-fu. Malgré mon bagage, je trouvais qu'il manquait quelque chose pour arriver à assurer la sécurité des agents que je formais.

Je me suis remis en quête et j'ai fait plusieurs autres styles avant de trouver celui qui me convenait le mieux. Dès qu'un séminaire différent s'offrait au pays, je m'y inscrivais, et cela tant en art martial que dans le domaine de la sécurité. Mais aucune école n'arrivait à m'assurer le niveau de succès auquel j'aspirais pour les gens que j'instruisais. Il faut comprendre que lorsque l'on forme une personne dans ce domaine, il ne dispose pas d'années pour s'entraîner comme le ferait une bonne ceinture noire. Dans la majorité des cas, l'agent y consacrera huit ou seize heures par année. C'est malheureux, car ces personnes sont celles qui devraient avoir le plus besoin de s'entraîner. On ne peut rien y faire, c'est comme ça.

À l'époque, mon école se classait extrêmement bien en compétition sportive, mais le volet sécurité prenait de plus en plus de place et mon horaire souffrait toujours d'un manque évident de techniques adéquates. Bien sûr, j'avais assisté à plusieurs séminaires avec des spécialistes en contrôle de la personne, mais leurs enseignements possédaient encore trop de lacunes à mon goût. À travers toutes ces expériences, j'avais trouvé mon chemin : Lier l'univers des arts martiaux que j'affectionnais depuis longtemps à celui du monde de la sécurité. Je venais de découvrir ma voie.

Je pense qu'il est important pour un pratiquant de comprendre ce qui le motive et de savoir pourquoi il s'entraîne à son art martial plutôt qu'à un autre. Il n'y a pas de mauvais style, il n'y a que des opportunités qui répondent à des besoins différents. Un jour, j'ai eu comme étudiante une charmante petite fille de neuf ans. Elle pratiquait le ballet jazz depuis l'âge de trois ou quatre ans. Inutile de dire qu'elle raflait tout en kata. Très tôt, nous avons créé des katas d'arme pour elle. Même succès, elle emportait la plupart des médailles en compétition sportive. Lorsque j'ai fermé mon école, je l'ai aiguillonné au dojo de l'un de mes concurrents. Il était impensable pour moi de l'entraîner avec moi dans ma nouvelle orientation. Son talent développé dans la danse lui ouvrait les portes des plus grandes compétitions. Ses besoins étaient là. Comme j'avais pris la décision d'abandonner le monde des arts martiaux sportifs, elle aurait été malheureuse avec moi. Aujourd'hui encore, je suis heureux de voir qu'elle est toujours dans le domaine et que ses étudiants suivent ses traces.

Pour d'autres, ce sont les épreuves de combat qui sont leurs motivations. Le stress d'affronter divers adversaires, la perspective de revenir avec médailles et honneur, ces étudiants sont à l'aise dans un tel environnement. La plupart sont conscients que les confrontations sont différentes de ce que serait un vrai combat dans la rue et ils acceptent cette réalité. L'important est qu'ils soient heureux dans ce qu'ils font. Beaucoup de gens ont besoin d'éliminer un surplus d'énergie. Le combat sportif est un excellent exutoire de ce trop-plein.

Une autre catégorie d'individus ne recherche qu'une activité qui leur permet de se mettre en forme et s'intégrer à un groupe de personnes qui partagent les mêmes intérêts. Pour cette catégorie de pratiquants, les arts martiaux sont surtout un loisir, une occasion de s'échapper du train-train de la vie quotidienne. Plusieurs de ces personnes obtiendront probablement le grade de ceinture noire et se désintéresseront par la suite de l'activité. Souvent à la ceinture noire, la symbiose qui existait avec les autres étudiants change. Parfois c'est la faute au nouveau gradué et dans bien des cas, ce sont les amis qui sont demeurés en arrière qui prennent de la distance. Pour celui que l'art martial n'est pas qu'un simple loisir, cela ne l'empêchera pas de continuer.

Naturellement, on ne peut passer sous silence ce qui est à la mode, soit les arts martiaux mixtes (MMA). Je trouve ça bien, ça permet de mieux faire connaître les arts martiaux, même si cela se limite à une partie assez infime du vrai *budo*. Les belligérants seront heureux dans cette discipline bourrée de testostérone. Une arène où l'on peut voir se battre de jeunes coqs ne peut manquer d'attirer les foules. Bien que cela puisse sembler extrême, on est loin des bagarres où le perdant se fait tabasser au visage à coups de botte à cap d'acier. Heureusement qu'il y a des règles qui permettent de limiter le combat réel tel qu'on le retrouve parfois dans les bars. Généralement, ceux qui pratiquent ce sport s'y donnent à fond. Ils ont trouvé le moyen de cibler leurs besoins martial. Ils n'auront aucune hésitation à répondre que ce qu'ils recherchent est l'adrénaline et la reconnaissance de leurs pairs.

Il y a des gens qui ont besoin d'une autodéfense efficace. Et c'est là que toutes les écoles ne sont pas égales face à la dure réalité de la rue. À mon dojo, j'ai fait un choix. Je ne fais plus de conditionnement physique au début des cours. C'est certain que je perds un grand nombre d'étudiants potentiel. Mais ceux qui demeurent sont des gens motivés avec le même objectif que le mien, devenir efficace. Si vous avez un cours de quatre-vingt-dix minutes et que vous en passez trente à faire du conditionnement physique, vous perdez trente minutes d'entraînement martial. C'est ma philosophie et bien sûr, ce n'est pas tout le monde qui la partage. Beaucoup de gens confondent douleurs physiques et apprentissage martial. Combien de fois dans ma vie ai-je entendues des étudiants dirent qu'ils avaient eu un bon cours la veille, car ils étaient courbaturés le lendemain matin. Eh! Réveillez-vous! Votre corps est juste plus fatigué, vous n'êtes pas meilleur martialement parlant. Pour ma part, je conseille à mes étudiants de s'entraîner dans un centre spécialisé pour le conditionnement physique ou d'aller faire du jogging par eux-mêmes. Ils deviendront plus en forme et ce n'est pas du luxe.

Cette décision fait partie des besoins ciblés qu'ont mes étudiants. J'ai souvent des étudiants militaires, policiers, agents de sécurité ou garde du corps. Ils n'ont pas de temps à consacrer à faire des pompes. Si vous avez une forme olympique et que vous demeurez trois mois sans vous entraîner, vous aurez perdu un grand pourcentage de votre forme physique. Après trois ans, vos techniques martiales seront toujours là pour vous sauver la mise. Un combat dans la rue ne devrait pas excéder quelques secondes si l'un des deux belligérants est bien formé. Alors pas besoin d'être marathonien pour survivre à un combat. La technique, l'art de bien bouger, les bons automatismes sont préférables à la grosseur des biceps. Apprendre à esquiver une attaque est plus rentable que de développer de l'endurance à l'impact. Si vous vous endurcissez les abdominaux à recevoir des coups, alors entraîner aussi votre nez et vos genoux à subir ces impacts, il se peut que vous soyez atteints à ces endroits. Et n'oubliez pas les organes génitaux, il est fort probable que votre adversaire essaye de vous frapper à cet endroit.

Ces propos semblent extrêmes, mais ils correspondent à ces besoins ciblés. Ils répondent au souci qu'ont certaines personnes de se sentir en sécurité ou de revenir sain et sauf s'ils ont un travail dangereux. Il est primordial pour moi de ne pas donner un faux sentiment de sécurité comme on le voit si souvent dans les arts martiaux. Pour une personne qui n'a jamais côtoyé le domaine de la sécurité ou de la rue de façon concrète, il manquera toujours un petit quelque chose à l'enseignement. Le travail sur le terrain développe une conscience du danger qui fait défaut à beaucoup de professeurs d'arts martiaux. J'ai eu souvent l'opportunité de démontrer cette réalité à plusieurs instructeurs qui étaient certains que ce qu'ils enseignaient était efficace et sécuritaire. Ça m'a toujours fait étrange de voir leurs mines déconfites lorsque j'expliquais pourquoi en sécurité il fallait utiliser telle technique plutôt que celle qu'ils préconisaient. Ces personnes n'étaient pas incompétentes dans leur domaine, loin de là. C'est simplement qu'elles étaient sorties de leurs zones de confort.

Avec les années, j'ai compris ce qui différencie les arts martiaux que je pratique maintenant de ce que j'enseignais auparavant. Ils tiennent compte de notre époque. Notre monde moderne est criblé de lois qui interdisent, en théorie, toute action de violence, ce qui, entre nous, est une bonne chose. La plupart des arts martiaux nous amènent à démolir l'adversaire. Pour un intervenant en sécurité, blesser le contrevenant est synonyme de gros problèmes. Que ce soit pour le fastidieux travail de rédiger d'interminables rapports ou d'avoir à se justifier devant une cour de justice ou un comité disciplinaire, blesser une personne lors d'une intervention n'est pas souhaitable. Si je me suis arrêté au budō taijutsu, c'est que cet art remplissait ces conditions.

Je me suis toujours promis que le jour où je trouverai un art martial plus efficace que celui que je pratique maintenant, je m'y mettrai. Naturellement, je parle en fonction de mon travail dans le domaine de la sécurité et de l'autodéfense en situation réelle. Je ne me ferme jamais la porte à quelque chose d'autre. Mais pour l'instant, c'est ce qui comble le plus les besoins que j'ai ciblé.

Chapitre 7

La croyance

J'aurais pu intituler ce chapitre : « La puissance des ki masters ». Pour ceux qui ne savent pas ce qu'est un « ki master », je vous invite à aller sur YouTube et d'inscrire ces deux mots dans le champ de recherche. Vous y découvrirez alors des maîtres qui possèdent la force d'un Jedi. Sur le Web, on trouve plusieurs vidéos d'enseignants qui semblent utiliser un mystérieux pouvoir afin de contrer tous leurs adversaires. À la façon de Yoda, il semblerait qu'il peuvent influencer les esprits faibles. On peut voir ces gens à l'œuvre avec leurs étudiants, où simplement par un geste de la main et sans même avoir besoin d'avoir un contact, ces personnes arrêtent l'attaque et peuvent même dans certains cas projeter l'adversaire pour le faire tomber au sol.

Qu'en est-il vraiment de ces mystérieuses facultés? Sur quoi repose cette puissance qui émane des mains de ces maîtres? Lorsque l'on regarde les vidéos, à première vue, cela est plutôt impressionnant. À voir tous leurs étudiants chuter de cette façon, on pourrait être en admiration, surtout si l'on est un fervent adepte de la guerre des étoiles. Je pratique et j'enseigne l'hypnose depuis une trentaine d'années. C'est avec l'œil de l'hypnologue que je regarde ces vidéos. Ces maîtres, probablement sans même s'en douter, utilisent des techniques empruntés à l'hypnose pour arriver à performer de la sorte. Ce pouvoir repose sur l'une des forces, sinon sur la force la plus puissante au monde, la croyance. Les religions, les sectes de toute sorte, les groupes occultes ont appris depuis longtemps comment utiliser la foi pour manipuler leurs disciples. C'est cette même croyance aveugle qui permet aux fanatiques de se faire exploser au nom de la religion. C'est aussi cette énergie qui pousse des gens opprimés à renverser des gouvernements ou à vouloir changer le monde. La foi dans un monde meilleur. On dit que la foi peut déplacer des montagnes, cela illustre bien la puissance qui en découle.

Il y a plusieurs histoires qui circulent concernant l'influence de la croyance. Vous avez peut-être déjà entendu celle de deux vagabonds qui étaient montés clandestinement dans un train. Ils s'étaient enfermés dans un wagon réfrigéré. Impossible pour eux de sortir, la porte défectueuse ne pouvait s'ouvrir de l'intérieur. Un thermomètre lié au système de refroidissement indiquait la température sous zéro. Les deux hommes consignèrent les symptômes qu'ils avaient ressentis jusqu'à leur mort. Le seul problème était que le wagon n'était pas réfrigéré, la chaleur était tout à fait normale et il s'en allait à l'atelier de réparation. Bon, j'avoue, on ne peut savoir si l'histoire est vraie ou pas. Cependant, elle a le mérite de bien illustrer la croyance.

Je vais enchaîner avec une anecdote que j'ai vécue et que j'ai déjà racontée dans un autre de mes livres. Sur un camp d'été, il y avait trois équipes qui participaient à une des activités. Au groupe gagnant, j'avais promis un atelier sur les kyushos, ces mystérieux points de pression qui peuvent créer douleur et dysfonction motrice. J'enseignais cela depuis une vingtaine de minutes lorsque je remarquai un des membres d'une autre équipe qui nous espionnait. Je fis rassembler les gens plus près autour de moi et je baissai le ton tout en gardant un volume suffisamment fort pour que l'intrus puisse m'entendre. La mise en scène que je faisais contribuait grandement à exacerber la volonté de l'espion à découvrir ce que nous faisions. Je chuchotai à un de mes étudiants de faire semblant de perdre connaissance lorsque je toucherai son bras. Et là, j'expliquai aux gens qui m'entouraient que j'allais leur montrer des points de pression qui rendait inconscient. Je me plaçai de manière à ce que l'espion puisse entrevoir. En appuyant sur le bras de mon cobaye, il s'effondra sur le sol. L'écornifleur s'en retourna retrouver les autres participants. Arriver au camp, les étudiants qui n'étaient pas présents pour ce cours particulier demandèrent que je leur enseigne à eux aussi ces points. Ils savaient que j'avais révélé de ces mystérieux endroits qui rendent inconscient. Naturellement, je refusai, mais j'autorisai les participants à leur faire sentir cela. La première personne qui s'était fait faire ce kyusho, s'évanouit. Pour le reste, l'effet d'entraînement fit le reste. Ces gens croyaient qu'ils perdraient connaissance au contact de ce point, ils ont simplement réagi en fonction de ce qu'ils pensaient qui devait se passer. Inutile de dire que plusieurs se sentaient embarrassés lorsque je leur ai dit que ces points, du moins sur le bras, n'existaient pas.

Ces deux exemples illustrent bien jusqu'où peut conduire la croyance. L'histoire est remplie de faits basés sur la foi. Le fanatique qui accepte de se faire exploser en s'imaginant qu'il aura mille vierges en arrivant au paradis. Ceux qui se font crucifier au temps de la Pâque en pensant qu'ils se rapprochent de Dieu. Toutes les civilisations qui durant des siècles ont offert des sacrifices, parfois humains aux dieux afin de s'attirer leurs bonnes grâces. À l'occasion ce sont de plus petites croyances. Si plusieurs de vos collègues vous disent que vous semblez fatigué, vous allez probablement adopter le comportement qui va avec cet état. Combien de gens sont certains que leur retraite sera assurée par des gains au loto? L'être humain a besoin de croire en quelque chose. C'est une béquille qui lui permet de fonctionner, de continuer et d'avancer dans la vie. Lorsque l'on comprend les mécanismes de cela, il est facile de l'utiliser comme levier pour manipuler les gens. Un processus d'entraînement par l'exemple vient consolider tout ce processus. Si vous êtes au cinéma et que vous toussez, il y a de fortes chances pour que quelqu'un d'autre le fasse aussi dans les secondes qui suivent.

Ce sont ces facteurs qui donnent la puissance nécessaire aux « ki master ». Cependant, comment ont-ils pu arriver à influencer autant de gens? Car ça ne peut se faire du jour au lendemain. Je pense qu'il n'est pas déraisonnable de figurer que le scénario s'est déroulé de la sorte. Un beau jour, le maître a peut-être manqué sa technique. L'étudiant qui s'attendait à être projeté a poursuivi sa course comme si une puissance invisible l'avait manipulé. Une première graine de la croyance venait d'être semée. Il y a de fortes chances que son professeur ait été encore plus surpris que lui. Dans l'incertitude, il a dû refaire la technique et le résultat était semblable. Un des autres étudiants qui regardaient la scène s'est probablement offert pour se faire frapper à son tour. La suite ne s'est pas fait attendre, il se sent également repoussé par cette mystérieuse énergie. Il n'en faut pas plus pour qu'un effet domino se propage. Ça débute par une projection qui normalement se ferait avec un léger contact, puis, avec le temps, la portée d'interaction s'accentue. Le professeur en arrive à pouvoir bloquer l'avance de ses disciples à plus d'un mètre de distance. Il n'en faut pas plus pour donner naissance à un maître du ki.

Vu sous cet angle, est-ce le maître qui s'est octroyé lui-même ce mystérieux pouvoir ou ses étudiants qui l'ont malgré lui fait croire en sa nouvelle et énigmatique puissance? Je pense pouvoir dire que la faute est celle des étudiants. Ce sont eux qui lui ont laissé entendre qu'il détenait ce pouvoir. Naturellement, la nouvelle d'un maître d'une telle puissance ne peut qu'attirer de nouveaux adeptes, des gens qui rêvent d'acquérir ces mystérieuses capacités. Et le ballon se gonfle au point qu'un jour le maître y croit tant et si bien qu'il lance un défi à un combattant qui n'est pas au fait de ces facultés magiques. Le maître est défait assez rapidement, avec facilité. Le plus triste est qu'il ne semble pas comprendre pourquoi son pouvoir n'a pas d'emprise chez son adversaire. Ses pensées deviennent confuses, la réalité le rejoint avec violence.

Cette histoire est désolante. Perdre ce défi était probablement la meilleure chose qui pouvait arriver à cet homme et pour les arts martiaux en général. Il faut garder les pieds sur terre et toujours analyser de manière froide et détachée la pertinence de l'enseignement que l'on reçoit. Comme pratiquant d'arts martiaux, on doit être constamment sur le qui-vive et comprendre ce qui fait qu'une technique fonctionne. Personnellement, je n'accepte pas le fait de faire quelque chose qui soit inspiré de l'ésotérisme. Les arts martiaux reposent sur des principes physiques et sur de la psychologie humaine. Oui, on peut utiliser ce qui peut sembler être de la magie, mais en réalité ce n'est que de la psychologie. Il n'y a pas de pouvoir inconnu. On ne doit pas sombrer dans le panneau de l'occulte. Et pourtant, il y a tellement d'enseignants qui aiment se donner des allures mystiques.

J'ai déjà tué dans l'œuf un professeur qui aurait pu tomber du côté obscur des « ki masters ». Il y a longtemps, j'étais à un séminaire avec plusieurs de mes étudiants. Le même phénomène s'était produit, un des participants étrangers s'était projeté lui-même sans que le professeur ait eu besoin de le toucher. La même technique avait été reprise avec succès avec plusieurs autres personnes. Lorsque l'enseignant arriva pour faire la démonstration avec notre groupe, rien ne se produisit. Nous avions mis fin rapidement à son pouvoir. Je pense pouvoir dire que nous avons rendu un fier service à cet homme.

Dans le domaine des arts martiaux, on entend parfois des choses difficiles à croire. Un jour un étudiant qui avait fait une forme de kung fu durant plusieurs années, me dit que son ancien professeur racontait qu'il pouvait tuer un adversaire à trente mètres juste en crachant dessus. Par la suite, j'ai rencontré d'autres personnes qui racontaient la même histoire. Est-ce que cet enseignant était sincère et qu'il croyait vraiment ce qu'il disait ou était-il simplement menteur? Lorsqu'il racontait ces faits, il s'adressait généralement à une clientèle de jeunes adolescents, plus perméables à de telles sottises. Dans son dojo, cet homme s'était construit un piédestal avec plusieurs histoires de la sorte. Il avait repris des anecdotes de conte d'arts martiaux et s'en était attribué le mérite. On peut présumer que ses étudiants le croyaient, sinon, comment expliquer qu'une personne demeure des années avec un enseignant qui fabule de la sorte?

Combien de professeurs ont fait croire à leurs étudiants qu'ils étaient tel ou tel degré alors qu'ils n'avaient aucune preuve de cela! J'en ai vu quelques-uns mentir pour s'octroyer des degrés non mérités. Leurs étudiants n'ont aucune raison de douter, ils ne peuvent qu'avaler tout ce que leur dit leur enseignant. Je me souviens d'un professeur que j'avais eu à une certaine époque et qui racontait qu'il était allé s'entraîner avec une célébrité du karaté que je ne nommerai pas ici. Ce professeur était revenu avec la photo de lui et de cette célébrité. Tous les étudiants du dojo étaient fiers de voir leur instructeur s'entraîner avec les grands de ce monde. La photo était une preuve qu'on ne pouvait remettre en question. Ce que cet homme ignorait, c'était que l'un de mes amis qu'il ne connaissait pas était aussi présent sur ce séminaire aux États-Unis. Le professeur en question ne s'était présenté qu'à la toute fin du stage pour prendre la photo. Je cite cette petite anecdote parce qu'elle illustre bien le fait que les étudiants croient en leurs enseignants. Pour quelle raison douterions-nous de ce qu'ils nous disent? Dans de telles circonstances, il est tout à fait normal de faire confiance à ce que dit la personne qui s'occupe de notre formation martiale.

Je dis toujours à mes étudiants de ne pas croire aveuglément tout ce que je dis. Je ne leur mentirai jamais, mais je ne suis pas à l'abri des erreurs. Si je me trompe sur l'efficacité d'une technique, qu'il y a un détail que je n'aurais pas vu et qu'un étudiant ne jure que par elle, que se passera-t-il dans la rue? Je désire les rendre autonomes, capable d'analyser si un principe est valable, s'il peut s'adapter aussi bien à leur personne qu'à leurs partenaires d'entraînement. J'adore enseigner aux enfants. Ils n'ont généralement pas de gêne à poser des questions et souvent, c'est drôlement pertinent. Cela m'est arrivé fréquemment qu'ils me fassent découvrir des choses que je n'avais jamais réalisées au moment de faire une technique. En discutant du sujet avec des amis qui donnent également de la formation aux enfants, ils en sont venus à la même conclusion.

Alors, êtes-vous du genre à croire aveuglément à tout ce que l'on vous dit?

Chapitre 8

Je sais tout

J'ai toujours trouvé intéressante la réaction des pratiquants d'art martial face à une technique qu'ils ne connaissaient pas. Il est dans la nature humaine de désirer se valoriser. L'ignorance est généralement associée à un état d'infériorité. Cette particularité se veut plus qu'évidente dans l'univers du *budo*. Si vous enseignez à une ceinture noire, une technique qu'il n'a jamais apprise, il vous dira probablement qu'il connaît le principe, qu'il a déjà fait quelque chose semblable, mais fait d'une autre façon. Il est rare que quelqu'un dise qu'il n'avait jamais vu ça auparavant. Pourtant, quand vient le temps d'exécuter la technique en question, il devient évident que cette personne n'avait jamais fait quelque chose qui ressemblait à cela. Si elle l'avait simplement entrevue et qu'elle y avait pensé un moment, le résultat serait généralement meilleur. Le plus étrange dans tout ça, c'est qu'habituellement les gens sont sincères. Cette négation n'est pas consciente.

J'ai constaté ce phénomène même parmi mes étudiants tant dans les arts martiaux que dans le domaine de la sécurité. Si un nouvel intervenant ou agent de sécurité possède une base martiale, il y a de fortes chances qu'il regarde le formateur de manière presque condescendante même si dans la plupart des cas, il exécute la technique de la mauvaise façon. Lorsque j'enseigne au dojo, je fais une partie du cours de deux heures en montrant quelques katas codifiés. Puis le reste du temps, ce sont des techniques libres. Cette façon de faire permet à l'étudiant de ne pas demeurer prisonnier du carcan où il ne fait que mémoriser et reproduire les techniques de manière robotisée. Souvent, je leur fais pratiquer des techniques qu'ils n'avaient jamais apprises à notre dojo, des choses que je n'avais pas enseignées depuis des dizaines d'années. Mais même si la plupart n'avaient jamais vu ces techniques auparavant, une bonne partie du groupe disait se souvenir d'avoir fait ça il y a longtemps. Cette peur de l'ignorance est humaine et tout à fait normale, rassurez-vous.

Cette fuite de la vérité pourrait se révéler à première vue comme n'ayant aucune conséquence. Mais, malheureusement, elle en a, car plutôt que de chercher à comprendre et à poser les bonnes questions, cette attitude nous empêche d'approfondir quelque chose que l'on ignore et que l'on ne maîtrise pas. Tout le monde connaît le principe que si l'on fait un texte et que l'on change l'ordre des lettres dans les mots en laissant à leur place la première et la dernière lettre, la plupart des personnes peuvent lire le contenu assez rapidement. Notre cerveau a tendance à juger selon les apparences. Il aime combler les vides dans la mesure du possible. Lorsque l'on regarde un instructeur démontrer une technique, si le début nous semble familier, le cerveau classe rapidement l'information dans le tiroir « je connais ». Dans une dynamique martiale, on reçoit un coup de poing et l'on maîtrise l'adversaire à la fin. Entre les deux, si plusieurs des mouvements paraissent familiers, c'est suffisant pour ne pas approfondir le problème. Alors, plutôt que de découvrir et tenter de rechercher les détails qui nous échappent, on classe rapidement la technique en remplaçant ce que l'on ignore par nos connaissances déjà acquises. On projette notre matériel en se disant inconsciemment que c'est la chose à faire et cela, sans se poser la moindre question.

Cette volonté de cacher notre ignorance peut parfois prendre des tournures plutôt étranges. Le responsable d'une boutique qui vend des sabres me raconta l'histoire qui suit. De mémoire, je pense que cela se passait l'été. Un jeune homme entre dans le commerce avec sa copine. Il désire voir des katanas tranchants. Sans demander la permission, l'acheteur potentiel dégaina le sabre de son étui. Avant que le représentant n'ait le temps de l'arrêter, l'individu promena son pouce sur la lame comme pour en vérifier la qualité. Le vendeur lui dit de ne pas faire cela que l'arme était très tranchante. La réponse de l'homme a été directe, il connaissait ça les sabres. Il le redonna au commis et glissa sa main dans la poche de son pantalon blanc. Une tache rouge qui s'agrandissait se mit à apparaître sur sa cuisse. Inconscience ou stupidité? Je ne saurais dire, mais j'aime bien cette petite anecdote parce qu'elle illustre bien les propos de ce chapitre.

Accepter son ignorance, c'est progresser. J'ai un étudiant qui se tape cinq cents kilomètres aller-retour pour venir me voir toutes les semaines. Cet homme a un passé martial plus chargé que la plupart des gens. Ses compétences sont largement au-dessus de la moyenne des pratiquants. De plus, c'est aussi un professionnel dans le domaine de la sécurité. En théorie, il serait le candidat idéal pour ne pas être surpris par de nouvelles techniques. Il a réussi le tour de force de laisser son égo de côté et de voir avec un cœur d'enfant. C'est cette attitude que prônent les maîtres d'arts martiaux, nous devons apprendre à voir avec le cœur et non avec notre intellect. C'est l'une des caractéristiques des grands arts martialistes.

Lorsque je vais au Japon, j'essaie de regarder chaque technique que font les professeurs comme si c'était la première fois que je les voyais. Je me force à déceler tout ce que je ne connais pas. De remarquer les différentes façons de faire. Je ne suis pas là pour me convaincre que je suis bon, je suis là pour recueillir du matériel qui pourra me faire progresser davantage. L'objectif de ces voyages n'est pas seulement d'acquérir de nouvelles techniques, c'est avant tout de mettre la main sur les outils nécessaires afin de combler mes lacunes. Mais comment les trouver si l'on renie leurs existences?

Dans le style que je pratique, j'ai la chance de pouvoir m'entraîner avec différents professeurs de haut niveau en plus d'avoir la possibilité d'apprendre avec maître Hatsumi. Le fait d'avoir accès à une grande variété dans le choix d'instructeurs plus que compétents rend les propos de ce chapitre encore plus intéressants. La plupart des étudiants ne participeront pas à toutes les formations prodiguées par tous ces enseignants. Généralement, ils iront vers ceux qui leur permettent de performer le mieux, ceux qu'ils comprendront le plus facilement. En optant pour ces professeurs en particulier, cela donne à ces étudiants l'impression d'être meilleurs. Le plus souvent, on choisira des formateurs qui nous ressemblent le plus, car ils transmettent le matériel avec lequel on se sent le plus à l'aise. La matière que l'on maîtrise le mieux. C'est tout à fait le contraire qu'il faut faire. On doit rechercher l'enseignant avec lequel on est le moins confortable. Celui qui nous donne l'impression que nous sommes un débutant. Si l'on ressent cet état, c'est probablement que l'on a plus de difficulté à exécuter ce qu'il nous enseigne. C'est en essayant de comprendre et d'assimiler ces connaissances qui ne nous sont pas familières que l'on pourra progresser véritablement. Bien sûr, pour un bout de temps nous semblerons incompétents, gauches et malhabiles. On devra afficher ouvertement notre ignorance aux yeux des autres participants. Mais peu importe, personnellement, je suis là pour m'améliorer, pas pour tenter d'étaler mon talent aux yeux des autres. J'ai appris à laisser mon égo à la maison.

La pyramide de Maslow illustre bien cet impératif de combler notre ignorance. À la base, on retrouve nos besoins physiologiques. La nécessité de nous nourrir, de boire, le sommeil, les besoins sexuels, etc. Nous travaillons afin de pouvoir répondre à ces aspirations. Puis une fois que cet aspect n'est plus un problème, il faut veiller à s'assurer à vivre de façon sécuritaire. Le besoin d'avoir un environnement stable qui ne soit pas toujours en mode « gestion de crise ». Probablement qu'à ce niveau nous tendrions vers un meilleur travail afin de nous garantir qu'il n'y aura plus aucune angoisse pour nous gâcher la vie.

Une fois notre sécurité bien établie, on cherchera à combler nos besoins d'appartenance. On tentera de s'assurer d'obtenir l'amour et l'affection des gens autour de nous. Que ce soit de la famille ou des différents groupes au sein desquels nous évoluons. C'est notre inclusion dans la société, c'est le début de l'appartenance à notre dojo. Cette étape nous permet d'accéder au niveau suivant qui est le besoin de l'estime de soi et des autres, la nécessité d'être reconnu. Nous voulons que les autres nous apprécient et nous respectent. Avec cette estime d'autrui viennent la dignité, la fierté, le sentiment d'autonomie et de confiance en soi. C'est le statut social supérieur qui s'établit. C'est dans cette phase du processus que l'on craint que démontrer de l'ignorance peut nous amener à paraître faibles et inférieurs. C'est le stade où on peut développer un égo fort. Et dans cette schématisation des besoins de l'être humain, la dernière étape est le besoin de s'accomplir, de créativité. Notre besoin de laisser des traces de notre passage, de démontrer que l'on possède de l'influence sur notre travail et en général sur les gens qui nous entourent.

Il faut accepter l'évidence, nous ne savons pas tout. L'univers martial est tellement vaste. Il faut transformer cette peur de l'ignorance en un outil qui nous fera découvrir les merveilles des différents mécanismes qui donnent toute sa puissance au vrai *budo*.

Chapitre 9

Les katas d'aujourd'hui

Tous ceux qui pratiquent les arts martiaux connaissent bien ce qu'est un kata. Traduit dans notre langue, ce mot désigne un moule, une forme. À partir de cette matrice, on peut reproduire des pièces artisanales en de multiples exemplaires. Grâce à cet outil, on s'assure que toutes les copies du produit seront identiques. C'est pareil dans les arts martiaux. Le kata garantissait à ses créateurs que son enseignement garderait la même forme au fil des décennies et des siècles. Les séquences enregistrées dans ce moule permettaient de transmettre des connaissances d'une génération à une autre sans perdre de l'information. Bien sûr, si une personne ne fait qu'apprendre la chorégraphie et ne comprend pas les applications martiales, son niveau d'autodéfense demeurera faible. Mais le but premier du kata n'était pas de former des combattants, mais de léguer les connaissances qui avaient été durement acquises. Un jour ou l'autre, une personne au talent martial plus développé finirait pour comprendre tout ce que comporte l'enchaînement de mouvements et pourrait par la suite recréer l'art martial oublié. C'était le but principal du kata, garder en mémoire la pièce qu'avait créée un jour un maître du *budo*.

Les katas empruntent deux voies différentes pour nous transmettre leur enseignement. La plus connue des deux consiste en de longs enchaînements de mouvement qui simule un combat imaginaire contre plusieurs adversaires. À travers ces séries de chorégraphies, les vieux maîtres y ont inséré les déplacements, diverses techniques de blocage, des façons variées de frapper et de riposter à plusieurs types d'attaques. Ces enchaînements sont généralement assez longs et demandent un entraînement constant et méticuleux pour bien ressentir tout ce que le kata a à nous offrir. Un ryu, le nom donné aux vieilles écoles d'art martial du Japon, possédait plusieurs de ces formes permettant à l'étudiant de progresser au sein des techniques qu'enseignait l'école.

La seconde voie était composée de katas beaucoup plus courts. Des ripostes rapides à une attaque, des techniques pour se défendre contre des armes et même des méthodes pour aller agresser un adversaire. Souvent, on associait un nom à la technique. Dans bien des écoles, le nom était la description de la technique. Dans d'autres, comme le style que je pratique maintenant, on utilisait des noms tirés de la nature, de la psychologie humaine ou des appellations qui donnaient un indice sur la façon d'exécuter la technique. Cette méthode d'enseignement est beaucoup plus flexible et permet aux gens d'adapter la forme à sa structure physique et mentale.

Peu importe la voie que vous choisirez, si vous refaites les formes sans chercher à comprendre et à ressentir ce qu'elles nous enseignent, nul doute que vous passiez à côté de choses importantes. Dans un premier temps, un kata nous inculque une chorégraphie. Cette phase sollicite la mémoire. Pour certains, cette acquisition est facile, pour d'autres, se souvenir de tous ces mouvements est un travail de tous les instants. Puis, une fois la routine bien établie, il faut apprendre à ressentir la forme et le niveau d'énergie que sollicite le kata. Au sein de ces techniques, il faut s'initier au rythme, au timing, à la précision, apprendre à respirer de la bonne façon au bon moment. Si vous n'arrivez pas à ressentir émotionnellement un kata, il vous manquera toujours quelque chose, ce petit quelque chose qui fait que l'on monte d'un échelon dans notre compétence martiale. Dans un premier temps, nous mémorisons le kata. Puis lorsque nous sommes prêts, c'est lui qui nous enseigne. Nous devenons ses étudiants. Ceux qui auront poussé les katas dans leurs extrêmes limites comprendront ce que je veux dire. Mais si tout ceci est vrai avec les katas des vieux maîtres, qu'en est-il avec les inventions modernes que l'on retrouve lors des événements sportifs ou dans les écoles nouvelles vagues?

Un jour, lors d'une compétition de katas, un étudiant qui présentait sa propre création fit un enchaînement que l'on ne comprenait pas trop. À partir de sa main ouverte, il replia son index et son majeur. Si les autres doigts s'étaient refermés, on aurait pu penser qu'il tentait de saisir quelque chose. Puis il fit le geste de lancer quelque chose au sol et sauta à pieds joints sur le sol. À la demande d'un de mes amis qui lui demanda quel était ce geste, l'homme répondit fièrement qu'il avait arraché l'œil de son adversaire et l'avait jeté au sol. « Et pourquoi sauter dessus? » demanda mon ami. Bien sûr, vous avez deviné, il voulait être sûr que l'œil soit détruit. Cet exemple illustre bien jusqu'où peut aller le pratiquant d'art martial moderne pour affirmer sa personnalité martiale.

Dans les vieilles formes enseignées dans le *budo* traditionnel, on ne retrouve pas pareille absurdité. Arracher l'œil, jusqu'à un certain point, ça peut toujours aller, mais ressentir le besoin de l'écraser, je ne suis pas sûr que les vieux maîtres ne rigoleraient pas en voyant cela. Le point de vue martial s'est perdu en cours de route. De nos jours, on prime le niveau de difficulté du mouvement, l'originalité et bien sûr la précision des gestes. Bref, tout ce qu'un bon danseur doit démontrer lorsqu'il fait une prestation. On pousse encore plus loin l'adaptation et la création de katas en les juxtaposant à une trame musicale. Maintenant, le danseur a ce qu'il faut pour offrir son spectacle.

Il n'est pas rare de voir l'artiste se tenir sur une jambe et faire un cercle de trois cent soixante degrés en donnant des coups de pieds tout autour de lui. D'après vous est-ce que c'est bien réaliste lors d'un véritable combat? Les méchants vont attendre à tour de rôle de recevoir le coup de pied? Oui, cela demande de bonnes habiletés pour celui qui effectue la chorégraphie. Son sens de l'équilibre, sa vitesse d'exécution font de sa prestation quelque chose d'agréable à regarder. Mais est-ce que sa capacité à donner tant de coups de pieds sans déposer le pied au sol démontre une forte capacité à se tirer d'affaire dans un combat réel? Je n'en suis pas certain du tout.

Est-ce que ce type d'adaptation est bien? Je pense que oui, il y a un public pour cela. Et de toute façon, que ce soit de la danse ou une autre activité, mieux vaut voir les jeunes s'entraîner à cela que de traîner dans les rues. Mais est-ce que l'on peut dire que ce sont encore des arts martiaux? Ça, j'en doute fort, mais ce n'est que mon humble avis. Les tournois d'arts martiaux ont évolué en de lucratifs commerces. Plus on diversifie le produit, plus on donne de médailles et plus on recrute de participants au sein de l'activité. Dans ce divertissement que sont devenues les compétitions, on retrouve maintenant des katas armés. Ces prestations n'ont qu'une règle, être le plus spectaculaire possible. Peu importe si les mouvements sont réalistes ou pas. Cela n'a pas besoin d'être efficace d'un point de vue martial, cela nécessite simplement d'être impressionnant à regarder.

Prenons un kata de bo, ce bâton de six pieds de long. Au Japon, traditionnellement, le bo servait à aider les pèlerins à marcher dans les montagnes. Ces régions accidentées offrent de magnifiques forêts aux arbres centenaires. Dans ces conditions, il devient difficile de faire tourner à la façon d'un hélicoptère, le bâton au-dessus de nos têtes. C'est certain que dans les premières secondes, notre mouvement s'immobiliserait en s'accrochant à une branche.

Si vous regardez une présentation de kata de bo, vous aurez de la difficulté à suivre l'arme tellement elle tourne rapidement dans tous les sens. Chaque fois que j'observe ce type de démonstration, je ne peux m'empêcher de penser à une majorette que l'on peut voir dans les fanfares. Bien qu'impressionnants, ces mouvements n'ont plus de rapport avec la façon martiale d'utiliser le bo. La plupart des personnes qui s'entraînent à cet art se servent de bo en fibre de carbone, des objets qui ne pèsent pratiquement rien. Nous sommes loin du bâton en chêne qui laisse sentir rapidement son poids au bout de nos bras.

Les mouvements de tournoiement ne sont pas des techniques martiales. Dans les temps anciens, on faisait tourner lentement l'arme de manière à renforcer les poignets, les coudes et les épaules. Cet exercice trouve sa raison d'être dans le poids des pièces utilisés. Il n'était pas rare de prendre des bâtons plus gros et plus lourds afin d'arriver à développer force, endurance, et résistance des articulations sollicitées. Fondamentalement, l'utilisation de techniques réalistes ne permet pas d'offrir un bon spectacle. Les techniques ne sont pas nécessairement esthétiques. Elles n'ont pas été créées pour la beauté du geste, mais pour leur efficacité à affronter une attaque. C'était un outil de survie et non de divertissement.

Il n'est pas rare, lors de telles démonstrations, de voir les participants mélanger divers styles d'armes. J'ai déjà vu des gens faire des katas d'inspiration chinoise avec des katanas japonais. Le sabre chinois comme le dao de kung-fu possède une lame plus incurvée et une poignée plus courte. Ce type de sabre se travaille à une main. Sa courbure autorise des coupes plus circulaires qu'on ne pourrait le faire avec un sabre traditionnel japonais. Le katana, quant à lui, se manipule surtout à deux mains, nécessitant des coupes plus directes en utilisant une bonne maîtrise du transfert du poids des jambes. Bref, seul un manque de connaissances flagrant de ces armes permet de commettre de si grossières erreurs.

La plupart des gens qui participent à ces compétitions ne sont pas des spécialistes de ces armes. Le but n'est pas de démontrer leurs efficacités, mais d'offrir aux personnes présentes un spectacle visuel impressionnant. Il faut redécouvrir le kata tout en n'en demeurant pas prisonnier. Les katas sont des outils que nous ont légués des gens qui ont eu à défendre leurs vies dans des situations dangereuses. Pour eux, l'efficacité primait sur l'esthétique. Alors, apprenons à apprécier et à voir tout ce qui se cache dans ces petites merveilles sorties tout droit de l'époque féodale du Japon.

Chapitre 10

Connaître son ennemi

Vous êtes-vous déjà demandé pourquoi certains se rendent si loin dans les arts martiaux et que vous, vous en êtes encore qu'à ce niveau? D'ailleurs, cette question pourrait être étendue à presque tous les domaines de notre vie. Pourquoi ce collègue de travail est-il plus performant que moi? Pourquoi est-ce que mon ami est meilleur au football que moi? Comment se fait-il que je n'arrive pas à dépasser ce niveau de compétence où j'ai l'impression de stagner depuis quelque temps? Pourquoi mon compagnon de travail vend davantage de voitures que moi? Nous sommes notre principal obstacle, notre premier ennemi à combattre lorsque nous désirons progresser. Il est parfois plus difficile de gagner sur soi-même que sur une autre personne.

S'entraîner aux arts martiaux demande généralement beaucoup de sacrifices. On dit souvent que le *budo* est la vie. Peut-être, mais dans la vie, on doit apprendre à faire des choix. Le résultat des options que nous prendrons sera en fonction des efforts et des sacrifices exigés. L'une des plus grandes difficultés contre laquelle nous aurons à lutter toute notre vie est sans aucun doute la paresse. La plupart des êtres humains tendent vers la facilité, l'inertie. C'est tellement plus simple de demeurer chez soi à regarder la télé plutôt que d'aller s'entraîner. Il faut se déplacer du point A au point B. J'oubliais, tout d'abord, ça demande le travail de se préparer, de prendre une douche ou de changer de vêtements. Puis une fois que l'on est au dojo ou à la salle d'entraînement, il faudra faire des efforts. Bref, c'est tout un processus compliqué et déroutant qu'il faut vaincre. Mais avez-vous déjà remarqué qu'une fois sur les lieux, cela devient agréable et que l'on est content de l'incroyable effort que l'on a dû fournir pour en arriver là? Bon, d'accord, j'exagère un peu sur le moyen d'y parvenir, mais ça illustre bien tous les petits efforts exigés. Souvent, c'est après une longue journée éreintante que cette paresse malicieuse s'empare de nous.

Qu'est-ce qui, psychologiquement, exige le moins d'efforts? Aller prendre une bière avec les copains ou aller demander à notre corps de s'acharner à devenir meilleur, plus performant? Dans les arts martiaux comme dans tous les domaines, à talents égaux, ceux qui se rendent plus loin ont dû travailler beaucoup plus fort pour parvenir à ce résultat. Il est tellement facile de trouver mille excuses pour ne pas avoir à fournir d'efforts.

Une liste d'excuses

Bien sûr, la première raison d'abandon est souvent liée à l'aspect monétaire. Il faut être réaliste, on ne peut que rarement pratiquer les arts martiaux sans dépenser d'argent. Personnellement, ça fait longtemps que j'ai dépassé les cent mille dollars d'investissement dans ce domaine. Depuis que j'ai fait ce choix, je n'ai pas les moyens de me payer des voitures de l'année, mais c'est fou comment en a bénéficié ma qualité de pratiquant d'art martial!

Un jour, un de mes étudiants de longue date me dit qu'il devait arrêter parce qu'il n'avait pas d'argent pour continuer. C'était un bon art martialiste que tous les autres étudiants aimaient bien. Toujours de bonne humeur avec un bon sens de l'humour qui plaisait à tous. Il m'avait expliqué qu'il faisait moins d'heures au travail et qu'il n'avait plus les moyens financiers pour continuer son entraînement martial pour le moment. Comme je l'avais déjà fait auparavant pour d'autres, je lui fis cadeau de sa session d'automne. Je m'apprêtais à lui donner également celle d'hiver lorsque j'appris qu'il avait investi plus de mille dollars dans un équipement de ski alpin. Il avait fait son choix. Comme pour la plupart des gens, il devait décider où il placerait l'argent dédié au budget de ses loisirs.

Combien de personnes vont dépenser de bons montants en cigarettes ou en alcool dans les bars plutôt que d'utiliser cet argent pour une activité physique ? Toute notre vie, nous avons des décisions à prendre. Personnellement, si je fais un choix, j'apprends à l'assumer. Je ne chercherai pas vingt excuses pour me justifier. Combien de fois ai-je entendu des gens dirent qu'ils ne pouvaient pas venir à un événement parce qu'il y avait de la mortalité. C'est tout à fait normal d'aller au service funéraire du défunt. Mais lorsque l'étudiant se retrouve à avoir plusieurs décès qui comme par hasard coïncident aux mêmes dates que ces activités martiales, on peut se poser des questions. Si une personne décide de ne pas y aller, c'est sa décision et l'on ne peut que la respecter, mais se sentir obligé de fournir des excuses extravagantes, c'est une toute autre histoire.

Se prendre en main

Il faut apprendre à se motiver, c'est le secret pour passer au travers de cet ennemi qu'est la paresse. Mais pour beaucoup de gens, la motivation doit venir de l'extérieur. C'est plus facile d'aller à une activité si d'autres amis sont de la partie. Combien de personnes veulent aller regarder un film au cinéma alors que le ou la conjointe préfère aller écouter un autre film? Qui gagnera? Ce n'est pas une question de triomphe. Si l'on désire voir un film en particulier, pourquoi ne pas y aller seul? Il y a toujours un moment où l'on peut prendre quelques heures pour le faire. Y aurait-il un petit manque d'autonomie quelque part? On doit apprendre à cesser d'attendre après les autres pour faire quelque chose.

La première étape pour y arriver est simple. On doit réaliser que l'on aimerait faire certaines choses, mais qu'on ne le fait pas. On prendra le temps de se demander pourquoi on ne le fait pas, qu'est-ce qui nous empêche de le faire? Si l'activité nous intéresse vraiment, on doit se donner une date butoir pour l'accomplir. L'être humain adore la procrastination. C'est toujours plus facile de remettre à demain ce que l'on peut faire aujourd'hui. Si l'on remet constamment cela à un autre moment, il faut se demander pourquoi. Est-ce par peur de l'inconnu, par paresse ou simplement qu'il y a un manque d'intérêt? Si cette activité nous ennuie, c'est sûr que nous ne sommes pas à notre place. Alors, pourquoi se casser la tête à trouver des excuses si aucune obligation n'est reliée à ça?

La constance

L'un des secrets pour arriver à performer dans les arts martiaux est sans aucun doute la constance. Je ne parle pas d'en faire sept jours sur sept. Même si ce n'est qu'une fois par semaine, cette assiduité portera ses fruits. Il faut apprendre à maintenir un rythme afin que notre entraînement devienne une sorte de rituel. Si on échappe de plus en plus à ce rituel sans raison valable, il est peut-être temps de chercher à comprendre pourquoi? D'un autre côté, une fois que la classe sera terminée vous vous sentez heureux et bien dans votre peau, vous pouvez utiliser cette sensation du devoir accompli comme une motivation pour vous pousser à persévérer.

Mais on ne décide pas toujours de son horaire. Dans les pires des cas, si vous ne pouvez vous présenter à l'entraînement pour une longue période de temps, essayez de demeurer en contact avec le milieu. De nos jours, c'est facile avec tous les médias sociaux. De plus, si votre dojo a la chance de posséder un forum, alors n'hésitez pas à garder le contact. Cela vous stimulera pour un retour dès que ça sera possible.

En résumé, est-ce que cela veut dire que vous devriez arrêter les arts martiaux si vous ne désirez pas y consacrer plus d'efforts? Non, absolument pas. Il faut simplement accepter le niveau que l'on a obtenu et ne pas tenter de faire une compétition avec les autres. J'ai souvent vu des groupes d'amis qui commençaient les arts martiaux ensemble et dont celui qui s'entraînait peu était frustré de constater que ses camarades progressaient plus rapidement que lui. Ce mécontentement débouche fréquemment sur l'abandon de l'art martial. Tant que les amis demeurent au même niveau, ça fonctionne bien, l'égo n'en souffre pas.

Bien sûr, il ne faut pas oublier le talent. Chaque être humain possède des forces et des faiblesses. Certaines personnes comme Hatsumi sensei, Ueshiba sensei et quelques autres sont ou étaient des Mozart des arts martiaux. Mais peu importe le talent dont on fait preuve, sans travail, il n'atteindra jamais son plein potentiel. Si vous vous reposez sur votre facilité à faire des techniques, il y a de fortes chances que vous passerez à côté de détails essentiels. Ce sont ces petits détails qui font que l'on peut gravir les échelons du *budo*.

On ne s'entraîne pas aux arts martiaux pour faire plaisir aux autres. On le fait pour soi. Il faut simplement être conscient de notre intérêt, de notre volonté. Si l'on réussit cela pour le dojo, il y a de fortes chances pour que cela ait des répercussions sur les autres facettes de votre vie. Alors, il serait peut-être temps de commencer à combattre votre paresse.

Chapitre 11

L'alignement des os

Dans la plupart des styles d'arts martiaux, on amènera l'étudiant à frapper de plus en plus fort. Pour y arriver, on lui demandera de développer sa puissance, sa force physique et même dans certains cas, on lui suggérera de prendre de la masse musculaire. Dans notre vision occidentale du *budo*, plus l'art martialiste est costaud et plus son coup de poing fera mal. Le stéréotype du gars au gros biceps, aux abdominaux bien découpés, au crâne rasé et à la figure méchante est omniprésent dans notre manière de percevoir un art martialiste efficace. Est-ce que la grosseur de celui qui cogne est proportionnelle à l'impact que reçoit l'adversaire? Oui, mais seulement si l'on possède une mauvaise technique.

Il faut savoir qu'il y a plusieurs façons de frapper selon les endroits et la nature de la cible à atteindre. Briser une planche ne demande pas le même type d'énergie que de traverser de solides abdominaux. Le bois, les muscles, les os, les plexus sont composés différemment. Le bois ou le béton possède un taux d'humidité relativement bas. D'ailleurs, la plupart des casseurs feront sécher les dalles qu'ils auront à fracasser en démonstration. Si le béton est humide, il devient difficile à briser. Les muscles pour leur part sont composés jusqu'à 80 % d'eau. On ne peut donc utiliser la même technique de frappe sur un muscle que pour casser une brique. Les os quant à eux sont composés d'environ 20 % d'eau. Un nouvel ajustement est nécessaire pour causer des lésions aux os. Dans les vieux arts martiaux, on aura recours à différentes méthodes adaptées à chacune de ces caractéristiques.

Peu importe le style d'énergie que l'on utilise, la première règle à respecter est l'alignement des os. C'est toujours fascinant de voir la réaction des karatékas qui arrivent chez nous lorsque je leur démontre le plus basique des exercices sur ce sujet. Il n'est pas rare qu'ils me disent « pourquoi personne ne m'a jamais montré cela auparavant? » Ce type de commentaire est généralement suivi de questions du style : « Comment est-ce que ça fonctionne? » « Pourquoi est-ce que tous les arts martiaux n'utilisent pas cela? » Bref, des remarques pertinentes sur un sujet qui, lorsqu'on l'approfondit, n'est pas aussi simple qu'il y paraît à première vue.

Plutôt que d'essayer de faire frapper de plus en plus fort mes étudiants, je préfère petit à petit réparer les erreurs d'alignements des os. Un corps humain est une structure. Si cette dernière est faible, il y aura toujours des pertes d'énergie qui diminueront la puissance à l'impact. Le premier handicap vient le plus souvent des genoux. S'ils sont mal dirigés, une grande partie de l'énergie sera dispersée dans de mauvais axes. Il faut apprendre à canaliser cette énergie en l'orientant complètement vers le point d'impact. Pour frapper, le corps humain a besoin d'appuis solides au sol. La moindre instabilité se traduit par une perte de puissance. Il n'est pas rare de voir des gens frapper et se retrouver un pied en l'air. Oui, il y a des façons de faire cela où l'on peut lever un pied. Mais si ce n'est pas intentionnel et si c'est fait sans comprendre comment exercer cette méthode adéquatement, on vient encore de perdre de l'efficacité.

Dans l'idée des vieux arts martialistes asiatiques d'expérience, les Occidentaux frappent en utilisant la puissance du haut du corps alors qu'eux-mêmes se servent de force des jambes. Une fois le problème de la base résolu, on doit comprendre comment utiliser les rotations du bassin afin de transmettre l'onde qui vient du bas. Un mauvais angle ou le fait de sortir le derrière, se tenir trop de côté, bref, une foule de détail peut compliquer la vie de celui qui veut atteindre sa capacité optimale. Ishiki est sollicité dans la réussite de ces améliorations. Si nous ne sommes pas conscients de notre structure, il y a de fortes chances que nous fassions de mauvais mouvements. Certaines personnes peuvent parfois arriver à corriger tout cela instinctivement. Mais, c'est plutôt rare.

En parallèle, il faut apprendre à gérer le torse. Le bas ventre doit projeter une énergie mentale en même temps que le corps s'aligne. Je sais, ça fait bizarre de dire ça comme ça. Puis le travail des épaules devra se synchroniser avec le reste afin d'éviter une nouvelle dispersion d'énergie. Une fois tout cela maîtrisé, le travail n'est pas terminé. Avez-vous remarqué combien de gens frappent en orientant inadéquatement les coudes? Si la connexion entre les différents os se fait mal, tout le travail accumulé par le reste du corps est gâché. Ah oui! J'oubliais. Dans la rue nous n'avons pas de bandage pour assurer la solidité des poignets. Il faut donc que l'alignement des os du bras soit parfait pour ne pas se briser l'articulation. Une fois que tout cela est corrigé et maîtrisé, on peut commencer à penser pouvoir frapper puissamment.

Avec ou sans gants

La plupart des arts martiaux enseignent aux étudiants à maintenir le poing à l'horizontale comme le font les boxeurs. Ces derniers travaillent avec des gants très lourds. À cause de cette protection, ils n'ont pas le choix de cogner de cette façon. En agissant ainsi, ils se préservent de blessures aux épaules et aux coudes. Mais si vous n'avez pas de gants, est-ce que c'est la meilleure méthode pour frapper? Faites l'exercice suivant. Donnez un coup de poing droit en plaçant votre jambe droite devant et demandez à un partenaire d'entraînement de pousser sur votre bras. Si vous le faites à la façon d'un boxeur, vous remarquerez probablement que votre épaule aura tendance à reculer. Le bras n'est pas barré, ce recul se traduit par une perte de puissance. Refaites le même exercice en gardant votre poing à la verticale. Vous constaterez aisément que votre épaule est plus stable. Dans les deux cas, placez votre poing derrière en garde, près de votre cou.

L'alignement des os fait en sorte que si l'on frappe un adversaire qui est très près de nous, on agira avec le poing inversé, paume vers le haut. Plus il s'éloignera de nous, plus on tournera le poing à la verticale. Et seulement s'il est trop loin de nous, on placera alors notre poing à l'horizontale pour l'atteindre. Cette rotation du bras permet d'acquérir un peu plus de portée. Et s'il est encore plus distant, on tournera notre poing jusqu'à amener notre petit doigt sur le dessus. En résumé, l'orientation du poing est en fonction de la distance de l'adversaire. On ne peut frapper n'importe quelle cible, à n'importe quelle distance de la même manière.

Dans un univers moderne où la compétition a pris le pas sur la survie, la façon de frapper n'est plus primordiale comme elle l'était dans les temps anciens. Le but est de toucher l'autre pour obtenir des points. Qu'on l'atteigne au foie, à la tête, dans les abdominaux ou sur des os, ce qui compte c'est de faire un contact susceptible de donner des points. On n'a plus besoin d'adapter la technique d'attaque à la cible recherchée. Il en va de même avec les coups de pieds. On peut viser un adversaire à la tête en sachant que l'on ne risque rien, car il est interdit dans les compétitions de frapper une personne aux parties. On peut donc s'exposer ainsi sans crainte d'être atteint dangereusement.

Il existe différentes manières de frapper. L'une des plus dévastatrices est ce que l'on nomme une frappe avec onde de choc. Cette méthode a la particularité de traverser la peau et les muscles sans laisser de traces extérieures. Elle causera cependant de graves dommages internes. Imaginer un caillou qui tombe dans l'eau et qui générera des vagues. Ces vagues sont un peu comme l'onde de choc qui traverse les muscles pour aller faire des dégâts au rivage. Pour pouvoir démontrer la puissance de ces percussions à mes étudiants, j'utilise d'épais bottins téléphoniques. Les techniques de frappe conventionnelles se tolèrent facilement à travers ces livres. Même les meilleurs casseurs n'arrivent pas à les traverser pour faire reculer ceux qui subissent ces attaques. Mais lorsque l'on travaille en utilisant l'onde de choc, la personne se retrouve généralement à reculer et à plier en deux sous la force de l'impact. Et, fait intéressant, plus la personne possède des abdominaux développés et mieux l'énergie traverse. Ce type d'attaque peut s'appliquer à divers endroits du corps. Inutile de dire que je fais une sélection des étudiants à qui j'enseigne ces méthodes.

Dans cette catégorie, il y a différentes façons de frapper. On peut cogner pour que la réaction soit immédiate, mais on peut aussi utiliser des techniques pour que l'effet se fasse sentir quelques secondes plus tard. L'agresseur se croit hors de danger, mais rapidement il perd le contrôle de la situation. Inutile de dire que si l'on utilise ces techniques sur la tête d'un opposant, des lésions au cerveau qui s'en suivront. Le plus curieux, c'est qu'extérieurement, rien n'y paraîtra. Que ce soit à coup de poing, ou en utilisant une autre partie de la main ou du corps, une constante ressort de toutes ces techniques, soit l'alignement des os. Si vous ne gérez pas bien votre structure osseuse, c'est certain qu'il y aura des pertes d'énergie.

Il existe également des méthodes permettant de créer d'atroce douleur aux os. Ces techniques ne sont plus utilisées de nos jours, personne n'aimerait être poursuivi pour avoir causé tant de dommages. En sachant comment, on peut même arriver à briser un tibia en le frappant au bon endroit et de la bonne façon. Pour démontrer la faiblesse de cet os à mes étudiants, je me contente d'appuyer au bon endroit. L'effet est généralement instantané.

Dans l'art martial que je pratique maintenant, nous avons une série d'exercices qui se nomment sanshin no kata. Ils permettent de travailler l'alignement des os et la synchronisation nécessaire afin d'optimiser notre puissance d'attaque. Le tai-chi est également un excellent moyen de mettre en symbiose coordination et alignement. Dans les arts martiaux anciens, on surveillait attentivement comment bien bouger et utiliser le corps dans sa totalité. Seul un bon taijutsu peut amener un pratiquant à atteindre son plein potentiel. Apprendre à bien bouger est essentiel lorsque l'on désire approfondir toute la puissance du vrai budo.

Chapitre 12

Invulnérable

Au début des années 70, j'étais allé voir La fureur de vaincre de Bruce Lee. Je me souviens d'avoir constaté à la sortie du cinéma que plusieurs personnes prenaient des poses à la Bruce Lee. Ces spectateurs avaient l'impression qu'en agissant de la sorte, qu'ils partageaient un peu de cette invulnérabilité dont faisait preuve le talentueux acteur. Les gens gesticulaient, lançaient les fameux sons qui le caractérisaient.

Ce sentiment de puissance et d'invulnérabilité est omniprésent dans les arts martiaux. Beaucoup trop d'enseignants tentent d'inculquer cette sensation à leurs étudiants. C'est une fausse sécurité qui peut se révéler dangereuse si l'étudiant s'attaque à un adversaire plus fort que lui. Je me souviens qu'une fois dans un bar, un homme se promenait les épaules dressées bien hautes. Il ne se gênait pas pour accrocher les gens sur son passage. Il se prenait pour le maître des lieux. Arrivé près de moi, il avançait en ligne droite, pensant m'obliger à me déplacer. Dans mon travail en sécurité, j'avais côtoyé des individus pas mal plus effrayants que lui. Au moment où il s'apprêtait à me plaquer, je pris une position très solide. C'est lui qui fut secoué. Naturellement, le ton monta, sa frustration était évidente. Il me menaça de s'en prendre à moi en disant qu'il pratiquait le karaté. En disant cela, il avança sur moi la tête haute. Je lui fis signe de la paume de la main d'attendre un peu, puis je sortis une de mes cartes professionnelles de mon portefeuille. « Et moi je l'enseigne », dis-je en le regardant droit dans les yeux. Je savais que cet homme était un frimeur. Je montai d'un cran la menace tout en étant certain qu'il n'irait pas plus loin. « Est-ce que vous désirez que l'on aille régler cela dehors? », demandais-je.

L'homme s'en retourna et quitta le bar. Une personne qui avait assisté à la scène me dit qu'il n'était que ceinture orange. À cette époque, l'idée qu'une personne pratiquait le karaté suffisait à intimider les gens. Le secret de cet homme était de démontrer de la confiance en lui. Naturellement, je peux dire qu'il avait également beaucoup de chance. Un bon bagarreur de rue équivaut à une ceinture noire en ce qui a trait au combat. Il est habitué à recevoir des coups, il est familier avec la douleur, et possède un bon contrôle de ses émotions, chose qu'un pratiquant d'art martial, qu'importe son niveau, ne peut connaître tant qu'il n'a pas été confronté à des situations réelles.

Comme enseignant dans le domaine, nous avons la responsabilité de garder nos étudiants dans un état réaliste de leur capacité. Bien sûr, les arts martiaux aident les gens à avoir confiance en eux. Mais il ne faut pas que cela soit de l'arrogance. Techniquement parlant, la plupart des ceintures noires ont les ressources nécessaires pour affronter un adversaire dans la rue. Malheureusement, ce n'est pas qu'une question de connaissance. Ce que l'on apprend dans le dojo est théorique. La mise en pratique ne se fera qu'au moment où vous aurez à vous servir de vos arts martiaux en situation réelle. Il n'est pas rare de voir des ceintures noires se faire battre parce que l'adrénaline jouait contre eux. On s'imagine que sous son influence on deviendra plus fort, plus résistant et plus rapide. Malheureusement, cette hormone peut faire le contraire. Elle peut faire en sorte que celui qui y est soumis demeure cloué sur place. Quand les jambes se mettent à trembler, que les bras ont peine à se soulever et que simplement bouger un pied semble difficile, comment peut-on se battre dans ces conditions? Demander à n'importe quel policier ou gardien de prison et il vous dira qu'il en a vu plusieurs être incapable de réagir lorsque c'était le moment décisif.

Si cet état se produit, il y a peu de chance que cela nous conduise à la victoire. Il faut conscientiser les étudiants à cette possibilité. Si on leur fait croire qu'ils sont invulnérables et qu'après avoir donné quelques coups de poing à leur adversaire ils réalisent qu'ils ne semblent même pas le perturber, une détresse psychologique peut s'emparer d'eux. S'ils reçoivent quelques impacts douloureux, qu'ils s'aperçoivent que leur nez saigne abondamment, la panique risque d'affecter ce qui reste de jugement. Il faut amener nos élèves à devoir battre en retraite si nécessaire. On doit les préparer mentalement à de telles confrontations.

Bien sûr, les combats sportifs peuvent aider à cela. Mais ce n'est généralement pas suffisant. Pour arriver à contrer cet état, j'enseigne des automatismes qui sont enclenchés dès qu'un mode défensif se présente. L'étudiant qui possède cela ne saura pas ce qu'il fait sur le moment, mais cela le placera dans une position plus sécuritaire augmentant ainsi ses chances d'échapper à de graves blessures. Les réflexes de protection viseront des points sensibles comme les yeux ou les genoux sans qu'il réalise vraiment ce qu'il a fait. Cette façon de procéder recourt à l'instinct plutôt qu'à l'intellect.

J'ai eu deux étudiantes, des cas séparés, qui ont eu à se défendre contre des attaques au couteau en situation réelle. Cette préparation psychologique d'un mode défensif leur a permis de gagner leur combat contre leurs assaillants. Dans les deux cas, les femmes n'ont eu aucune blessure et les deux fois les agresseurs ont été maîtrisés et immobilisés. Le plus drôle c'est qu'aucune des deux n'a su comment elles avaient fait. C'est avec le témoignage de gens autour que l'on a pu reconstruire la technique qu'elles avaient utilisée. C'était ces automatismes défensifs qui leur avaient sauvé la mise.

La plupart des arts martiaux sont de nature agressive. Les formes de combat enseignées le sont un peu à la façon des combats de coqs. Chaque protagoniste essaie d'avancer en ligne droite sur l'autre. Le but est de gruger du terrain de façon à approcher l'adversaire pour le frapper et faire un point. En situation réelle, si votre compétiteur est plus rapide, plus fort et plus agressif et que vous n'avez jamais développé de stratégie défensive en reculant, il est plus que probable que vous perdiez votre combat.

Un étudiant que j'avais déjà eu et qui ne cessait de parler de ses anciens arts martiaux a un jour vécu le problème qui suit. Toutes ses techniques qu'il avait apprises au sein d'autres écoles aboutissaient à un échec. L'adversaire était trop rapide. Il était devenu mon étudiant depuis un mois à peine. Après avoir récolté quelques coups, il se mit à reculer en angle en utilisant les techniques de replis qu'il avait apprises à notre dojo. La situation se renversa et son adversaire décida d'abandonner le combat après avoir reçu quelques impacts bien placés.

Les stratégies défensives que j'enseigne sont basées sur les émotions et sur une en particulier, la peur. Si vous ne développez pas d'automatismes à partir cette réalité, il est probable qu'un jour ou l'autre vous rencontriez un adversaire plus fort que vous.

De fausses promesses

Il n'est pas rare de voir des instructeurs d'arts martiaux garantir des résultats. Mauvaise nouvelle pour eux, rien n'est assuré à 100 %. Un homme a déjà reçu sept balles de 357 magnum. Ces projectiles font de jolis trous dans un corps humain. Sous l'effet de la drogue, l'agresseur avançait vers les policiers sans que les projectiles réussissent à l'arrêter. Une balle lui avait complètement brisé un tibia, mais malgré cela, les muscles tendus sous l'influence de ces substances lui permettaient de progresser en gardant son couteau à la main. C'est finalement une balle au cœur qui a mis fin à son avance. Sous l'influence de la drogue, cet homme ne sentait rien. Aucune douleur ne pouvait l'atteindre.

Alors si vous croyez qu'un coup de poing à la tête va nécessairement déboucher sur une victoire, il se peut que vous soyez surpris. Je dis souvent à mes étudiants qu'être bon dans les arts martiaux ce n'est pas de réussir une technique. Si ça se passe bien, c'est simplement que vous avez été chanceux. Être bon c'est de pouvoir s'adapter instantanément lorsque la technique que l'on essaie d'appliquer ne fonctionne pas. C'est à ce stade que l'on retrouve les pratiquants d'arts martiaux qui commencent à avoir une bonne maîtrise du *budo*.

Je regardais un jour une vidéo d'une école d'art martial qui avait filmé un cours qu'il donnait sur les kyushos, ces points de pression à la réputation parfois surfaite. L'enseignant garantissait aux participants qu'une frappe à un certain endroit sur la fesse amènerait nécessairement une perte de conscience. Mauvaise nouvelle, vous pouvez me frapper là tant que vous voudrez, je ne tomberai pas. Bien sûr, je vais avoir de la misère à m'asseoir pour quelques jours, mais je garderai toute ma combativité.

Lorsque l'on atteint quelqu'un sur le nerf radial, un endroit sur le dessus de l'avant-bras, la plupart des gens vont baisser les bras. Durant quelques secondes, le membre sera inopérant, un peu de la même manière que lorsqu'on se cogne un coude. Ce qui est superbe dans ce genre de technique est que plus l'adversaire a fait des poids et haltères, plus il possède de gros bras, plus, il deviendra sensible à ces frappes. Il y a longtemps, j'ai eu une jeune fille frêle qui ne sentait absolument rien sur les points de pressions des bras. Un jour où elle se trouvait dans un atelier, elle huma une odeur de brûlé. Sa main s'était appuyée sur un fer à souder sans qu'elle s'en rende compte. On ne sait jamais à qui l'on a affaire. Si vous prenez un travailleur de la construction habitué à se cogner les bras à longueur de journée, il est plus que probable qu'aucun point de pression ne fonctionne sur lui.

À mon époque, on s'entraînait à la dure. Je me souviens que l'on se sautait à pieds joints sur le ventre pour s'endurcir. On prenait des ballons d'exercices lourds que l'on se projetait sur les abdominaux pour s'habituer à résister à de violents chocs. Ce type de formation était stupide et inutile. Si l'on endurcit son estomac à recevoir des impacts, on devrait aussi le faire pour le nez, les partis et les genoux. Là où l'on est susceptible de se faire frapper. Plutôt que de tenter de renforcer ces endroits, pourquoi ne pas apprendre à mieux bouger et à esquiver? Ça risque moins de laisser des séquelles à long terme et ça a l'avantage d'être moins douloureux. Oui, résister aux frappes peut être utile, mais à quel prix? Lorsque l'on endurcit le torse, on frappe les muscles et derrière se trouvent différents organes. Certaines percussions peuvent causer des micros dommages qui seront cumulatifs avec le temps.

Certains pourront répliquer qu'il faut s'habituer à la douleur. Je fais mal à mes étudiants, je leur fais très mal. Mais ces douleurs intenses ne laisseront pas de séquelles aux organes internes ou aux articulations. Mes étudiants sont habitués plus que la majeure partie des gens à tolérer des douleurs. Ce sont des douleurs vives, plus intenses qu'un coup de poing au ventre. Il y a des techniques pour supporter et gérer la douleur. Ça ne doit pas se faire de n'importe quelle façon. Il faut que l'instructeur soit conscient des risques à long terme qu'il fait courir à ses étudiants.

Les honneurs comme les trophées et les médailles peuvent apporter une confiance exacerbée qui peut être dangereuse. Il ne faut pas oublier que dans la rue il n'y a pas de règles. De nos jours dans chaque pays et dans chaque région il y a un nombre impressionnant de champions du monde d'arts martiaux. Ces gens ont tendance à se mettre sur un piédestal où les commentaires de leurs professeurs sont de moins en moins pris en considération. L'égo démesuré de certains de ces champions ne peut cependant leur garantir qu'ils seront efficaces dans la rue. Au contraire, ces personnes peuvent être les plus surprises de constater que ça ne se passe pas comme ils sont habitués. Que le coup qu'ils viennent de recevoir dans un genou ou aux parties est une variable qu'ils ne connaissaient pas auparavant.

Alors, comme pratiquant d'art martial, comment vous classez-vous? Comme quelqu'un qui manque de confiance ou qui en a trop? Il faut rechercher l'équilibre et surtout demeurer lucide sur sa capacité tant à donner qu'à recevoir des attaques.

Chapitre 13

La vitesse

Dans le domaine des arts martiaux, tout comme dans celui de toutes les activités physiques, un mot clé revient constamment : « performance ». Pour y parvenir, le mot qui s'associe le plus à ce résultat est probablement la vitesse. On utilise des radars pour mesurer la rapidité d'un coup de poing ou de pied. On essaie de compter le plus grand nombre de frappes possible dans l'intervalle du plus court laps de temps. On s'entraîne à être de plus en plus rapide. Mais est-ce bien ça la vraie vitesse du *budo*?

Avec l'expérience, je m'aperçois que je n'ai plus besoin de bouger autant à la hâte pour arriver à un même résultat. J'ai toujours été assez performant du point de vue de la vitesse. Mes poings étaient suffisamment efficaces pour qu'un adversaire ne puisse contrer la seconde et troisième attaque qui s'enchaînait sans que la plupart des gens aient la possibilité de les bloquer. Durant des années, j'ai cru que cela était lié à la puissance des muscles et à notre agilité à nous mouvoir. Avec le temps, je me rends compte que si je veux éviter une attaque, je n'ai plus besoin d'essayer de bouger rapidement mon corps.

Imaginez des policiers qui poursuivent un individu à pieds. Partons du principe que les agents et le fuyard possèdent le même niveau d'endurance physique. Les policiers ont cependant un handicap, l'équipement de travail qu'ils portent à la ceinture est lourd et encombrant. Ils ne pourront probablement pas courir à 100 % de leur capacité. Pourtant, dans la plupart des cas, ils arrivent à rejoindre le contrevenant. Comment est-ce possible? Tout est une question de gestion d'énergie. Au début de la chasse à l'homme, sous l'effet du stress et de l'adrénaline, la proie donnera tout ce qu'elle peut pour arriver à échapper à ses poursuivants. Ce pic d'énergie ne durera pas très longtemps. Si le fautif ne trouve pas un endroit où se cacher, les policiers finiront par le rejoindre. Leur handicap matériel leur impose un rythme plus régulier, une meilleure gestion de leur dépense énergétique.

Cet exemple expose bien l'importance du rythme. Dans les arts martiaux, ce concept est généralement sous-utilisé quand il n'est pas complètement ignoré. L'emploi le plus connu est ce petit sprint que font les combattants lors de compétitions sportives. On fait semblant de demeurer sur place et on explose pour aller porter notre poing le plus rapidement possible à la tête de l'adversaire au moment où l'on pense qu'il ne s'y attend pas. On espère ainsi pouvoir marquer ce point de plus qui nous mènera vers la victoire.

Les vieux maîtres ne sont plus aussi vivaces. Cependant, ils deviennent intouchables. Leurs déplacements font en sorte que dès que l'on s'apprête à les frapper, une magie s'opère, ils ne sont plus là où ils le devraient. Ils réussissent à se mouvoir de manière non seulement à éviter l'attaque, mais à être dans une position où l'opposant devient vulnérable. Pourtant, lorsqu'on les regarde se déplacer, vu d'un œil extérieur, on a l'impression qu'ils bougent lentement, trop lentement. Malgré cela, ils parviennent à éviter l'attaque chaque fois. Avec les années, le corps n'est plus aussi performant, les muscles répondent moins bien aux exigences demandées. À partir de trente-cinq ou quarante ans, les capacités physiques vont décroître au fil des ans. C'est normal, c'est inévitable, c'est le vieillissement. Mais alors, comment peut-on arriver à parer les attaques de combattants jeunes et plus rapides?

Pour obtenir un tel résultat, il faut changer notre mode de pensée. Il faut arrêter de tout capitaliser sur notre forme physique. Certes, à l'aide d'entraînement régulier et adéquat, on peut retarder un peu ce processus dégénératif. Or tôt ou tard, la triste réalité nous rejoint. Il ne faut plus réfléchir de manière réactive, plutôt en mode préventif. On doit devenir attentif au comportement de l'adversaire. On doit apprendre à décrypter les messages que son corps nous donne.

Dès que l'on prend une posture quelconque, des limites s'imposent à nous. Parce que le poids est plus sur une jambe que sur une autre, cela autorisera certains déplacements ou mouvements tout en restreignant certains autres. Les vieux maîtres se servent de ces informations. Ils peuvent lire le positionnement de l'agresseur comme dans un livre ouvert. À partir du moment où l'on sait quelles seront les attaques possibles, il devient alors beaucoup plus facile de s'adapter à ces mouvements.

La plupart des enseignants d'arts martiaux ne se préoccupent pas de cela. D'ailleurs, parfois je me demande même s'ils sont conscients de la lecture de ces informations. Il est vrai que c'est particulièrement difficile d'expliquer cela. Curieusement, ça ne passe pas par une analyse intellectuelle, mais par une interprétation automatique instinctive. Je vais souvent faire des exercices de déplacements où l'objectif n'est pas d'échapper au coup de poing, mais d'apprendre comment récolter intuitivement ces précieuses données. Je ne dis pas aux étudiants le but réel de l'entraînement, car je ne veux pas qu'ils analysent, mais qu'ils ressentent. En procédant de la sorte, j'obtiens des résultats surprenants assez rapidement. Sans qu'ils ne puissent s'en rendre compte, ils développent cette capacité à analyser les informations adéquates. Mes élèves parviennent ainsi à esquiver des attaques-surprises rapides.

Pour arriver à ce résultat, d'autres conditions sont nécessaires. L'une des plus importantes est l'apprentissage du timing. En passant par une analyse intellectuelle, le corps réagit toujours avec une fraction de seconde de retard. Certes, le jeune âge permet de compenser cela par la vitesse des muscles. Ça peut faire le travail jusqu'au jour où l'on rencontre un combattant plus rapide. Le timing est quelque chose qui nous synchronise avec l'adversaire. On bouge en harmonie avec lui. On ne fuit plus une attaque, on danse avec elle. C'est un peu étrange dit comme ça, mais c'est cela. Dans la plupart des assauts, le défenseur, parce qu'il part en retard sur l'attaque, aura tendance à essayer de bouger plus rapidement que son adversaire. Lorsqu'on lit les informations qu'il nous donne, on se déplacera en même temps que lui, on s'accordera à son rythme ou au contraire, on pourra arriver à bouger beaucoup plus lentement sans avoir à faire un effort pour éviter son attaque.

Une attaque ne débute pas par un mouvement physique. Elle s'amorce par une intention, une pensée. À moins de demeurer statique, notre corps trahira généralement nos projets. Ne faites que réfléchir à quelque chose qui vous choque et vous remarquerez vos épaules qui se relèvent, presque imperceptiblement, mais elles bougeront. Pensez à un événement qui incite au calme et à la relaxation et vous sentirez l'effet contraire sur vos épaules. Les lignes du front, les épaules, la hauteur du corps qui sera relié aux flexions des genoux et même un plissement des sourcils trahiront vos émotions. On dit que les yeux sont le miroir de l'âme, ils refléteront votre intention si l'opposant a appris à les observer sans se laisser captiver par le regard. La réaction adéquate à une attaque débute au moment où l'adversaire pense à vous agresser et non lorsqu'il exécute le geste physique.

En interprétant inconsciemment ces signes, cette expérience vient avec les années, on peut arriver à ne plus avoir besoin de bouger rapidement pour bloquer ou esquiver une attaque. Une petite remarque s'impose ici, le nombre d'années sur le tatami n'est pas toujours représentatif de l'expérience martiale. Si cela fait soixante ans que vous vous entraînez de façon identique et que vous n'avez rien changé en fonction de développer ces capacités, alors vous en resterez au même point. Il faut être conscient de sa stagnation ou de son évolution. Chaque année, je fais l'exercice de me questionner sur l'amélioration de mon taijutsu. Il y a longtemps, je m'étais promis que si j'avais l'impression de ne pas avoir fait de progrès une année, que j'abandonnerais les arts martiaux. Touchons du bois, car pour le moment je continue sur cette voie.

La respiration est trop souvent négligée dans l'enseignement martial. Le manque de contrôle de la respiration trahira toujours celui qui fait une attaque au sabre. Si l'on se défend à mains nues contre un katana, la respiration de l'attaquant nous renseignera sur quand et comment agir. Le souffle de l'adversaire est un indicateur extraordinaire. C'est difficile à interpréter au début, mais plus on y porte attention et plus on découvre toute la richesse de l'information qu'il dévoile. Il faut prendre garde cependant à ne pas se laisser hypnotiser par celui-ci. Comme pour les yeux, on doit pouvoir l'observer sans se laisser capturer par son magnétisme.

En ayant accès à cette lecture du corps de l'adversaire, l'obligation de bouger rapidement disparaît et celui qui se défend donnera l'impression de se déplacer lentement et sans effort. Avec les exercices appropriés, les différentes parties du cerveau qui analyse les mouvements de l'adversaire pourront procéder beaucoup plus rapidement et décortiquer ses possibilités tactiques. Celui qui se défend aura même la sensation que l'attaquant bouge comme au ralenti. Il aura le temps de réfléchir à diverses stratégies tout en positionnant son corps au meilleur endroit. Il aura l'impression d'avoir tout le loisir nécessaire pour exécuter la manœuvre.

Les coureurs automobiles connaissent bien ce processus de vision au ralenti. Dans la mêlée, ils n'ont qu'un dixième de seconde pour éviter la collision. Pour eux, toute l'action semble se dérouler différemment, comme si le temps s'étirait sur un long moment. Dans les arts martiaux, au niveau du troisième triangle, celui où l'on accède à un certain niveau de maîtrise, la vision au ralenti fait partie de ce processus pour accéder aux paliers supérieurs du *budo*.

L'entraînement à la reconnaissance du langage du corps, le timing adéquat et le rythme font en sorte que l'on peut non seulement demeurer plus efficace contre un adversaire, mais on devient par le fait même un combattant plus compétent. La vitesse physique est une illusion. Elle nous donne un faux sentiment de sécurité. C'est à nous qu'il appartient de briser les entraves de cette illusion.

Chapitre 14

Les styles maison

Comme j'en parle plus en détail dans Les caprices du *budo*, je ne m'étirerai pas sur le sujet ici. Je vais plutôt résumer en disant que l'on retrouve quatre aspects de notre personnalité qui sont à développer lorsque l'on s'entraîne aux arts martiaux. Ces aspects sont ceux de l'étudiant, du professeur, de l'exécutant et du créateur. Pour progresser de manière équilibrée, il faut travailler constamment ces différentes facettes de notre personnalité martiale. L'étudiant a pour mandat l'apprentissage. Il a la charge d'acquérir de nouvelles connaissances et de s'autodiscipliner à persévérer. Le professeur en nous doit s'assurer que nous ne prenons pas n'importe quel enseignement sans juger de sa pertinence. Dans les arts martiaux, il existe de l'excellent matériel, mais malheureusement, il y a aussi de la cochonnerie. L'exécutant pour sa part, a la tâche de faire en sorte que ces accumulations de techniques nous rendent plus performants. C'est lui qui a la responsabilité d'œuvrer à ce que nous devenions une machine de guerre. Il doit pouvoir réaliser quelle technique lui convient et lesquelles ne sont pas appropriées pour lui. Et finalement, le créateur a pour devoir d'amalgamer nos connaissances pour les adapter à des besoins spécifiques et il a aussi le travail d'en trouver de nouvelles si nécessaire, afin d'assurer notre survie.

De nos jours, il existe une multitude d'arts martiaux récents. Des styles maison qui ont été inventés le plus souvent par un individu qui agissait de bonne foi. Accoucher d'un art martial est tout un travail. Les vieilles écoles s'échafaudaient sur l'expérience de personne ayant eu à livrer bataille en situation réelle. La moindre erreur dans la technique enseignée pouvait se traduire en perte de vie humaine. Généralement, ces créateurs étaient des experts dans l'art de la guerre. Le combat était une occupation à temps plein, ce n'était pas quelque chose qu'il partageait entre la compétition sportive, les jeux vidéo, la famille et les émissions de télé. Ces gens apprenaient de leurs ainés. La transmission était ce que l'on appelle okuden, c'est-à-dire qu'elle se communiquait oralement lorsque l'étudiant était digne de confiance.

Beaucoup de nouvelles écoles d'arts martiaux donnent l'impression d'avoir été improvisées. On emprunte des techniques à gauche et à droite et on crée un cursus qui n'a pas de structure bien définie. Les techniques ne se complètent pas les unes aux autres comme on peut le constater dans les vieilles écoles traditionnelles. Elles n'ont souvent aucun lien en commun, aucune raison de se retrouver à un niveau en particulier. Les techniques ont été séquencées presque aléatoirement. Le créateur n'a pas compris qu'un cheminement dans l'apprentissage est nécessaire et que l'incrémentation du matériel enseigné amenait l'étudiant à progresser en habileté et non seulement en capacité mnémonique.

La reconnaissance

La plupart des gens qui tentent de créer un nouveau style recherchent la reconnaissance de leurs pairs. Il m'est arrivé à quelques reprises de me faire offrir le degré de shodan en cadeau. Inutile de dire que j'ai toujours refusé. Par exemple, l'un d'entre eux m'a dit qu'il était godan (ceinture noire cinquième degré) dans un art que je ne connaissais absolument pas. « C'est un style que tu as inventé », dis-je, sûr de la réponse qui suivrait. L'affirmative ne tarda pas à venir. L'homme paraissait particulièrement fier de sa création, un hybride de plusieurs bases d'arts martiaux différents. Il sembla ne pas comprendre pourquoi quelqu'un pouvait refuser une telle offre. Il faut savoir que beaucoup de ces créateurs improvisés n'hésitent pas à donner des ceintures noires à des gens plus qualifiés. Cela permet au nouveau style d'acquérir un peu de crédibilité. À l'époque, je venais de terminer une autre saison d'une émission de télé sur les arts martiaux. J'étais également rédacteur d'une chronique sur l'intervention physique dans un magazine de sécurité de grande renommée dans ce milieu. Cet homme avait besoin de personnes pouvant valider la qualité de sa création. Il aurait utilisé mon nom pour attirer de la clientèle et ça, il n'en était pas question!

Aujourd'hui encore, il n'est pas rare de voir de ces styles maison accorder aisément des degrés avancés, si cela peut faire progresser leur nouvel « art martial ». Ils ont besoin du plus grand nombre possible de ceintures noires afin de cautionner leur œuvre. Pour eux, c'est toujours payant d'avoir d'anciens karatékas, de judokas et d'autres personnes de diverses écoles. Ils oublient de dire que si ces gens ont un minimum de compétence, ils ne demeureront pas longtemps à cet endroit. Une fois le certificat attestant qu'une nouvelle ceinture noire est obtenue, ces adeptes iront s'entraîner ailleurs, ils n'ont généralement pas de temps à perdre. On ne devrait jamais pouvoir acheter ou échanger un grade. Cela se mérite et c'est un travail de longue haleine.

Le réalisme

J'ai déjà accepté de former un compétiteur en défense contre couteau, car je trouvais que les techniques qu'il enseignait étaient dangereuses pour ses étudiants. Plutôt que d'avoir sur la conscience des gens qui se seraient fait charcuter en tentant de se défendre contre des lames, j'avais préféré donner un coup de pouce à un compétiteur, ce qui d'un point de vue d'affaires, n'est pas très logique.

J'ai tellement vu de techniques qui comportaient des lacunes que cela en était presque navrant. Je me souviens de deux gars en particulier qui enseignaient dans le domaine de la sécurité et qui ne décelaient pas les ouvertures phénoménales qu'ils laissaient à l'opposant en exécutant leurs manœuvres de défense. Ils oubliaient que l'adversaire pouvait les frapper à la tête de l'autre main ou encore ils s'exposaient les parties directement devant le genou de l'agresseur. Des erreurs de débutants, ce qui n'empêchait pourtant pas ces gens d'enseigner à des personnes œuvrant dans le domaine de la sécurité.

Il arrive parfois que de nouveaux styles apportent de très bons éléments. Ce ne sont pas tous les créateurs qui sont incompétents, loin de là. Généralement, à moins d'être axée surtout sur la compétition sportive, la mise à jour d'un nouvel art martial se construit sur plusieurs années. Peu importe ce que l'on va tenter de faire, il est peu probable que l'on réussisse à réinventer la roue. Dans les vieux arts martiaux traditionnels, on retrouve à peu près tout ce qui peut se faire sur le sujet. Je me souviens d'avoir vu à la télé lors d'un reportage sur le *budo*, un homme qui avait inventé, d'après lui, une technique qu'il appelait le rebounding. Il était persuadé qu'il venait de révolutionner les arts martiaux. Sa technique était très simple. Au moment où le poing arrive vers nous, on tasse légèrement à l'intérieur en donnant une tape dans l'avant-bras et on enchaîne d'un punch au visage. L'animateur de l'émission avait montré la séquence créative de cette innovation à un vieux professeur japonais qui enseignait le karaté depuis longtemps. Ce maître au visage impassible s'esclaffa, incapable de garder son sérieux devant une telle affirmation. Il expliqua que cet homme n'avait rien inventé et que ce genre de technique se pratiquait depuis des siècles dans plusieurs arts martiaux.

Avant de penser révolutionner le monde des arts martiaux, il faut se renseigner, étudier ce qui se fait ailleurs. Aujourd'hui, avec Internet, c'est beaucoup plus facile de voir ce qui se fait chez le voisin. Avant de créer quelque chose d'aussi énorme qu'un art martial, il est important de se questionner sur la pertinence de ce besoin. Il y a plusieurs styles qui ont été mis sur pied pour des impératifs militaires. Généralement, ces écoles sont là pour former des gens qui partent de zéro. Il faut pouvoir en l'espace de quelques semaines amener ces personnes à posséder un minimum de savoir-faire afin qu'ils soient efficaces dans le combat corps à corps. Dans ces conditions, une perte de 10 % est considérée comme normale. Le but n'est pas d'en faire des ceintures noires, mais de leur donner le minimum de formation dans un laps de temps très court. Toutes ces écoles se ressemblent, car elles sont basées sur la nécessité d'être efficace rapidement. Coup de coude, de genou, quelques clés d'immobilisation, un ou deux bons étranglements et vous venez de permettre à une personne de survivre en combat contre un adversaire de niveau moyen. C'est rapide, efficace et simple, ça remplit bien son mandat.

Lorsque je démontre de quoi est constitué mon art martial, je ne m'autorise jamais à changer les techniques de base. Elles s'enseignent de cette façon depuis plus de 900 ans. Qui serais-je pour me permettre de modifier ce qui a traversé les époques troubles du Japon? Oui, je fais des variations et des adaptations, mais j'informe toujours mes étudiants que ceci est le kata codifié et historique et que cela n'est qu'une variation. En créant ces adaptations, je m'assure que la technique ne laisse aucune faille pour une attaque-surprise, pour quelque chose qui pourrait trop facilement se retourner contre nous. C'est notre aspect professeur qui nous permet d'éviter ce genre d'embûches. Trop de gens écoutent leur facette créatrice sans passer par le filtre du professeur.

Lorsque je rencontre une personne qui pratique un art martial que je ne connais pas, je profite de l'occasion pour en apprendre le plus possible sur cet art. Je ne le juge pas, j'essaie avant de comprendre comment il fonctionne, sur quoi il se base pour exécuter ses mouvements. Et naturellement, l'une de mes questions est de savoir depuis combien d'années cet art martial existe. On a qu'à regarder sur le Web le nombre d'amalgames qu'il y a à partir des différents noms de vieux styles d'arts martiaux pour comprendre que nous sommes inondés de nouveautés. Comme pratiquant, il nous appartient de choisir celui qui nous convient le mieux. Mais il faut être prudent, ne pas hésiter à aller recueillir le maximum d'informations sur l'école en question.

Une personne qui débute n'a généralement pas la compétence d'évaluer la pertinence d'une technique. C'est pourquoi il est important de poser le plus de questions possible sur l'école et sur les techniques elles-mêmes. Si le professeur semble dans l'incapacité de répondre à vos demandes, alors il serait peut-être temps de se mettre à la recherche de quelqu'un qui le pourra.

Chapitre 15

La distance

On tient pour acquis que cela devrait se faire de façon naturelle. Malheureusement, la réalité est tout autre. Évaluer la bonne distance n'est pas toujours chose aisée. Notre vie est remplie de ces estimations, mais nous ne le remarquons généralement pas. Combien de temps reste-t-il à parcourir en voiture avant d'arriver à destination? Combien de kilomètres y a-t-il entre le bureau et notre résidence? À moins d'aimer passer des heures dans son auto, ça peut être pratique de le savoir avant d'accepter un nouveau travail. Quelle distance y a-t-il avec la toilette la plus proche si nous avons une diarrhée? On tourne en rond dans le stationnement afin de se garer le plus près de la porte. Que ce soit en ski de fond, en raquette ou simplement en faisant notre jogging, nous comparerons régulièrement notre parcours en espérant l'allonger ou au contraire, le diminuer au besoin. Notre vie est jonchée de questionnement sur le sujet.

Dans la plupart des arts martiaux, on exécute la technique de manière robotisée sans s'occuper de ce facteur. Pourtant, s'il existe une chose importante dans ces disciplines, c'est bien notre capacité à pouvoir décortiquer une situation. Sans cette analyse inconsciente, il manquera toujours ce petit quelque chose qui nous permet de mieux performer. Vous vous entraînez depuis des mois avec les deux ou trois mêmes partenaires. Vous êtes un roi en ce qui concerne la façon d'exécuter la technique numéro trois-cent-vingt ou encore celle de la roche foudroyante. Bien sûr ici je blague, mais toujours est-il que vous avez développé une incroyable dextérité concernant certaines manœuvres spécifiques. Maintenant, une personne vous agresse dans la rue et a des jambes trente centimètres plus longues que celles de vos partenaires d'entraînement, c'est un géant. Il va sans dire que la portée de ses poings s'accordera avec sa grandeur. Avec un seul de ses bras, il est capable de vous garder hors de portée. Si vous n'avez jamais tenu compte de l'ajustement de distance lors de votre entraînement, vous courez probablement au-devant d'une catastrophe.

On peut utiliser cette portée de diverses façons. Par exemple, il est fréquent en combat sportif de tourner autour de l'adversaire. On l'habitue à une certaine distance puis comme si de rien n'était on coupe un peu la courbe en se déplaçant tout en reculant notre torse de manière à ce que la perception de l'adversaire soit la même. Puis en transférant un peu plus le poids sur la jambe avant, on entre dans sa zone défensive sans trop d'efforts. On a réussi ainsi à s'approcher graduellement sans qu'il le remarque. Bien sûr c'est basique, mais ça démontre bien l'utilisation de la distance dans une confrontation. Il faut être capable de mesurer correctement l'écart nécessaire pour nous permettre de nous tenir hors de portée d'une attaque. En japonais, une expression qui peut se traduire par l'épaisseur d'une feuille de papier illustre bien la précision requise pour maîtriser cela. C'est à ce stade que l'on sépare les grands arts martialistes des débutants. Laisser la distance minimale entre nous et l'attaque est un art qui exige plusieurs années d'entraînement.

Combien de fois ai-je entendu lors de compétition : « J'étais certain qu'il ne pouvait pas m'atteindre ». Dans l'action, on n'a pas le temps de sortir la règle à mesurer. Il faut pouvoir jauger la zone sécuritaire en une fraction de seconde. Certaines personnes peuvent arriver à cela de façon naturelle, mais pour la majorité des pratiquants, c'est une question d'années. Dans un combat, il y a plusieurs paramètres à déterminer. Peut-il m'atteindre facilement d'un coup de pied? Lorsqu'il aura déposé son pied au sol, est-ce que je serai à portée de son crochet de la droite? Il est certain que tout ce questionnement ne se fait pas de façon intellectuelle. Ça reste tout de même une analyse, mais qui se fera principalement de façon inconsciente. Cela doit devenir un sixième sens où aucune marge d'erreur n'est permise.

Un jour, un étudiant japonais attaqua Hatsumi sensei avec un sabre d'entraînement en métal. Il n'était pas aiguisé, mais il pouvait tout de même faire du dommage. L'homme avança pour effectuer une coupe à la verticale. Le maître se contenta de reculer ne laissant que l'épaisseur d'une feuille de papier entre lui et le bout de la lame. Il se déplaça ensuite aisément de côté pour contrôler son attaquant. J'étais persuadé qu'il était pour se faire blesser par la lame. Mais non, il avait reculé de quelques millimètres et cela était suffisant. Un ami me raconta qu'un jour où il attaqua maître Mochizuki au sabre, il arrêta sa lame à trente centimètres au-dessus de sa tête sans que ce dernier bouge d'un seul millimètre. Le maître lui demanda pourquoi il avait cessé sa motion. Naturellement, mon ami lui expliqua qu'il avait eu peur de le blesser, qu'il était persuadé qu'il l'aurait atteint s'il n'avait pas arrêté son mouvement. Le maître lui dit de recommencer et de ne pas s'occuper de ça, que c'était à lui d'éviter le sabre. Mon ami, qui est un excellent sabreur se remit en position. La lame fendit l'air à grande vitesse et à la dernière seconde, le vieil homme s'enleva de la trajectoire et se déplaça rapidement pour aller contrôler son attaquant.

Mon ami me confia qu'il avait eu peur, qu'il était certain qu'il était pour l'atteindre.

Imaginez un archer ou un tireur d'élite qui se tromperait constamment dans leur évaluation de la distance. Bien sûr, l'exemple est extrême, mais elle démontre comme ce facteur est capital dans tous les arts martiaux. Vous êtes un vieux judoka d'expérience et vous tentez de faire une projection, instinctivement vos mains iront se positionner aux bons endroits. Mais que se passerait-il si votre main allait saisir le bras de l'adversaire un peu plus haut ou trop bas? Si vous placiez votre hanche un peu trop haute sur la sienne, que vous preniez de la vitesse en étant trop éloigné du corps de votre adversaire? Ce sont bien des mesures de distances, mais elles s'appliquent également à l'évaluation du corps de l'adversaire. Même dans la plus rapide des actions, il faut parvenir à bien analyser la situation.

L'art de la distance est primordial pour les pratiquants comme nous. Elle nous permet par exemple, comme dans un combat au sabre, de nous positionner de manière à pouvoir couper notre adversaire sans que ce dernier puisse nous toucher. Naturellement, ici les angles jouent un rôle important. Sans la gestion adéquate de la distance, l'angle approprié n'est pas suffisant. On peut la mesurer de différentes manières. Bien sûr, le regard est sûrement la première étape, mais ce n'est pas le seul moyen de recueillir tous ces paramètres. Dans un combat rapproché où la situation se passe surtout avec des techniques de saisies, il faut que notre corps apprenne à relever toutes ces distances et les angles qui nous lient à l'attaquant. On ne peut pas tout voir, mais on peut en arriver à ressentir, comment se comporte l'adversaire. À quelle distance on se trouve de son corps. En sachant cela, on peut contrer à peu près tous les styles de projections. On peut évaluer aisément quelle sera sa prochaine manœuvre.

Dans la défense contre des armes blanches, que ce soit contre un couteau, une bouteille cassée ou autre, on doit pouvoir tout évaluer dans les moindres détails. Si l'on agrippe l'avant-bras de l'agresseur, une flexion du poignet suffit pour que la lame fasse une entaille dans notre bras. Dans l'un de mes contrats en sécurité, je me suis déjà fait attaquer par une personne agressive qui avait utilisé un bâton de baseball. Un mauvais jugement dans une telle situation aurait pu être douloureux. L'évaluation de la distance m'a permis d'entrer dans l'attaque avec une facilité déconcertante.

La distance est partout dans les arts martiaux. Vous tentez de déséquilibrer un adversaire, l'écart entre ses pieds modifiera légèrement l'angle nécessaire pour tirer son corps afin de l'amener au sol. Si ses mains sont plus éloignées de son corps, il aura moins de puissance dans ses frappes. Avec l'expérience, on parvient à sentir ces distances, à toujours réagir en fonction d'elles. Pour y arriver, on doit prendre conscience qu'elles sont là, qu'elles ne demandent qu'à être évaluées. C'est pourquoi on doit débuter lentement en effectuant les techniques. Vouloir tout faire rapidement ne nous permet pas un apprentissage efficient.

Si l'on utilise des armes flexibles tel un kusari fundo, une chaîne avec des pesées aux extrémités, on doit pouvoir évaluer en un instant la longueur de l'arme. Sa longueur peut changer d'une chaîne à une autre. Elle peut varier de quelques centimètres à une quinzaine de centimètres. On peut se servir de cette arme en fouettant l'un des bouts sur la cible que l'on veut toucher. En la prenant dans nos mains et en l'étirant, il faut être en mesure de se positionner immédiatement au bon endroit pour atteindre la cible désirée. Il ne faut pas que cela soit trois centimètres trop courts ou trop longs. Un professionnel de la conduite automobile peut maîtriser n'importe quelle voiture, et ce, quelles que soient sa largeur et sa longueur. Il sera facile pour lui de prendre des passages très étroits. En un instant, il a la capacité d'assimiler ses caractéristiques. C'est instinctif et cela vient avec l'expérience.

C'est la même chose lorsque l'on utilise des bâtons. Il faut pouvoir passer du bo au hanbo ou au jo sans être déstabilisé par la longueur de l'arme. Dans le kobudo, l'utilisation des armes traditionnelles est un outil fantastique pour apprendre à gérer les distances. Naturellement, je ne parle pas des katas que l'on fait seul, mais de techniques qui demandent la participation d'un ou de plusieurs adversaires.

Cette évaluation de la distance est l'un des facteurs importants qui différencient les vieux maîtres du commun des mortels. Pour avoir vu plusieurs de ces maîtres en action, je comprends jusqu'à quel point c'est essentiel de compenser la perte de motricité, de vitesse et de force physique inhérente au vieillissement par quelque chose d'autre. En théorie, à cause de leur âge avancé, ces personnes ne devraient plus pouvoir être aussi efficaces. Mais dans la réalité, ils le deviennent. Ils compensent ces pertes par divers outils qu'ils arrivent à maîtriser à la perfection. C'est à nous qu'il appartient de commencer le plus tôt possible l'apprentissage de ces démarches parfois un peu étranges et qui font partie intégrante des vieux arts martiaux traditionnels.

Chapitre 16

Les vidéos

Notre époque est une période facile pour les pratiquants d'arts martiaux. Certaines écoles offrent même de la formation technique par vidéo. Vous pouvez ainsi vous procurer le matériel nécessaire pour l'obtention des ceintures. Bien sûr, cela ne remplacera jamais la supervision d'un bon professeur, mais cela a le mérite d'exister. Ce n'est pas tout le monde qui a accès à une école près de chez lui. Sur YouTube, on trouve de tout sur tous les styles, même sur ceux qui n'existent pas! Il y en a tellement qu'on n'aurait pas assez de toute une vie pour regarder tout ce qui s'y trouve. C'est à vous de juger de la pertinence et de la qualité du matériel que l'on vous présente.

À quelques reprises, j'ai entendu Hatsumi sensei vanter les mérites de la technologie en clamant que nous étions chanceux de nos jours d'avoir accès à toute cette information. Par contre, même s'il en a louangé les bienfaits, il nous met également en garde. Il a déjà dit qu'une caméra ne comportait qu'une seule lentille et que l'être humain avait deux yeux. Il faisait référence au fait qu'on ne voyait pas les choses de la même façon, mais je crois qu'il allait beaucoup plus loin que de simplement ramener cela à un angle de vision.

Hatsumi sensei est tout un personnage. C'est un homme qui possède une philosophie et une expérience de vie incroyables. Ses paroles sont parfois difficiles à saisir. Il est presque un koan à lui tout seul. Pour ceux qui ne savent pas ce qu'est un koan, ce sont de courtes phrases, le plus souvent paradoxales, qui ont pour but de nous amener à nous questionner. Utilisées dans la méditation zen, ces phrases ont pour objectif de nous permettre de déclencher l'éveil. En voici un petit pour vous donner une idée : « Chaque vérité possède quatre coins : en tant que professeur, je te donne un coin et c'est à toi de trouver les trois autres. »

Si vous ne vous êtes pas posé de questions concernant le sens de cet énoncé, je pense que nous ne vivons pas dans le même univers. Ces petites phrases ont parfois l'air simplistes, voire anodines, mais elles mènent toujours à des réflexions intéressantes. Vous n'aurez aucune peine à trouver une multitude de ces koans sur Internet. Pour en revenir à Hatsumi sensei, certains de ses propos sont là pour nous forcer à nous questionner, à nous remettre en question ou pour nous permettre de trouver des angles de vision différents. Un jour, il a dit quelque chose à propos des techniques du Bujinkan qui ne devrait pas être divulgué à l'extérieur. Pourtant, il a produit un grand nombre de vidéos les démontrant. Si ça, ce n'est pas paradoxal, je me demande ce qui peut l'être. Il avait ajouté que les techniques enseignées dans les vidéos étaient des techniques figées dans un espace de lieu et de temps qui n'était valable que pour celui-ci. Il avait terminé en disant que le plus important et le vrai feeling demeuraient cachés dans le Bujinkan.

Ces propos ne sont peut-être pas des koans, mais j'avoue que ça m'a fait longuement réfléchir. Ça m'a pris du temps pour comprendre, du moins j'ose croire que je comprends maintenant ce qu'il voulait dire. Ce que l'on regarde n'est pas le but premier de son enseignement. Pourtant, tout est là, sous nos yeux. C'est un peu comme cacher une pomme dans un sac de pommes. Laquelle est la bonne? Je m'amuse à l'occasion à scruter quelques-uns de ces vidéos avec certains de mes étudiants. Ils doivent me dire ce qu'ils ont vu dans la technique à l'écran et moi je leur explique ce que moi je vois en regardant ces mêmes séquences. Il y a presque à tout coup une différence de perception qui est évidente.

Au premier abord, on se dit que si l'on peut voir la technique à l'écran, ce n'est sûrement pas un secret. N'importe qui peut apprendre la technique qui s'offre à nous. Un grand nombre de personnes ne se sont pas gênées pour mettre des copies des vidéos commerciales sur YouTube. À partir de ce visionnement, la plupart des gens croient qu'ils réussissent à refaire ce qui a été fait à l'écran, ils sont persuadés qu'ils ont tout compris. Mais le *budo*, le vrai *budo*, est beaucoup plus subtil que ça. Il ne se dévoile pas aussi facilement. Il est un comme un oignon, il possède plusieurs couches. La vision que l'on a lorsque nous regardons une vidéo d'Hatsumi sensei est superficielle pour une personne qui n'a pas l'œil averti. La première couche, celle à laquelle la plupart des gens se limitent ne fait que démontrer une procédure mécanique. Celle-ci est souvent utilisée dans un grand nombre d'arts martiaux, elle n'est pas vraiment un secret. C'est surtout un aide-mémoire qui est à la disposition de tous les pratiquants.

En regardant ces vidéos avec mes étudiants, je les amène à constater les petits détails qui font la beauté du *budo*. Là où tout le monde ne remarque qu'une saisie au poignet d'une main et un blocage d'un coup de poing de l'autre, je leur fais voir toute la mécanique subtile qu'il y a dans la scène. Ce n'est pas qu'une capture du bras, c'est une presque imperceptible rotation du poignet vers l'extérieur qui entraîne l'épaule opposée à se relever et à reculer discrètement ce qui oblige l'attaquant à couvrir une plus grande distance pour frapper, laissant ainsi tout le temps nécessaire au défenseur pour contrer l'assaut. La légère rotation de l'avant-bras change l'angle du bassin de l'agresseur, le limitant dans sa vitesse. Ce qui paraît être qu'une simple saisie est en réalité une prise de contrôle du corps de l'opposant. Un contrôle tellement subtil qu'il ne s'en aperçoit même pas. Il réalisera trop tard qu'il n'a plus de puissance dans son attaque, que son corps ne lui permet pas d'atteindre son plein potentiel.

Dans une autre séquence, Hatsumi sensei se fait tenir en komi uchi, une saisie à la façon des judokas. L'agresseur agrippe sa manche à la hauteur du bras droit et place son autre main au collet. Le défenseur passe une jambe entre les jambes de l'attaquant et la crochète par l'intérieur amenant ainsi son adversaire à tomber sur le derrière. Lorsque mes étudiants refont la même technique, ils s'acharnent à se tirailler avec leur partenaire afin d'être capable de passer la jambe suffisamment loin derrière celle de leur coéquipier afin de réussir à le faire tomber. Ils n'avaient pas remarqué qu'à chaque fois où Hatsumi sensei effectuait cette manœuvre ou une variation de cette technique, il prenait le contrôle total du corps de l'opposant. Un léger déplacement dans le bon angle, un imperceptible soulèvement du coude et sans même le réaliser son adversaire se retrouvait dans une position où il venait de perdre complètement la maîtrise de son corps. La beauté dans tout ça c'est que lorsqu'on s'aperçoit qu'on ne contrôle plus notre corps, il est trop tard. Ça dure une fraction de seconde, mais c'est suffisant pour perdre la confrontation.

Dans une autre démonstration, une personne lui donne un coup de poing droit. Il se contente de se mouvoir vers la droite en plaçant sa main derrière le coude gauche de son agresseur et ensuite d'aller déposer son pied sur le pied droit de son adversaire. L'attaquant n'a pas d'autre choix que de s'écrouler au sol. Lorsque les gens refont cette technique, ils s'acharnent à vouloir tirer le bras gauche de l'attaquant. Plusieurs choses importantes sont négligées par la plupart des pratiquants au moment de faire cette séquence. Le timing est décisif. La majorité des personnes déposent leur paume en retard derrière le coude de l'agresseur. Si on laisse arrêter l'énergie, on doit alors utiliser de la force physique pour essayer de faire fonctionner la technique. Deuxième point important, l'endroit précis où l'on doit appuyer la main pour entraîner le mouvement. Il y a des zones de déséquilibres à différents emplacements sur le corps. Si vous ne connaissez pas ces zones, vous compenserez alors par du travail musculaire au lieu de rediriger l'énergie. Enfin, il ne faut pas se laisser dominer par le rythme de l'attaquant. Si l'on se sent obligé de bouger rapidement, avec tension et stress, c'est qu'on n'est pas préparé à se déplacer de la manière adéquate.

C'est lorsque l'on regarde tous ces petits détails que l'on comprend ce que voulait dire Hatusmi sensei lorsqu'il disait que les techniques du Bujinkan ne pouvaient pas être dévoilées. Dans les arts martiaux traditionnels, il n'est pas rare de voir des techniques dites « étudiantes » et d'autres se voir octroyer le niveau de « professeurs ». En apprenant seulement des bases simples, épurées de tout ce qui fait la richesse du vrai *budo*, l'étudiant qui voudrait s'en prendre à son maître ne ferait pas long feu. Les contes d'arts martiaux sont remplis de ces élèves qui désiraient tellement surpasser leurs maîtres qu'ils les défiaient en combat. Dans ces techniques, une fois que l'étudiant est digne de confiance, de petits secrets lui sont révélés. Sans cette compréhension du *budo*, le pratiquant demeure à un niveau de compétence qui est très inférieur à celui du professeur.

Hatsumi sensei a toujours dit qu'il enseignait aux 15e dan (le système du Bujinkan comporte 15 degrés après la noire). Les débutants ne verront probablement pas les subtilités qui rendent la technique si efficace. Ils s'en tiendront à l'aspect mécanique en étant incapables de ressentir ce lien si fort qui unit deux adversaires.

Généralement, ceux qui font des vidéos le font pour se créer une réputation, pour se donner de la crédibilité. Ils étaleront suffisamment de connaissances dans le but de se recueillir des adeptes. On peut évaluer le niveau technique de ces gens par l'abondance ou par le manque total de ces subtilités qui différencie le professeur de haut niveau d'un simple instructeur qui ne fait que reproduire ce qu'il a appris.

On a parfois tendance à se laisser impressionner par les apparences. Si l'on regarde un combat sportif, on peut le voir avec l'œil du sportif ou celui de l'art martialiste. Le sportif reconnaitra les limites de celui qui est en train de perdre son combat sous la douleur d'une clé de soumission. L'art martialiste lui, se demandera pourquoi il n'a pas simplement mi un de ses doigts dans l'œil de l'adversaire avant qu'il ne fasse son immobilisation. On scrute toujours une vidéo d'art martial avec le regard de notre niveau de compétence.

Alors, la prochaine fois que vous visionnerez une vidéo sur un style quelconque, ne vous contentez pas d'apprécier ce que vous avez vu. Essayez plutôt de voir ce que vous n'avez pas vu. C'est ça le *budo*, voir au-delà des apparences.

Chapitre 17

Ça ne fonctionne pas

Je crois que c'est arrivé à tous les pratiquants de se cogner le nez sur une technique qui ne fonctionnait pas. Pourtant, à l'entraînement au dojo, tout semblait aller comme sur des roulettes. À la maison, en tentant de reproduire la technique avec un ami ou quelqu'un d'autre, la magie ne s'opère plus. On a beau essayer d'utiliser toute la force physique que l'on peut, rien n'y fait. Nos pensées deviennent confuses. Comment cela se fait-il que je n'obtienne pas de résultat? Peut-être que la personne sur laquelle on a voulu démontrer notre technique est un surhumain. Que s'est-il passé vraiment, où est-ce que ça a accroché?

Cela va sûrement vous dire quelque chose. Vous assistez à un séminaire martial. Le professeur enseigne des techniques que vous adorez. Après quelques tentatives, vous arrivez à la faire fonctionner à merveille. Ça semble si facile, tous les mouvements s'enchaînent de manière fluide. Puis, après dix essais, vous commencez à trouver que vous la réussissez moins bien. Puis graduellement, vous réalisez que vous n'êtes plus capable de la faire aussi bien que les premières fois. Vous sentez que la technique vous échappe. Si vous assistez à des cours ou des séminaires un peu plus avancés, ça vous dit sûrement quelque chose n'est-ce pas?

Si cela fait longtemps que vous pratiquez les arts martiaux, il est probable que ces deux situations ne vous soient pas inconnues. Essayons de voir ce qui cloche dans le premier cas. Notre cerveau prend un certain temps pour maîtriser des habiletés. Il intègre les nouvelles données de manière mécanique, il reproduit la séquence de mouvement sans se poser la moindre question concernant la précision. Une fois l'enchaînement assimilé, un processus d'analyse se met en branle. Naturellement, je parle ici de techniques contre un adversaire et non de formes que l'étudiant exécute seul. Dans cette première étape, il n'y a ni ego ni questionnement sur la possibilité de devoir affronter un échec. Il n'y a de la place que pour l'action. Les problèmes surgissent lorsque l'on commence la phase analytique. Au dojo, ça peut aller. Notre partenaire a appris comment réagir face à l'agression qu'il subit. Ce que nous ne maîtrisons pas, il le corrige instinctivement sans se poser la moindre question. Sans le savoir, il est une partie de la clé de notre réussite. Lui aussi essaie de comprendre comment tout cela se produit et ce qui fait que la technique peut fonctionner.

Mais à partir du moment que l'on change de partenaire, la situation peut se corser. Si c'est un étudiant qui était présent lorsque l'on vous a enseigné cela, ça peut aller. Il a une bonne idée de l'attitude que la technique lui fera adopter. Généralement, même si l'on a l'impression que la technique est bien mémorisée, elle est loin d'être parfaite la plupart du temps. Elle fonctionne parce que notre collègue d'entraînement nous aide. Une fois hors du dojo, le cerveau qui ne l'a pas encore bien digérée, aura tendance à oublier de minuscules détails, ceux-là mêmes qui font toute la différence. Si notre partenaire n'a aucune idée de ce qui va se passer, si l'on manque l'effet-surprise, on vient de renforcer sa résistance à la technique. À chaque échec que l'on fait, son niveau de confiance augmente. Est-ce que c'est la technique qui ne fonctionne pas ou si c'est celui qui l'a appliqué qui a eu un manque? La réponse est simple, ça peut être les deux possibilités.

Il faut comprendre qu'une technique qui fonctionne sur la majorité des gens peut parfois n'avoir aucun effet sur d'autres personnes. On tente une clé de poignet, mais notre cobaye possède des articulations particulièrement souples. Dans un cas pareil, oubliez cette technique, elle n'est pas faite pour lui si l'on n'adapte pas la façon de faire à sa morphologie. Si ce que l'on désire appliquer repose sur les kyushos, on peut avoir de désagréables surprises si l'on n'est pas au fait de cette information : « 7 % de la population ne ressent pas certains de ces points de pressions ». J'ai rencontré des personnes qui ne sentaient aucune douleur sur les bras, peu importe ce qu'on leur faisait subir. Ils se seraient laissé briser une articulation sans même réaliser les signes avant-coureurs qui normalement nous protègent de tels extrêmes.

Mais, dans la plupart des cas, quand ça ne fonctionne pas, c'est l'étudiant qui n'a pas intégré la nouvelle technique. Je peux le voir fréquemment sur diverses torsions de poignets. Le pouce mal positionné, la pression faite dans un mauvais axe et c'est suffisant pour que cela ne marche pas. Très souvent, lorsque l'on débute on n'ose pas utiliser trop de force de peur de blesser notre partenaire d'entraînement. C'est une bonne chose, mais si ça évite des accidents ça ne nous met pas à l'abri d'avoir l'air incompétent au moment de vouloir faire notre démonstration. Le ridicule ne tue pas, mais ça peut parfois être embêtant. Ce désir inconscient de ne pas blesser laisse le temps à la personne qui subit la technique de s'adapter et de pouvoir y résister. Si l'on avait causé suffisamment de douleur à l'instant même d'appliquer la clé, il est probable que dans bien des cas, cela aurait fonctionné malgré le fait que l'étudiant ne maîtrise pas encore cela.

Lorsque l'étudiant revient au dojo et qu'il me raconte ses mésaventures, je lui demande de me faire subir la technique en question. Et là, il réalise qu'il a oublié tel ou tel mouvement, qu'il n'a pas bougé en adoptant un angle adéquat. Morceau par morceau, on reconstruit le puzzle. On répare les erreurs en sachant que ça sera sûrement à retravailler sous peu. Puis, quelques semaines plus tard, plusieurs d'entre eux reviennent me voir en disant que maintenant, la technique fonctionnait avec ces mêmes personnes.

Dans la seconde situation, c'est plus difficile de comprendre pourquoi ça arrive. Encore aujourd'hui, lorsque je vais au Japon et que je m'entraîne avec certains professeurs qui sont plus complexes que d'autres, il m'arrive de ne plus pouvoir faire la technique correctement après quelques essais. Les deux ou trois premières tentatives sont difficiles, puis ça devient plus facile, presque trop facile. Dix essais plus tard, j'ai la sensation de régresser, de revenir en arrière. Plus je remarque les petits détails et moins j'ai l'impression de maîtriser la situation. Pourtant la compréhension intellectuelle que j'ai de la technique est bonne. Mais pour une raison obscure on dirait que mon corps refuse de coopérer. J'ai souvent discuté avec mes amis à propos de cette perception et, soulagement, je suis loin d'être le seul à qui ça arrive. Nous nous sommes aperçus que les seuls qui n'ont pas ce problème sont ceux qui croient qu'ils maîtrisent bien cet enseignement alors qu'ils sont complètement à côté de la route, mais ça, c'est une autre histoire. De retour à notre dojo, curieusement, cela revient. Je retrouve la technique au même point qu'au moment où je la maîtrisais assez bien. C'est un peu comme si le cerveau avait laissé décanter l'information, qu'il avait filtré les éléments à éviter et cela, sans que je participe au processus de manière volontaire.

Généralement lorsque l'on travaille dans une classe ordinaire où l'on ne voit que très peu de technique, ce phénomène se produit moins. Mais si la formation dure plusieurs jours ou qu'une multitude de techniques sont apprises, j'ai l'impression que notre cerveau atteint un seuil de saturation. L'information est là, mais ça va prendre un peu de temps pour en venir à bout. Plus j'ai de la difficulté à exécuter correctement une technique, plus elle devient un défi passionnant. Je ne vois pas cela comme un échec, mais comme une occasion favorable de m'améliorer.

Devoir s'adapter

On ne peut faire des arts martiaux de la même manière que tout le monde. Il faut apprendre à s'adapter. Notre personnalité, notre capacité physique, notre sexe ainsi que notre humeur du moment feront en sorte d'interférer sur la façon dont on peut appliquer notre art martial. J'offre toujours différentes variations d'une même clé à mes étudiants. Ils doivent comprendre comment leur corps réagit et de quelle façon ils peuvent rendre les techniques compatibles à leur personnalité. Si nous étions des robots, nous pourrions tous faire les mêmes choses, mais notre condition humaine nous oblige à des compromis, nous devons apprendre à nous adapter.

Pour avoir eu à utiliser des techniques à plusieurs reprises dans le monde réel, je peux dire que l'élément de surprise est un facteur important. Lorsque l'agresseur ne s'attend pas à une réaction spécifique, il est déstabilisé durant quelques instants. C'est le temps nécessaire pour effectuer un contrôle articulaire ou pour passer à autre chose si l'on découvre que la technique sera inefficace sur lui.

On ne peut jamais être certain que la technique fonctionnera comme on le pensait. Il faut être mentalement préparé à cette réalité. Être bon dans les arts martiaux ce n'est pas de réussir une technique, c'est de pouvoir s'adapter si c'est nécessaire. Si vous demeurez sans rien faire lorsque ça ne marche pas, il y a de fortes chances que votre adversaire récupère ce temps mort contre vous. On doit se conditionner au fait qu'il arrivera tôt ou tard que votre manœuvre ne vous mène nulle part. Le cerveau doit développer l'automatisme de passer à autre chose sans se laisser déstabiliser par l'effet de surprise.

Au dojo, si l'on se trompe, il n'y a pas de conséquences. On peut récupérer cette erreur en la transformant en un conditionnement adéquat. Chaque fois que vous commettez une erreur sur la technique et que ça semble mener à un échec, enchaînez immédiatement sur autre chose afin de tenter de maîtriser votre partenaire d'entraînement. Ce conditionnement pourrait vous sauver la vie. Il faut également développer votre capacité d'analyse. Votre aspect professeur doit être en mesure de voir rapidement lorsque votre action aboutira à un échec. C'est cette capacité de réaction qui fait d'une personne un bon art martialiste.

Chapitre 18

Bloquer l'attaque

Beaucoup d'arts martiaux négligent les façons de bloquer une attaque adéquatement. Dans la plupart des cas, on se contente de lever l'avant-bras et de recevoir le choc. L'un de mes étudiants m'a raconté que son ancien professeur leur avait enseigné à se parer d'une attaque à la barre de métal, simplement en levant l'avant-bras pour recevoir l'impact. Il disait qu'il valait mieux avoir quelques os cassés que le crâne fracassé. Cet exemple illustre bien le manque de compétences dont certains instructeurs font parfois preuve.

Lorsque j'animais la série Des arts martiaux démystifiés, je gardais toujours quelques minutes à la fin pour expliquer pourquoi on doit avoir recours à certaines techniques et pourquoi il fallait absolument en éviter d'autres. Sur un assaut au couteau du style « pic à glace », c'est-à-dire que l'attaquant descend rapidement l'arme de bas en haut, il ne faut jamais faire de bloc croisé pour recevoir l'agression. Pas besoin d'être un maître de haut niveau pour comprendre que le truand n'aura qu'à appuyer la lame vers le bas pour vous trancher les deux avant-bras. La démonstration que j'avais faite à mon émission de télévision était évidente. J'ai su que certains instructeurs qui avaient vu l'épisode sur le sujet continuaient par la suite d'enseigner cela même s'ils étaient au courant de l'absurdité de la procédure. Leur excuse était simple, la technique faisait partie intégrante du cursus qu'enseigne l'école, ils n'ont pas le droit de changer quoi que ce soit.

Lorsque je gère un système de sécurité dans un événement, je permets toujours un peu de latitude à mes agents. Quelque part, le manuel ne peut tenir compte de toutes les situations qui peuvent survenir. Je laissais une certaine marge d'autonomie à mes responsables de secteurs. À l'occasion, il faut apprendre à s'adapter et à trouver une solution qui soit logique pour régler le problème, même si parfois c'est en dehors des consignes qu'ils ont reçu. Il devrait en être de même dans les arts martiaux. Ces professeurs auraient pu enseigner la technique en disant qu'ils devaient la montrer tout en rajoutant le fait que si cela ne dépendait que d'eux, ils ne l'utiliseraient jamais et qu'en complément, ils leur transmettraient quelques autres moyens de défense à employer même si elles n'étaient pas codifiées dans le système de l'école. Bien sûr, cela demande un certain niveau d'autonomie.

Être réaliste

Quelque part, il faut que l'enseignant se pose les bonnes questions. Il doit avoir la compétence de peser le pour et le contre, être en mesure de voir les avantages, mais aussi les inconvénients à utiliser une technique de blocage plutôt qu'une autre. Il doit avoir la capacité d'évaluer si ce qu'il enseigne est pertinent pour chacun de ses étudiants. Là où un homme costaud pourra arrêter une attaque en se servant simplement de son avant-bras, est-ce que la frêle jeune fille qui est à côté de lui pourra en faire autant si son adversaire possède une stature imposante? Si la technique de blocage que l'étudiant a apprise ne repose que sur la grosseur de ses bras, il pourrait y avoir des problèmes inquiétant pour la plupart des pratiquants.

Le scénario le plus spectaculaire demeure celui du combattant sportif qui exhibe des abdominaux dignes du cinéma. En passant dans le film 300, les muscles des acteurs étaient dessinés afin d'accentuer leurs volumes, mais ça, c'est une autre histoire. Toujours est-il que dans ce scénario, l'athlète se contente de recevoir les impacts des coups de poing sur son estomac. Ce genre de démonstration est très impressionnant pour quelqu'un qui ne connaît pas vraiment tout le pouvoir de frappe dont disposent les vieux arts martiaux. J'ai effleuré auparavant le sujet des techniques de frappe en onde de choc. De solides abdominaux sont un matériel idéal pour ce type d'impact. Subir l'un de ces coups dans le foie équivaut à accepter de se ramasser avec de dangereuses lésions. Même chose avec la rate, le receveur peut se retrouver avec des saignements internes. Les séquelles sont extrêmement graves et nécessitent une hospitalisation dans la plupart des cas. Aux fins de rappel, ces techniques sont un peu comme une vague qui traverse le muscle. Plus ils sont fermes et plus l'ondulation garde de son intensité pour aller faire des dégâts aux organes internes. Heureusement, la plupart des arts martiaux sportifs n'enseignent pas ces techniques. Or, il peut arriver qu'une personne réussisse à reproduire cet effet sur un coup de chance et le corps humain n'est pas fait pour recevoir de tels impacts.

Si vous vous battez contre un adversaire qui est beaucoup plus rapide que vous, oubliez les techniques de blocage statique où vous demeurez sur place. Il faut bouger, vous enlever de là le plus rapidement possible, c'est votre seule chance de salut. Certains styles, surtout des écoles d'origines chinoises, ont développé des enchaînements d'attaques qui sont extrêmement rapides. Ils peuvent donner un nombre impressionnant de coups en un court laps de temps. Les styles japonais ont généralement opté pour la puissance de frappe plutôt que sur la quantité. La réaction à ces deux types de combats ne sera pas nécessairement la même. En réalité, c'est beaucoup plus complexe que de limiter simplement cela à deux types de menaces.

Il y a cependant une constante dans une attaque. L'action se déroulera du point A au point B qui, lui, est votre corps. Vous devez quitter cette position le plus vite possible, surtout si vous n'êtes pas particulièrement rapide. La majeure partie des arts martiaux demeurent sur place en tentant de stopper l'attaque. Ceux qui préconisent de bouger lors d'un blocage le font en reculant la plupart du temps. C'est une erreur stratégique grave. Si vous réussissez à esquiver le coup de point d'un pratiquant du style shotokan, vous n'arriverez probablement pas à arrêter le coup de pied qui va suivre. Ils sont entraînés à exécuter ces enchaînements à des vitesses incroyables. Votre seule chance de salut repose sur les angles. Si un train vous fonce dessus, débrouillez-vous pour quitter la voie ferrée. On ne doit pas demeurer devant la locomotive. Dans l'art martial que je pratique, nous apprenons à reculer en angle de manière à rendre difficile une seconde attaque de la part de notre agresseur. De plus, le positionnement que l'on obtient ainsi nous amène à pouvoir frapper l'adversaire dans un angle qui rend laborieuses les techniques de défense.

En travaillant de cette façon on bloque le bras adverse et surtout, on l'attaque. On ne se contente pas d'être en mode défensif. Plutôt que de faire un bloc de protection qui est statique, on frappe l'attaquant avec nos jointures à des endroits sensibles comme au nerf médian, au tunnel carpien et à divers kyushos, ce qui aura un effet déstabilisant tant sur son mental que sur son physique. Ce genre de technique et de positionnement est axé sur l'émotion de la peur. Lorsqu'on a peur, on est naturellement enclin à reculer, à bouger rapidement pour se sauver. En combinant cet aspect émotionnel à un aspect stratégique intelligent, on peut parvenir à esquiver les coups beaucoup plus facilement.

Tous les professeurs d'arts martiaux connaissent ce type d'individus qui arrive au dojo et qui n'a de cesse de parler de son ancien style. Ce genre d'élève est une constante dans presque tous les dojos. Un beau jour, l'un d'entre eux s'est retrouvé pris à combattre avec un individu plus massif que lui. Il a essayé toutes les techniques qu'il connaissait de son ancien art martial, rien n'y faisait, les coups pleuvaient. La défaite était imminente jusqu'au moment où il commença à se servir des techniques que nous enseignons à notre école. Il a ainsi repris le dessus et évité une cuisante défaite. Il s'entraînait avec nous depuis environ deux mois. Il n'a jamais plus reparlé de son ancienne école par la suite.

Peu importe la méthode de blocage que vous choisirez, il est primordial qu'elle soit adaptée à votre capacité physique. J'ai un ami qui a une ossature d'une résistance de loin supérieure à la plupart des personnes. J'ai vu des gens se fracturer des membres en essayant de la frapper. Le simple fait de vous cogner à son avant-bras lorsqu'il se contente de le lever pour parer un coup et vous réalisez à quel point ça peut fait mal pour vos petits os. Or, nous ne sommes pas tous comme mon ami. Il faut apprendre à connaître ses limites. En vieillissant, les os se fragilisent. Si toute votre vie vous avez utilisé des blocs statiques plutôt que de tenter d'esquiver l'attaque, il est fort probable que vous vous ramassiez avec un bras dans le plâtre en plus de perdre votre combat.

Bloquer simplement en se servant de notre avant-bras comme bouclier est toujours un peu risqué. Il existe également des méthodes où l'on place nos bras en « X » afin d'absorber l'impact. Ces techniques, quoiqu'elles soient généralement plus difficiles à appliquer, sont plus sécuritaires. Elles permettent de plus, avec un entraînement adéquat, de capturer rapidement le poing d'un agresseur et d'enchaîner avec des clés d'immobilisations. Ces méthodes diminuent le risque de causer des blessures à l'attaquant et nous facilitent par le fait même la vie en nous évitant de nous retrouver devant la justice.

Un jour dans une revue d'art martial, un vieux professeur enseignait à contrer une attaque au couteau avec un coup de pied en crochet. Ce genre de technique relève de l'inconscience totale. Sur l'une des photos, on pouvait voir la lame passer à quelques centimètres de son artère fémorale. Si cette artère est atteinte, vous perdrez connaissance dans environ 90 secondes et vous mourrez probablement au bout de votre sang quelques minutes plus tard. Si, par chance, votre artère n'était pas touchée, vos muscles ainsi coupés vous empêcheraient de vous sauver en courant. Ils ne pourraient plus supporter le poids de votre corps.

À une autre occasion, l'un de mes amis instructeur dans un art martial sportif se présenta à mon école alors que j'enseignais de la défense contre arme blanche. Il me demanda de l'attaquer au couteau. Au moment où j'allongeai le bras pour le piquer au ventre, il tourna sur lui-même et revint me frapper du revers de son pied. Les couteaux que j'utilise pour mes cours sont en aluminium. Ils ont l'apparence d'un vrai couteau et comme ils sont en métal, ils conditionnent davantage mes étudiants à faire face à quelque chose de réel. Au moment où le pied de mon agresseur s'apprêtait à me frapper, je tournai la pointe du couteau vers son pied. Je n'avais pas fait exprès, j'ai été surpris qu'il utilise ses pieds pour contrer mon attaque. Le bout de l'arme brisa un petit os de sa cheville. Mon ami s'était retrouvé en béquilles pour quelques semaines. Ça illustre bien l'idée que l'on ne doit pas approcher nos pieds de la lame pour exécuter un blocage. On a besoin de nos deux jambes pour fuir si ça ne va pas comme on le souhaite.

Peu importe le type de parade que vous utiliserez, il faut que ça soit réaliste pour votre capacité physique et même psychologique. Alors la prochaine fois que vous apprendrez à bloquer une attaque, demandez-vous si cette façon de faire est pertinente et réaliste.

Chapitre 19

Les apparences

S'il existe un milieu où les apparences jouent un rôle important, c'est bien celui des arts martiaux. Un film d'art martial où le héros serait bedonnant n'aurait certes pas le même impact que celui où le sauveur aux abdominaux bien découpés exhibe des biceps gonflés à bloc. Pour la plupart des gens, la puissance est proportionnelle à la masse musculaire.

Stephen K. Hayes me racontait qu'un jour où il donnait un séminaire en Europe, les participants au stage ne semblaient pas particulièrement emballés par les techniques de défense contre coups de pieds qu'il enseignait. Après la pause, il eut une idée. Il refit des techniques semblables, mais en gesticulant davantage et en laissant échapper des kiaïs, ces fameux cris qui peuvent jouer sur le mental de certains combattants, tout en grimaçant afin d'accentuer l'image de puissance lorsqu'il donnait ses coups. Le succès fut immédiat, à partir de ce moment les gens eurent l'impression que ça, c'était efficace. Il avait refait le même type de défense, à la même puissance, seules les apparences étaient différentes.

Lorsque je donne un séminaire à des professionnels de la sécurité ou des portiers, je me fais une règle de briser ce modèle dans les premières minutes. Je choisis généralement la paire de bras les plus gros et j'applique quelques points de pressions bien ciblés sur ma victime potentielle. Je m'arrange pour qu'il ait le goût de se jeter au sol le plus rapidement possible tout en lui arrachant quelques cris de douleurs. Et naturellement, en faisant cela, j'exprime le calme. Tout doit se faire de manière détendue et avec le sourire. Je refais ensuite quelques démonstrations avec d'autres participants au séminaire. Cette façon de faire a pour effet de rejeter tout doute possible sur mes compétences. Ma crédibilité est importante lorsque j'enseigne à ces divers groupes. S'ils pensent que je ne suis pas bon, que mes techniques ne sont pas à la hauteur, la formation que je vais donner sera un échec. Bref, après avoir démontré ce savoir, les commentaires que j'entends le plus souvent sont des choses comme « il n'a pas l'air de ça, mais il est drôlement efficace». Certains me considèrent même comme dangereux. Peu importe ce qu'ils pensent, je dois dissocier cette image de gars enragé comme on peut souvent le voir dans les démonstrations martiales, de l'intervenant calme et professionnel.

Les apparences dominent l'univers des arts martiaux. Si vous mettez deux compétiteurs sportifs face à face, un maigrichon et un hyper musclé, sur qui pensez-vous que les gens parieront? Pour la plupart des spectateurs, ils verront le type qui casse une pile de brique comme une machine de guerre. Dans un combat, le corps humain ne réagira pas comme une pile de brique. Il bougera, n'a pas le même pourcentage d'humidité et il peut rendre les coups. Lorsque l'on regarde l'artiste faire virevolter son bâton de deux mètres à des vitesses folles, on le jugera comme étant un grand spécialiste de ce type d'arme, une arme qui était en traditionnellement un outil de marche pour les pèlerins en forêt, là où l'on risque constamment d'accrocher des arbres si l'on s'amuse à trop faire tournoyer le bâton.

Peut-être que cette scène vous est familière. Vous assistez à une démonstration martiale, et le... je partais pour dire le comédien, pardonnez-moi, plutôt l'art martialiste vient donner le dernier coup de poing qui va achever son adversaire. Durant quelques secondes, il garde la pose en laissant trembler son poing et en continuant d'expirer comme si cela pouvait avoir un impact sur son ennemi. En agissant ainsi il projette une image de concentration incroyable, mais tout à fait inutile dans un combat. Tout cela est fait pour le spectateur.

Gérer l'information que l'on donne

Dans le vrai *budo*, plus on évolue, moins on doit laisser paraître des indices de notre force. Si une personne désire s'en prendre à moi, je me dois de lui donner le moins d'informations possible sur ma compétence martiale. Plus il me croira faible et sans défense, plus ça sera facile pour moi de le maîtriser. Par contre, si je laisse planer l'idée que je suis une machine de guerre, il est probable que l'attention de mon adversaire monte d'un cran et qu'il mette la main sur son couteau ou son arme à feu.

Pour les plus vieux, vous vous souviendrez de M. Miyagi, qui dans le premier film de la série Karaté Kid, tapote la poitrine de l'adversaire de Daniel en lui disant vous êtes très fort. L'homme s'évanouit par la suite. Cela démontre bien le rapport volume/force des deux belligérants. Bien sûr, ce n'est qu'un film, mais ça illustre bien mes propos. Il y a plus d'une quarantaine d'années, et ça ne me rajeunit pas, un ami à moi qui n'a jamais pratiqué aucun art martial était allé voir une copine quelque part en Gaspésie. Il s'était arrêté dans un petit bar prendre un rafraîchissement. Au moment de retourner à sa moto, un homme allongea ses pieds sur la chaise en face de lui, empêchant ainsi mon ami de pouvoir passer. Naturellement, le chercheur de trouble était accompagné de plusieurs comparses, sinon pourquoi vouloir offrir un tel spectacle? Mon ami dévisagea l'homme puis il donna un coup de pied sous ses jambes. Ce dernier tomba sur le dos. Il demeura sur place à regarder les autres et le type étendu au sol puis calmement, il se dirigea vers la porte. En me racontant cela par la suite, il me dit qu'il avait eu la frousse de sa vie. Ce n'était pas un bagarreur, si les gens s'en étaient pris à lui il se serait probablement retrouvé à l'hôpital.

Il avait projeté l'apparence de quelqu'un qui n'avait pas peur et cela lui avait suffi pour se tirer d'ennui. À une certaine époque, il était courant que les instructeurs dans les dojos se fassent « essayer » par des ceintures noires d'autres styles. Cela m'est arrivé à quelques occasions. Lorsque de telles personnes se présentaient à mon école et qu'ils me lançaient une invitation au combat devant les étudiants, je me contentais de sourire avant de répondre que pour les assurances je ne me battrais pas dans le dojo avec eux, que mon cours se terminait à telle heure et qu'ils n'avaient qu'à m'attendre à la sortie de la classe. Naturellement, j'enchaînais avec des choses tel que : « ça va être intéressant, j'ai bien hâte de voir ». C'est arrivé à deux occasions et dans les deux cas les belligérants ne sont pas demeurés là à m'attendre. À quelques reprises, je me suis fait demander au téléphone, eh oui, il y a des gens aussi stupides que ça, que s'ils battaient l'instructeur en chef, aurait-il leur ceinture noire? Je répondais toujours oui, mais auparavant vous devrez me signer une décharge pour les frais d'hôpitaux. Ça s'arrêtait là. Bien sûr, il y en a qui sont venus faire des essais et qui profitaient de cette occasion pour s'en prendre à moi. Mais là non plus, ça n'a jamais été un problème.

Les arts martiaux sont censés nous apporter la confiance en soi, sans pour autant que cela ne se transforme en arrogance. La voie que nous laissent les vieux maîtres en est une de simplicité et d'humilité. Au lieu de ça, plusieurs pratiquants recherchent de la valorisation et en viennent même à se créer un personnage. J'ai eu le privilège de côtoyer quelques grands noms de différents arts martiaux et de voir ces gens dans l'intimité et dans l'espace public. Curieusement, les meilleurs pratiquants demeurent eux-mêmes dans ces deux sphères. J'ai eu la chance de rencontrer des maîtres comme Kimura sensei, une sommité en kendo. Assis autour d'une bière, nous avons philosophé et discuté art martial. Nous avons échangé sur le tournant que prenaient les nouvelles générations de pratiquants. Une autre fois, nous nous sommes revus à l'aéroport de Narita à Tokyo. Il est venu s'asseoir avec moi pour parler. Il a été avec moi une quinzaine de minutes et durant ce temps plus d'une soixantaine de japonais qui passait devant nous s'inclinait pour le saluer. Cet homme avait tout pour tomber dans le piège du personnage superficiel doté d'un égo démesuré. Heureusement, il est demeuré d'une simplicité déconcertante. Il n'a pas eu besoin de se créer un personnage pour se valoriser, il était déjà quelqu'un de valeur.

Hatsumi sensei est comme lui. Il ne se crée pas de personnage, il est toujours lui-même. Une journée, il peut être de très bonne humeur et faire des blagues. Le lendemain son tempérament se montrera plus sérieux, parfois même, frôlant la mauvaise humeur. C'est humain et l'on reconnait un grand maître à son humanité et non à un rôle d'acteur qu'il se donne. Les responsables d'écoles ou de styles d'arts martiaux qui se créent un personnage sont légion. Il faut croire que le public aime cette image sinon il n'y en aurait pas autant qui se confinent dans un pareil rôle.

Ne pas se fier aux apparences

Un jour, à mon émission de télé, j'avais comme invité maître Leonard Endrizzi, le créateur du Wun hop kuen do. Je ne le connaissais pas personnellement, mais j'avais énormément entendu parler de lui, et ce, avec le plus grand bien. À l'époque, il n'y avait pas vraiment d'Internet et donc, j'ignorais de quoi il avait l'air. Je l'attendais à l'entrée du bâtiment. Je vois quelqu'un entrer, un gros bonhomme qui tenait une cigarette allumée sur le coin des lèvres. C'était lui, et inutile de dire que ce n'était pas du tout l'idée que je me faisais d'un maître d'art martial. En me basant uniquement sur son apparence, je m'étais drôlement trompé. Cet homme était une machine de guerre. Sa rapidité, sa puissance de frappe, sa précision et sa connaissance des kyushos en faisaient un adversaire redoutable. Je n'aurais pas souhaité me retrouver devant lui lorsqu'il pouvait être en colère.

Si l'on demandait à la plupart des gens, à première vue, qui de lui ou des combattants de MMA seraient les hommes les plus dangereux, nul doute qu'il n'aurait pas obtenu beaucoup de votes. Pourtant, cet homme aurait probablement pu affronter plusieurs de ces adversaires en même temps. Lui aussi était quelqu'un d'humble et de simple. Sa passion martiale passait bien avant son égo.

J'ai à quelques occasions vu des instructeurs qui s'appliquaient à faire une mise en scène à chacune des classes qu'il donnait. Beaucoup de gens ont besoin d'une appartenance à un groupe quelconque. Il n'est pas rare de voir des enseignants profiter de cela. Il arrive que certaines écoles d'art martial fonctionnent à la manière d'une secte. Personnellement, j'essaie toujours d'être moi-même. Je ne suis pas un personnage, j'ai mes sautes d'humeur qui ne seront pas dissimulées derrière le masque d'une image que je désire projeter. De plus, je travaille fort afin de rendre mes étudiants autonomes, qu'ils ne dépendent pas de moi. Je les encourage lorsqu'ils sont au collège ou à l'université, à essayer d'autres arts martiaux. Je leur apprends également à voir si ce que l'on enseigne est réaliste et logique. C'est comme ça qu'est le *budo*, naturel sans façade artificielle.

Chapitre 20

Capture d'énergie

Le corps humain n'échappe pas aux lois de la physique. Si quelqu'un vous donne un coup de poing, il met en branle tout un processus d'agencement de leviers et d'articulations qui nécessitent une certaine quantité d'énergie. On peut tenter d'arrêter cette énergie ou de l'utiliser et s'en servir en la retournant contre celui qui l'a produite. La plupart des arts martiaux ne tiennent pas compte de cette réalité pourtant si évidente. Le corps humain bouge, que ce soit pour frapper, bloquer ou esquiver. Le mouvement de chaque partie du corps a une influence sur le reste de notre structure. On peut utiliser ceci de différentes manières.

Lorsque l'on donne un coup de poing, il y a une volonté consciente ou non d'essayer d'atteindre notre cible. Un principe qui se nomme yoyu en japonais peut nous aider à récupérer ce trop-plein d'énergie. Ce mot peut se traduire comme étant la goutte d'eau qui fait déborder le vase. Passez une certaine limite, cette énergie se transforme en quelque chose de négatif. Si votre adversaire met suffisamment de volonté pour vous atteindre, si votre corps se tient à la limite de la distance d'action où il garde le contrôle, il aura l'impression qu'en étirant son bras davantage, il pourra vous frapper. Ce geste est inconscient. Il dépassera cette limite qu'il pouvait gérer. En opérant ainsi, dans la plupart des cas, l'attaquant se positionne dans un état de déséquilibre ou de vulnérabilité. Ce n'est plus lui qui dirige la situation. Son bras allongé crée des ouvertures qu'un bon combattant ne manquera pas d'exploiter. On doit demeurer suffisamment proche afin qu'il ait la certitude qu'il pourra nous toucher. On lui donne une fausse certitude, puis on peut capturer son bras ou simplement le faire dévier pour avoir accès à diverses cibles. C'est ce principe qui est utilisé pour projeter l'adversaire dans les arts martiaux comme l'aïkido. Il faut cependant prendre garde qu'à l'entraînement, ça ne soit pas le partenaire qui se projette lui-même. À ce stade, il est dangereux de tomber dans le piège des ki-masters.

Lorsque l'agresseur nous tend ainsi son bras, chacune des articulations devient plus malléable. Il est facile pour nous de changer ses angles de fonctionnement mécanique. C'est le temps idéal pour effectuer une torsion de poignet ou amener son bras dans le dos pour appliquer un contrôle quelconque. Après avoir attaqué, au moment où le poing s'apprête à revenir près de notre corps, notre bras relâche toute la tension dont il avait besoin pour donner un impact. C'est à partir de ce moment qu'on peut le manipuler, le replier et positionner la chaîne d'articulations (doigts, poignet, coude et épaule) de manière à contrôler le bras. Cela doit se faire rapidement. C'est pourquoi il est important de développer des automatismes bien précis.

Un autre principe consiste à utiliser l'arc réflexe. Si vous vous mettez la main sur le rond chauffé au rouge d'une cuisinière, il y a de fortes chances que vous voudrez enlever votre main immédiatement au premier contact. C'est ce que l'on nomme l'arc réflexe. Si un adversaire nous agresse et que l'on frappe à certains endroits douloureux, il est probable que l'attaquant retire son bras très rapidement. Si l'on parvient à se synchroniser à son mouvement et à suivre son bras au moment où il se rétracte, on a toutes les chances de pouvoir le frapper ou de prendre le contrôle de sa personne. En voulant rapprocher son bras de son corps, il regroupe son énergie le plus près possible de lui, c'est un geste de protection naturel. On doit capturer cette énergie qui se concentre et la retourner contre son propriétaire. C'est difficile, car cela exige énormément de précision. Or, avec un entraînement adéquat, cela s'utilise assez bien.

Demandez à votre partenaire de prendre une position en gardant les bras relevés, un peu à la façon d'un boxeur. Puis, juste au moment où la tension musculaire s'apprête à se relâcher pour donner un jab, profitez-en pour aller frapper son avant-bras à cinq ou six centimètres sous le poignet. Les gens qui se battent de cette façon ne sont généralement pas habitués à recevoir des coups à cet endroit. Dans la plupart des cas, la réaction est immédiate. Au moment où l'attaquant ramène son bras, vous devez suivre son mouvement de retour vers lui. À ce moment, il est facile d'aller porter un doigt dans son œil, ce qui le mettra en position défensive. D'accord, plusieurs diront que ce n'est pas bien d'agir comme ça, mais mon art martial en est un de survie, pas d'élégance sportive. Le fait d'allonger les doigts plutôt que de garder le poing fermé nous permet de demeurer hors de portée de ses poings. Si c'est un boxeur, vous ne faites probablement pas le poids, car c'est lui le spécialiste de cette distance. En ramenant ainsi son bras en mode défensif sous l'effet de la douleur, l'énergie tend à se regrouper près de son corps et non à être projetée vers vous. En allongeant vos doigts, vous serez plus à même de demeurer hors de sa portée.

Dans la même ligne de pensée, si un adversaire vous agrippe à deux mains et que vous le frappez suffisamment fort et de la bonne façon aux nerfs radiaux, la douleur l'amènera à être au point neutre. Cela créera un effet semblable que lorsque vous vous cognez un coude. Une dysfonction motrice en découlera probablement. Les bras auront tendance à ramollir, produisant un moment où l'énergie est à zéro. Durant ce court laps de temps, vous avez tout le temps de le frapper ou d'exécuter un contrôle articulaire. Votre agresseur doit graduellement remettre en marche tout le processus mental et musculaire. Le niveau d'énergie qu'il déploie remontera progressivement si vous le laissez faire. Autre avantage de cette procédure, par réflexe sympathique, ses genoux plieront probablement. Son énergie aura tendance à descendre vers le sol, ce qui rend difficile une contre-technique immédiate.

Lorsque l'on parle d'énergie dans les arts martiaux, on pensera tout d'abord à celle créée par le corps. Le mental et l'intellect sont également des sources qui produisent une certaine forme d'énergie, soit celle de la volonté. Amusez-vous à faire un exercice bien simple. Demandez à une personne de vous frapper et déplacez-vous légèrement à l'extérieur de sa main. Probablement que le poing de votre partenaire d'entraînement vous suivra. Refaites la même chose, mais prenez quelque chose d'un peu rigide comme un magazine. Tenez-le dans votre main droite et au moment où le coup de poing droit de votre ami arrivera, substitué la cible qui est votre figure par celle de la revue. Attention il faut absolument placer la revue dans la ligne de visée entre votre tête et le poing. Si votre opposant voit les deux cibles en même temps, il demeurera verrouillé sur votre visage. Mais si votre figure disparaît derrière la revue, en la tassant légèrement vers la droite, son attaque suivra instinctivement cette nouvelle cible. L'énergie est lancée, il s'agit simplement de la rediriger. Vous aurez compris que cela se passe au niveau du subconscient et non de l'intellect.

Une autre facette intéressante est de pouvoir retourner l'énergie d'un impact sur le corps. C'est plus difficile, mais tout s'apprend. C'est toujours drôle de voir la figure des étudiants lorsqu'ils frappent une épaule, des abdominaux ou simplement une paume de la main qui sert de cible et que l'énergie est retournée. La réaction est souvent perçue comme l'impression de frapper dans un mur.

Les ingrédients

Pour pouvoir réussir des captures d'énergie qui sont efficaces, on a besoin de plusieurs ingrédients. Le premier est sans aucun doute l'énergie que l'attaquant déploie pour nous atteindre. S'il n'y a pas d'énergie, il sera difficile de la rediriger puisqu'elle est quasi inexistante. C'est souvent le cas lors des entraînements où notre partenaire n'est pas en mode combat. S'il n'y a pas d'intention forte d'atteindre la cible, c'est que ce n'est probablement pas un vrai combat. Un bon partenaire doit arriver à reproduire les contextes d'une agression réelle.

Ensuite, il faut pouvoir agir au bon moment. Si l'on est trop en avance ou en retard, la situation pourra se retourner contre nous. Il y a un moment pour opérer et il faut absolument réussir à l'instant même où cela se présente. Pour y arriver, il n'est pas essentiel d'essayer d'être vite. La vitesse mal gérée peut facilement se retourner contre nous. C'est notre déplacement qui nous donnera le rythme et la vélocité nécessaire à l'accomplissement de notre stratégie. Il ne faut pas que cela soit lié uniquement aux réflexes des muscles. Bien sûr, c'est un plus, mais le corps a parfois du mal à bien gérer ses mouvements sans un mental solide.

Une fois que l'on a pris le contrôle de l'énergie, encore faut-il savoir dans quelle direction on doit l'envoyer. Cette orientation variera en fonction de la souplesse, du poids et de la force physique de l'adversaire. On n'essaie pas de projeter une personne en se servant de nos bras. On doit pouvoir y arriver en se servant des zones de déséquilibres adéquates qui nous permettent d'envoyer promener notre agresseur sans avoir à utiliser de la force physique. Si vous besoin de vos muscles pour réussir et que vous êtes tout rouge à l'effort pour y parvenir, c'est que vous n'êtes absolument pas dans la bonne voie. Un bon combattant d'art martial vous projettera au loin sans que vous ayez la sensation qu'il vous ait agrippé fortement. Bien sûr, cela demande énormément de persévérance pour y arriver. Heureusement, nous avons toute la vie pour développer cela.

Peu importe l'art martial que vous pratiquez, il y aura toujours de l'énergie à capturer. Lors de vos prochains entraînements, prenez le temps d'observer cette énergie. Soyez certains de pouvoir l'identifier et demandez-vous comment vous pourriez la piéger pour la retourner contre son maître. Dans bien des écoles, le professeur vous interdira d'utiliser ces techniques. Contentez-vous de la remarquer et d'en prendre conscience. Déjà, cela vous permettra de monter d'un échelon dans votre compréhension du *budo*.

Chapitre 21

Authentification

Ce n'est pas parce qu'une personne porte une ceinture noire autour de la taille qu'elle est pour autant digne de confiance et d'une honnêteté à toute épreuve. Il y a quelques jours, je discutais avec un bon ami qui possède un dojo et qui est dans le milieu depuis très longtemps. Je ne sais trop comment cela est venu sur le sujet, mais toujours est-il que la conversation s'est orientée vers les étudiants qui jouent dans le dos de leur professeur. Je pense qu'il n'y a pas un seul dojo d'expérience, on peut parler ici de vingt-cinq ans et plus, qui ne s'est pas fait jouer le tour un jour ou l'autre. Le scénario est généralement le même. Un élève plus avancé se croit supérieur au professeur et il décide de démarrer son propre dojo. Je suis allé aider à nettoyer et à peindre dans plusieurs des dojos que mes étudiants désiraient ouvrir. Je me suis toujours fait un point d'honneur de participer aux travaux d'aménagement. Or, dans certains cas, tout s'est fait en cachette. Généralement, cela est fait par les étudiants que l'on a le plus aidés. Ceux que l'on a amenés et encouragés à venir un peu partout avec nous lors de séminaires. Parfois même, ceux que l'on a supportés financièrement. Le plus drôle c'est que j'avais déjà parlé de ce sujet avec d'autres propriétaires de dojo dans d'autres pays, et il semble que ça soit une constante universelle.

Ce qui est choquant dans ce genre de situation ce n'est pas l'idée qu'un étudiant veuille ouvrir son propre dojo, car lorsqu'il est prêt, c'est un plus pour l'art martial que l'on désire faire connaître. Le problème vient surtout du fait que tout cela se fasse de manière un peu hypocrite. Généralement, ces gens essaient d'amener avec eux la clientèle du dojo. Le scénario est toujours le même, quel que soit le style d'art martial ou le pays où ça se déroule. Pour ma part, je suis chanceux, j'ai la plupart du temps eu des étudiants fidèles. La plupart me racontaient ce qui se tramait dans mon dos. Pour être honnête, je trouve cela intéressant d'observer ces comportements.

Mais qu'est-ce qui pousse ces gens à agir de la sorte? En ce qui me concerne, j'avais averti quelques-uns de mes étudiants que cela se produirait avec tel ou tel individu. Je réfère cela à la pyramide de Maslow dont on a parlé plus tôt. Ces personnes recherchent la reconnaissance des autres. On en revient au besoin de l'estime de soi. Dans presque tous les dojos où cela est arrivé, c'est toujours le même scénario qui se reproduit. Des élèves qui n'ont de valorisation que dans les arts martiaux. Des gens qui ne sont pas gratifiés par leur travail, qui n'œuvrent pas dans ce qu'ils auraient souhaité. En demeurant avec leur professeur, ces personnes passeraient toujours au second plan. Ce besoin de prestige ne peut se réaliser en se tenant dans l'ombre de ceux qui leur ont montré la voie, il leur faut être en première ligne. C'est humain, et cela continuera de se produire dans bien des dojos.

Certains sont prêts à tout pour se donner de la crédibilité. Il m'est arrivé à deux occasions d'entendre dire que ces nouveaux propriétaires de dojos avaient raconté à leurs étudiants qu'ils avaient été mes professeurs. L'un d'entre eux venait tout juste d'acquérir sa ceinture brune au moment où j'ai quitté l'école où j'enseignais déjà depuis quelques années. Le plus aberrant dans tout ça est que je croyais être le seul à qui c'était arrivé. Eh bien, je me trompais lourdement. En discutant avec d'autres enseignants, j'ai réalisé que je ne détenais pas l'exclusivité de tels propos. La nature humaine demeure un grand mystère. Je pense pouvoir dire que de pareils actes se produisent dans tous les milieux de travail et ne sont pas limités aux arts martiaux. J'ai déjà été témoin du même phénomène dans le domaine de la sécurité.

Dans les arts martiaux, il est important de vérifier les antécédents de ses professeurs. Aujourd'hui avec Internet, il est facile de voir ce qu'il en est. Est-ce que celui qui m'enseignera fait partie d'une fédération quelconque ou est-il le directeur de sa propre organisation? La plupart des écoles ont des liens avec la Chine, le Japon ou autre pays de provenance de l'art martial en question. Dans le dojo, on pourra probablement voir accrochée au mur la certification internationale de l'enseignant principal. Sinon, on pourra consulter les diverses associations sur le Web pour vérifier la validité des instructeurs.

Je me souviens d'un type dans un bar qui cherchait la bagarre en bousculant diverses personnes. Un de mes amis me dit que je devrais aller près de cet homme, que je trouverais cela intéressant. Il insista même pour que j'y aille. J'approchai me fit suffisamment remarqué pour qu'il me bouscule un peu. Pas question pour moi de tomber dans le piège d'un combat avec cet imbécile. J'étais là pour comprendre pourquoi mon ami m'avait demandé de le voir. L'homme me dit de m'en aller si je ne voulais pas recevoir une raclée. Il me dit qu'il était un karatéka d'expérience. Je commençais à saisir où voulait en venir mon copain en m'envoyant là. Il savait que je lui demanderais avec qui il apprenait. La réponse me figea sur place. L'homme me dit qu'il s'entraînait avec Bernard Grégoire. Vous auriez dû voir sa face quand je lui ai dit que c'était moi Bernard Grégoire. Les chances que je tombe sur ce type étaient extrêmement minces, mais c'est arrivé.

Il arrive à l'occasion que certaines personnes s'improvisent comme enseignant spécialisé dans certains styles. Un de mes amis me racontait qu'il avait discuté avec un jeune adulte qui disait maîtriser six des neuf ryus ou écoles que nous avons dans l'art martial que je fais présentement. Maîtrisé est un bien grand mot lorsqu'on n'a pas encore la trentaine. L'homme qui se vantait de cet exploit était à plusieurs années de cette maturité. Je ne sais pas s'il se croyait vraiment où s'il ne tentait que d'épater la galerie, mais toujours est-il que l'âge de l'enseignant est un bon indice de son expérience.

Un jour j'ai essayé d'arracher l'information à un ami avec qui il s'entraînait à cette période. Celui-ci m'avoua qu'il n'avait pas le droit de le dire. Ah, le fameux professeur secret, j'ai tellement rencontré de gens qui en possédaient au cours de ma carrière. Toujours est-il qu'un beau jour, je discute avec un ami américain et il me parla de notre ami commun. Je venais de découvrir qui était le professeur secret. Pourquoi ne pas le dire? Probablement parce que dans ce cas-là en particulier, ça enlevait tout le mystère qui plane autour de la chance d'être sous la supervision d'un grand maître.

Une autre fois, un homme m'invite à un séminaire avec son instructeur, le fils de mon premier professeur. Ce dernier avait arrêté les arts martiaux et avait choisi une voie différente. Lorsque je demandai avec qui il s'entraînait, la réponse fut qu'il ne pouvait pas le dire, que c'était un secret. Généralement, si l'enseignement est si secret, c'est souvent qu'il est numérique. Le professeur en question n'est qu'une vidéo que l'on regardera. Il est un peu gênant de dire à ses étudiants que l'on ne s'entraîne pas sous la supervision d'une personne de plus haut niveau que nous, que l'on se contente d'essayer de s'améliorer en offrant des cours. Parmi tous les professeurs que j'ai eus au cours de ma carrière, même si je ne m'entraîne plus avec eux, je n'ai jamais eu honte de dire qui ils étaient. J'étais même toujours fier de m'être entraîné avec eux. Nous sommes la somme de nos expériences bonnes ou mauvaises. Alors, pourquoi être gêné d'avouer avec qui nous nous entraînons si cette personne est compétente? Oublier les agents secrets qui doivent rester incognito ou les instructeurs militaires qui ne peuvent pas dire qu'ils offrent de la formation. Tout se sait et ces gens le savent très bien. Vouloir demeurer discret n'est pas une excuse valable si l'on fait commerce dans les arts martiaux.

Je parlais au début qu'il y a des gens malhonnêtes partout. La plus drôle des histoires que j'ai entendues date de plusieurs années quand le certificat qu'exposait le pratiquant d'un style de kung-fu un peu obscur affichait un texte sur le thé en guise de diplôme. Aujourd'hui, ça serait plus difficile de tromper les gens. Une photo, un peu de reconnaissance de caractère et le tour est joué. On sait de quoi traite le certificat dans les grandes lignes.

Il y a une trentaine d'années, j'enseignais à l'époque au Centre Mgr Marcoux, un visiteur me raconta que son professeur de ninjutsu était troisième degré. Comme preuve, il avait tous ses tatouages. Naturellement, je lui demandai où il suivait ses cours. « Sur l'île d'Orléans » me répondit-il fièrement. Je l'invitai à faire quelques postures qui sont assez standards dans tous les styles de ninjutsu. Le jeune homme me fit plusieurs figures assez typiques des écoles de kung-fu. Son enseignant avait réussi à se monter un petit groupe en leur vendant l'idée que ce qu'ils apprenaient était l'art des ninjas. Il exhibait trois traits dessinés sur l'avant-bras et s'en servait pour dire que c'était ses degrés, que dans cet art martial c'était la façon de faire. C'est sûr qu'un tatouage est un bon moyen de passer inaperçu pour un ninja. J'avoue que celle-là, je l'avais bien ris.

Tout ça pour dire que l'on rencontre tout type de gens dans le domaine des arts martiaux. Il ne faut pas tenir pour acquis tout ce que racontera votre professeur. Il ne faut pas se gêner pour demander quels sont les antécédents de celui qui va vous enseigner. Une bonne relation professeur/étudiant durera plusieurs années dans la plupart des cas. J'ai plusieurs élèves qui sont avec moi depuis plus de trente ans. Quelqu'un d'honnête ne sera jamais ennuyé de dire avec qui il s'est entraîné et depuis combien d'années. Il n'est pas rare de voir des personnes se rajouter quelques années bidon à leur curriculum. Dans le domaine des arts martiaux, plus ça fait d'années et plus notre crédibilité s'en trouve augmentée.

La chose que je crois le plus regrettable dans l'industrie des arts martiaux, ce sont ces écoles qui ouvrent un certain temps, qui collectent l'argent des étudiants et qui ferment sans que l'on retrouve la trace du propriétaire. J'ai assisté à de telles fraudes à trois ou quatre occasions. L'un d'entre eux a fait la même tactique à deux reprises. Aucun commerce n'est à l'abri d'une faillite. Tout est dans la manière de faire les choses.

Un jour un de mes amis qui vendaient de l'équipement d'art martial dans son entreprise me confia qu'il avait prêté un grand nombre de tatamis et un sac de frappes à une personne assez bien connu du milieu martial à l'époque. Cet individu en a profité pour vendre le matériel et déménager dans une autre ville. Malheureusement, mon ami a dû fermer son commerce au moment où l'homme est réapparu. Ce n'est pas un montant énorme qu'il a volé, c'est la confiance qu'avait mon ami envers tous les enseignants d'art martial. Naturellement, à partir de ce moment, tout le monde a été perdant, car il avait cessé de commanditer divers événements par la suite.

Mais malgré tous les aspects négatifs que je viens d'énumérer, il ne faut pas être pessimiste. Il y a des gens sensationnels à travers tout ça, des personnes qui sont dévouées aux arts martiaux. Il faut apprendre à les apprécier à leur juste valeur.

Chapitre 22

De quel type êtes-vous?

Dans les arts martiaux, on retrouve toutes sortes d'individus. Cela va du passionné à celui qui ne fait que pratiquer un loisir. Il y a celui qui connaît tout et celui qui manque totalement de confiance. Si vous aviez à vous décrire en quelques mots en tant qu'art martialiste, comment vous présenteriez-vous?

Commençons par celui que vous croyez être. Une personne qui réussit à comprendre pas mal de choses. Bien sûr, vous ne maîtrisez pas tout et en êtes conscient, mais vous faites des efforts pour vous améliorer. Si vous vous comparez à certains, vous n'êtes pas mauvais du tout. Votre niveau vous satisfait bien que vous aspiriez bientôt à un nouveau grade si cela n'a pas déjà été fait. Vous essayez d'être le plus présent possible à l'entraînement, mais vous avez également d'autres responsabilités. Il arrive parfois que vous manquiez un cours, car vous vous trouvez trop fatigué cette journée-là. Mais dans l'ensemble, vous vous considérez comme un étudiant régulier. Vous avez eu le temps d'analyser d'autres styles et d'autres écoles et vous êtes fidèle à votre groupe d'entraînement.

Si vous êtes dans cette catégorie, vous faites partie de la moyenne des gens qui s'intéressent aux arts martiaux. Ceux qui réussissent à jongler entre le temps passé au dojo, le travail, la famille et les obligations quotidiennes. Vous aimez pratiquer les arts martiaux, mais ce n'est pas votre principale priorité dans la vie, et je pense que c'est normal. Nous ne sommes plus à l'époque féodale du Japon. Notre survie n'en dépend pas. Les chances que le village que nous habitons soit attaqué sont minces. Nos horaires quotidiens n'ont jamais été aussi chargés que de nos jours. Il est loin le temps où la famille avait le loisir de discuter au coin du feu les longues soirées d'hiver.

Et puis, il y a le passionné. Celui qui sera au dojo à tous les cours. Celui pour qui la priorité principale en dehors du travail est sans aucun doute le *budo*. Il en mange, et en redemande. Il cherche à recueillir le maximum d'informations qu'il peut en visionnant le plus de vidéos possible, en lisant le plus d'articles qu'il pourra dénicher. Une fois qu'il a trouvé l'art martial qui lui plaît, et qu'il s'y est enfin arrêté, il sera présent pendant des années, à condition de réussir à terminer la première année au sein de sa nouvelle école. La passion est parfois comme un feu de broussaille, intense, mais de courte durée. Peu de gens garderont l'étincelle toute leur vie. La plupart disparaîtront après six à huit mois.

On pourrait penser que ce type d'individu peut progresser plus rapidement que la moyenne des autres participants, mais il n'en est rien. Comme il se disperse avec une trop grande abondance d'information, son subconscient, eh oui, encore lui, ne réussis pas à gérer toutes ces données sur le moment présent. C'est à long terme que cette quête pourra se révéler fructueuse. Il est tellement souvent au dojo qu'on a l'impression qu'il est là depuis des années. À cause de cela, les enseignants sont parfois portés à faire progresser ces gens plus rapidement. Ils donnent toujours la sensation que cela fait longtemps qu'ils n'ont pas obtenu un nouveau grade. Ce n'est pas leur rendre service. Il ne faut pas forcer l'oiseau à sortir de sa coquille s'il n'est pas prêt. Après plusieurs années, ces adeptes réussiront à développer une culture martiale qu'ils pourront alors intégrer à leur entraînement. Ils ne seront plus en mode expérimentation, mais en mode d'application pratique.

Presque tous les dojos en possèdent un. Celui qui sait tout et connaît tout sur tout. Cet élève n'admettra jamais que ce qu'il voit est inconnu pour lui. Il référera à quelques vagues techniques pour expliquer certaines similitudes. Ces personnes ont généralement cessé de progresser depuis un bout de temps déjà. Elles sont incapables de voir les nouveautés trop occupées à trouver une correspondance avec le savoir qui est acquis. Elles seront inaptes à remarquer le petit détail qui fait en sorte que la technique n'utilise pas du tout le même principe que ce qu'elles connaissent déjà. Ces gens ont parfois tendance à être condescendants lorsqu'ils échangent avec des ceintures plus basses. Occasionnellement, ils argumenteront avec l'instructeur afin de faire prévaloir leur point de vue. Ils passeront souvent des commentaires en tentant d'expliquer comment la technique fonctionne alors qu'ils sont à côté de la plaque. Je me souviens de l'un de ces spécimens qui vinrent me rendre visite au moment où je donnais un séminaire à l'extérieur. L'homme repassait derrière moi en corrigeant les étudiants. Ce qu'il montrait était erroné. Je le laissai faire un peu, le temps qu'il s'embourbe un peu plus, puis je fis venir tout le monde en expliquant les lacunes sur la façon de faire de ce professeur improvisé. Je ne tentais pas d'essayer de convaincre les participants. Je démontrais simplement le pour et le contre de sa façon de faire et de la mienne. Comme il le faisait, il était facile de contrecarrer sa technique. Un débutant pouvait le contre-attaquer aisément alors qu'à ma manière, on contrôlait entièrement l'agresseur. Inutile de dire que l'homme n'est pas demeuré longtemps avec nous. Il reprit son manteau et quitta les lieux en exprimant une légère frustration d'avoir ainsi perdu la face devant les étudiants.

Ce genre d'individu a absolument besoin d'afficher ses connaissances. Une autre fois, dans un taikai canadien, un homme qui n'était pas instructeur se promenait et corrigeait les gens au lieu de s'entraîner comme il aurait dû le faire. Il arriva près de ma conjointe et lui dit qu'elle ne faisait pas la technique de la bonne façon. Il ignorait à qui il avait affaire. Elle fit venir l'instructeur et lui demanda de lui expliquer. Il se trouve que c'était elle qui avait raison et que l'homme s'était totalement fourvoyé. Ce sont souvent ces gens qui se promènent lors de séminaire et qui devraient plutôt saisir l'opportunité de s'entraîner. Dans toutes les formations, il y a ce genre d'individu qui s'improvise assistant sans que l'instructeur lui demande. Si de telles personnes se présentent, il ne faut pas se gêner pour rétablir la situation. Il ne faut pas que les participants quittent le séminaire avec leurs techniques, qui bien souvent sont erronées.

À l'opposé du spectre, il y a ceux qui trouvent qu'ils n'ont pas de talent, que tout sort de travers. Des gens qui se sous-estiment, qui ne se voient pas à leur juste valeur. Généralement, ces personnes sont prêtes à faire plus d'effort pour réussir que la moyenne des pratiquants. Ce sont des travailleurs acharnés qui sont rarement satisfaits du niveau qu'ils ont atteint. Ils sont attentifs et recherchent tous les petits détails qui pourront les faire progresser. Lorsque l'on enseigne à ces gens, il faut leur faire prendre conscience qu'ils peuvent le faire, leur donner des points spécifiques à travailler et les mettre face à leur réussite. Ils ont tendance à se décourager. Il faut les motiver et souligner leurs bonnes actions.

On retrouve ensuite celui que j'appelle parfois l'itinérant. Il n'est que de passage le temps d'acquérir une ceinture ou deux. C'est celui qui fera un nombre étonnant d'écoles différentes en s'imaginant qu'il aura l'équivalence d'une ceinture noire en cumulant ces ceintures de base. Les vieux maîtres se sont généralement entraînés à plusieurs arts martiaux. Par contre, dans la plupart des cas, ils ont obtenu au moins le niveau de ceinture noire dans la plupart de ces écoles. Je ne m'étendrai pas plus sur ce type de pratiquant, j'en ai déjà parlé auparavant.

Naturellement, il y a également le compétitif. Celui qui rêve de médailles et d'honneur. Pour lui, les arts martiaux se limitent à la façon de terrasser un adversaire sur le ring. Tout son entraînement sera orienté pour la performance sportive. Dans ce créneau, on retrouve celui qui court après tous les tournois qu'il peut. Il n'hésitera pas à se déplacer et bien souvent, lorsqu'il est adolescent, il sera fortement encouragé par ses parents. Il compétitionnera dans le plus grand nombre de catégories possible. Puis il y a ceux qui rêvent de gravir les échelons qui les mèneront dans les niveaux professionnels. Ces gens s'investissent à cent pour cent. Ils changeront complètement leur mode de vie, leur alimentation et quitteront les mauvaises habitudes d'hygiènes si cela nuit à leur objectif qui est de devenir le meilleur.

Plus rarement, on retrouvera celui qui a besoin des arts martiaux pour des raisons de sécurité. Il désire quelque chose qui le protège et le rende efficace. Dès qu'il jugera posséder suffisamment de connaissances pour pouvoir se sortir de situations courantes dans la rue, il cessera probablement l'entraînement. Il recherche la confiance en soi. Sa décision de faire des arts martiaux est basée sur la crainte. La peur de se faire agresser et d'être blessé. Ces gens font d'excellents étudiants, mais ils auront tendance à vouloir ramener toutes les techniques à leurs besoins personnels.

On peut faire des arts martiaux pour toutes sortes de raisons. L'important est de le faire pour soi et non pour les autres. Que l'on recherche de l'autodéfense ou tout simplement un loisir, on doit le faire à son rythme. Peu d'activités permettent de trouver un exutoire aussi puissant au stress de notre vie moderne. Au moment d'entrer dans un dojo, il est déconcertant de voir jusqu'à quel point les problèmes de la vie quotidienne demeure à l'extérieur! Lorsque c'est bien fait, les arts martiaux nous apportent un équilibre réconfortant. De nos jours, peu de gens peuvent dire qu'ils sont bien dans leur peau. Le *budo* est une voie spirituelle et non seulement physique. On a tendance à oublier cela. Combien de personnes en s'inscrivant dans une école d'art martial ont perdu de cette agressivité si problématique dans la vie de tous les jours. Les arts martiaux ne sont pas qu'un loisir qui disparaîtra en quittant les lieux. C'est un mode de vie qui laissera des traces indélébiles à tout jamais.

Chapitre 23

Étiquette et protocole

Les arts martiaux nous offrent un monde où l'étiquette et le protocole font partie intégrante de son apprentissage. Nous ne le remarquons pas, mais un grand nombre de règles non écrites gèrent notre expérimentation du *budo*. Ce sont elles qui font en sorte que notre entraînement se fasse non seulement dans la sécurité, mais également dans le respect.

La plus connue de ces règles est sans doute celle qui veut que l'on s'incline en entrant dans la salle d'entraînement. Pourquoi saluer des murs, un plancher et un toit? Parce que c'est plus qu'une simple norme de politesse. L'être humain est une machine à emmagasiner de l'information. Il se lève le matin et toute la journée, il enregistre ce qui se fait. Cela ne veut pas dire cependant qu'il se souvient de tout et là est le problème. Il fonctionne sur une trame linéaire. Dans le dojo, tout est fait pour interrompre cette trame. Si vous faites des arts martiaux avec la même concentration que vous avez mangé votre hamburger au dîner, il se peut que vous perdiez énormément d'information et d'acuité dans votre apprentissage.

Le salut avant d'entrer dans la salle envoie un message à votre cerveau. Il ouvre une parenthèse sur un moment privilégié. Il vous avertit que ce que vous allez faire dans les minutes qui suivent est important et que vous devrez agir de manière différente de ce que vous avez fait dans la journée. Vous ne devrez pas fonctionner à la façon d'un zombie qui se contente d'être là, votre attention sera fortement sollicitée. La vérité est que nous passons la plupart de notre temps à faire des actes sans être toujours présents mentalement. Nous agissons de manière robotisée la majeure partie de notre vie. Nous travaillons, marchons et mangeons tout en réfléchissant à toutes sortes de choses qui, le plus souvent, n'ont aucun rapport avec ce que nous faisons sur le moment.

Avec le salut au dojo, nous programmons sans le savoir, notre subconscient à considérer ce moment comme étant quelque chose de différent. Notre mémoire fonctionnera mieux, nous retiendrons probablement plus de choses que nous ne le ferions en temps normal. La religion shintoïste est basée sur l'existence de kami, des esprits qui résident dans divers lieux, dans des objets et dans la nature en général. Dans cette idée, le dojo est habité par ces esprits qui vont nous aider à mieux assimiler les nouvelles connaissances que l'on va y apprendre. En s'inclinant, on salue ces entités spirituelles et l'on exprime notre gratitude envers eux. Il y a deux manières de saluer. La première, c'est celle que font la majeure partie des gens, c'est-à-dire qu'ils le font pour les autres, pour ne pas passer pour quelqu'un d'irrespectueux. Le cérémonial se fait machinalement, sans apprécier le fait d'être là et même d'avoir le privilège de remercier ces esprits. Puis il y a ceux pour lesquels la révérence est quelque chose de vrai, une expression de gratitude à la vie elle-même. Je le redis, l'être humain est programmable. En saluant de manière sincère, on signale à notre subconscient toute l'importance du moment qui vient. Notre cerveau s'attardera davantage à l'enseignement qui y est donné. Notre subconscient laissera moins vagabonder notre mental, nous amenant ainsi à mieux assimiler les connaissances qui nous seront offertes.

Plusieurs arts martiaux ouvrent la classe par une cérémonie d'ouverture et la terminent par une de fermeture. Cela permet d'accentuer encore plus la parenthèse qui sépare notre vie martiale de notre journée linéaire. Là aussi, la sincérité est de mise. Si vous êtes du style à apprécier ce moment d'isolement et à vous concentrer sur l'instant présent au lieu de laisser votre esprit s'égarer dans les méandres de vos pensées, vous retirerez probablement plus de bénéfices de votre entraînement que les autres personnes qui le font machinalement. Pour beaucoup de gens, ces protocoles sont lassants, voire inutiles. Là aussi, en fonction du type de cérémonie qui est fait dans le dojo, on demande aux esprits de nous aider dans notre apprentissage. S'il y a des claquages des mains, c'est simplement pour appeler les kamis au cas où ils seraient sortis. Dans plusieurs écoles traditionnelles, il y a de petites maisons en bois, des kamidanas, qui sont une demeure offerte aux esprits. On fera le salut en direction du kamidana.

Mais bien avant tout ça, l'étudiant qui met les pieds dans un dojo fait preuve d'un respect de l'étiquette. N'importe qui, qui a fait des arts martiaux, n'oublierait jamais d'enlever ses chaussures à l'entrée des lieux. Au Japon, on ne pénètre jamais dans la maison avec nos souliers. Le genkan, un espace dédié à y laisser les chaussures se retrouve dans toutes les maisons. Venant directement de l'ère Heian (794-1192), il provient des temples zen et indiquait aux gens qui y entraient qu'ils devaient se soumettre aux préceptes zen. Les samouraïs s'inspirèrent de cela et en construisirent dans leur maison. Cette coutume se répandit rapidement à la bourgeoisie et à toutes les habitations du pays. C'est un réflexe naturel pour tous les étudiants d'arts martiaux d'enlever leurs chaussures avant d'entrer dans un dojo.

Mis à part les kiaï qui sont nécessaires dans la pratique des formes, personnes ne penseraient crier ou chanter à tue-tête dans la salle d'entraînement. Inconsciemment, la plupart des membres considèreront cet endroit à la façon d'un temple, d'un espace sacré. Qui aurait l'impolitesse de manger dans un temple? À part quelques nouveaux élèves qui n'ont pas d'expérience de la philosophie martiale, personne ne penserait à grignoter quoi que ce soit et à laisser des graines de nourriture au sol.

Un dojo est quelque chose qui appartient à tous les étudiants. Au Japon, à la fin de chaque journée l'aspirateur est passé par des volontaires. Je n'y ai pas échappé, ce n'est pas une corvée, mais un geste de gratitude envers le lieu. Bien sûr, les écoles plus commerciales engageront des compagnies spécialisées pour faire le nettoyage hebdomadaire de l'endroit. Mais, une fois par année, participer à un grand ménage en impliquant tous les étudiants est un symbole d'unité et d'appartenance pour l'école. Les personnes qui ne font qu'acheter des techniques trouveront probablement déplacé le fait de demander aux étudiants de faire le ménage. Or, il ne faut pas oublier que les arts martiaux sont aussi censés nous enseigner l'humilité.

Il existe plusieurs autres règles non écrites, mais qui sont généralement respectées dans les écoles traditionnelles. L'aide au débutant en est une. Dans notre dojo, les plus anciens, qu'ils soient ceintures noires ou autre, ne se font jamais prier pour assister une personne qui commence. Il n'est pas rare de voir ces personnes s'entraîner avec des ceintures blanches en leur prodiguant de bons conseils sur la manière de faire les techniques. Ils n'essaieront pas de résister pour démontrer aux débutants qu'ils sont meilleurs qu'eux. Au contraire, ils feront tout leur possible pour partager leur passion. Sans que rien ne soit écrit à ce sujet, il y a un profond respect qui se crée au sein des dojos. C'est toujours surprenant de voir des gens qui viennent de milieux et de cultures différentes travailler avec une telle camaraderie.

Bien sûr, lorsqu'un étudiant applique une technique trop fortement, le simple fait de taper légèrement sur lui ou sur soi-même met fin à la douleur. Ce signal est généralement respecté dans tous les arts martiaux, quel que soit le style ou la nationalité. Le respect est universel, il ne connaît pas les frontières et les langues.

Malheureusement, rien n'est parfait dans ce bas monde. Il y aura toujours des exceptions, des personnes pour qui les règles ne veulent rien dire. Un beau jour au Japon, deux types s'entraînaient près de nous. Le dojo était bondé. Ces deux hommes agissaient comme s'ils étaient seuls dans la salle. Ils devenaient de vraies menaces pour les gens autour d'eux. Ils se projetaient sans s'occuper du fait que leurs pieds passaient à grande vitesse à quelques centimètres de la tête des autres participants. Ma conjointe avait demandé au plus dangereux des deux si c'était la première fois qu'il s'entraînait au Japon. L'homme sembla insulté d'une telle question et répondit par la négative, il n'en était pas à son premier voyage au Japon. Un peu plus tard, après avoir heurté une personne violemment, je lui demandai s'il était stupide ou simplement pas intelligent. Il répliqua qu'il n'était pas stupide, ne réalisant pas sur le moment le piège de ma question. Toujours est-il qu'il se tranquillisa et alla s'entraîner dans un coin un peu plus loin. Il ne revint pas les jours qui suivirent. Il croyait que j'étais avec un groupe de participants de la France. Au moment où ces derniers sont retournés en Europe, l'homme a recommencé à fréquenter le dojo. Je me souviendrai toujours de son expression lorsqu'il a vu que j'étais là. En ce qui concerne son compagnon d'entraînement, il était venu s'excuser tout de suite après le cours. Il ne connaissait pas cet homme et il s'était senti obligé de s'accorder au rythme que ce partenaire lui donna.

Je ne dis pas qu'on ne doit pas s'entraîner violemment, mais il faut rester lucide et savoir quand on peut le faire. Ce n'est sûrement pas dans une salle où le moindre mètre carré est comblé que c'est le temps d'y aller à fond. Il n'est pas rare, hélas, de voir des gens ignorer les autres. C'est pourtant une simple question de civisme.

L'étiquette et les protocoles ne sont pas une corvée qui nous limite, mais plutôt des outils qui nous permettent de nous entraîner de façon plus sécuritaire, avec une meilleure efficacité. C'est également un ciment qui permet au groupe de mieux se lier.

Chapitre 24

Les paliers d'apprentissage

Si vous faites des arts martiaux depuis un certain temps, vous aurez sûrement déjà vécu ce qui suit. Vous vous entraînez, tout va bien. Vous assimilez facilement le matériel nécessaire pour votre progression. Puis un beau jour, vous avez la sensation que cela devient de plus en plus difficile. Vous vous dites que c'est normal et que plus vous cheminez dans votre discipline, plus les techniques s'ajustent au niveau supérieur que vous désirez accéder. Or, un jour, vous avez l'impression que rien ne rentre. Que tout ce que vous apprenez semble s'embrouiller encore plus dans votre esprit. Vous vous répétez que c'est la fatigue et qu'au prochain cours ça ira mieux. Au cours suivant, vous réalisez que non, ça ne s'améliore pas, au contraire, plus vous faites des efforts et moins cela semble fonctionner.

Cela fait maintenant quelques semaines ou même dans certains cas quelques mois que c'est comme ça. Vous commencez à vous dire que vous n'êtes peut-être pas fait pour les arts martiaux ou du moins pour ce style en particulier. Peut-être qu'il serait temps pour vous d'aller jeter un coup d'œil ailleurs. Puis, sans raison, une bonne journée tout redevient plus facile. Tout se fait aisément, sans effort. Ce qui paraissait insurmontable semble à présent presque enfantin. Votre cerveau a de nouveau retrouvé sa capacité à assimiler de nouvelles informations. Tout ce qui vous rebutait est maintenant clair, tout à fait compréhensible.

Ce que je viens de décrire est simplement un palier d'apprentissage. Dans les arts martiaux, il est normal de faire face à ces phases. À moins que votre art martial ne soit composé que de matériel à mémoriser par cœur, il est certain que vous avez été confronté plusieurs fois à ces étapes de stagnation. Elles font partie du vécu de tous les arts martialistes d'expérience. Après plus de quarante ans de pratique, il m'arrive encore de vivre certains de ces paliers sur des techniques requérants des habiletés particulières. Avec les années, j'ai appris que cela ne durait pas, qu'à un certain moment la compréhension finit toujours à surgir. J'ai arrêté de m'en faire avec ça et je me dis que lorsque je serai prêt, je finirai bien par maîtriser et assimiler cela. J'ai cessé de trop vouloir tout saisir immédiatement, j'ai appris à laisser aller les choses naturellement.

Le cerveau est capable de digérer une quantité incroyable de connaissances, mais il atteint parfois un certain niveau de saturation. Il a besoin d'un peu de temps pour parvenir à gérer toute l'information. C'est un peu comme si tout ce savoir nécessitait de décanter avant d'être filtré. Alors, comment peut-on minimiser les séquelles de cette triste réalité? On ne peut éviter cela, mais on peut par contre s'y adapter. La pire chose est probablement de s'apitoyer. Dites-vous bien que personne n'est à l'abri, que vous n'êtes pas le premier à qui ça arrive et que vous ne serez sûrement pas le dernier à qui ça arrivera. Avant toute chose, il faut apprendre à le déceler lorsque ça se présente. Savoir que ça existe est un atout majeur pour pouvoir y faire face. Est-ce que je cesse de performer parce que c'est devenu plus difficile ou est-ce que c'est simplement moi qui ne peux en prendre davantage, pour le moment?

Lorsque l'on se blase de quelque chose, on ne fait qu'en perdre l'intérêt tout en gardant la même facilité d'exécuter les tâches qui nous sont dues. Dans le cas de ces paliers, c'est une autre histoire. Est-ce que j'ai une baisse d'intérêt à cause de la difficulté ou si j'ai de la difficulté parce que je manque d'intérêt? Lorsqu'une de ces étapes de transition se présente à nous, la confusion arrive avant le désintéressement. C'est la chronologie normale que rencontrent la plupart des gens. Au moment où la facilité d'apprentissage n'est plus au rendez-vous, c'est le bon temps d'orienter nos efforts vers le perfectionnement de ce que l'on possède déjà. On en profite pour décortiquer davantage nos techniques, développer de meilleurs automatismes. On prendra le temps de regarder si l'on peut trouver d'autres applications à ce que l'on détient.

Dans les vieilles écoles, il est rare qu'une technique n'ait pas plusieurs niveaux. Elles sont constituées à la façon d'un oignon, avec plusieurs couches d'apprentissage. C'est un bon moment que nous offrent ces paliers pour explorer ce que l'on connaît déjà. Si je rajoute un second adversaire est-ce que la technique est encore réaliste? Est-ce que je peux l'adapter pour certains besoins spécifiques? Et si au lieu d'un coup de poing mon adversaire m'attaquait au couteau, est-ce qu'il y a moyen d'ajuster cela à ces nouveaux besoins? Puis-je refaire certaines de mes techniques en utilisant des armes? Si non, qu'est-ce qu'il manque pour y arriver? Il y a une foule de possibilités d'adaptations auxquelles on n'accorde jamais assez d'importance. Ici, on ne demande pas au cerveau d'absorber de nouvelles connaissances, on lui relègue la tâche de voir comment on peut transposer notre savoir de toutes les façons possibles.

Plutôt que de demeurer à la maison en se disant qu'il n'y a rien qui va rentrer, on en profite pour prendre davantage de notes sur les techniques qu'on a apprises. Bien sûr, on ne les comprend peut-être pas, mais le fait de vouloir les mettre à jour nous oblige à les revoir plus en détail. Mais on doit le faire sans se donner pour objectif de s'obliger à tout maîtriser. On ne fait que déposer ces connaissances dans un tiroir d'où l'on pourra les extraire le temps venu. On ne doit pas désespérément tenter de saisir et de bien maîtriser ces nouvelles acquisitions. On s'amuse à essayer de les reproduire et si ça ne fonctionne pas sur le moment, tant pis. On sait que tôt ou tard, la compréhension se montrera bien le bout du nez. Et puis, peut-être est-ce une bonne occasion pour mettre nos notes au propre. Et pour ceux qui n'ont jamais pris la peine de coucher vos connaissances sur le papier, c'est peut-être le moment idéal de s'y mettre. Il est facile d'étendre l'enseignement que l'on reçoit au dojo à notre maison.

Certaines personnes verront dans cet instant, un signal d'essayer un art martial différent. Il est certain qu'en changeant de style tout deviendra tellement plus facile. N'oubliez pas que vous venez d'acquérir une solide base martiale. Toute dissidence sera chose aisée pour vous. Ça ne sera pas que cet autre art martial vous convient mieux, ça sera simplement le fait que votre capacité du *budo* sera plus haute que ce qui est exigé pour ces nouvelles techniques. Mais un jour ou l'autre, un palier se présentera de nouveau à vous, et ce, peu importe l'art que vous choisirez.

Les paliers sont des étapes essentielles dans notre progression martiale. On peut soit s'en plaindre ou soit apprendre à les utiliser afin de repousser un peu plus nos limites. On doit les utiliser plutôt que de les subir. Qu'on le veuille ou non, cela est indissociable de l'apprentissage du *budo*. Prenez le temps de discuter du sujet avec d'autres étudiants de votre dojo. Vous réaliserez que cela est tout à fait normal. Peut-être même pourrez-vous aider d'autres personnes à passer au travers de ce problème.

Chapitre 25

À l'origine

Il est intéressant de constater jusqu'à quel point certains gestes de notre vie quotidienne ont subi l'Influence des époques féodales de leurs pays respectifs. Cela s'applique autant aux arts martiaux qu'à des actes que nous faisons régulièrement. Des actions aussi banales qu'une simple poignée de main découlent de ces temps obscurs. L'une des explications veut qu'à l'origine l'objectif fût de palper la partie du coude au poignet afin de voir s'il n'y avait pas une arme cachée. La plus logique est cependant celle-ci : le fait de donner la main droite ne nous permettait pas d'avoir un accès facile à une lame. Comme la plupart des combattants étaient formés droitiers, en présentant cette main cela se traduisait par un geste de confiance. Ce symbole est devenu extrêmement puissant dans notre civilisation moderne. Imaginez l'effet si vous refusez de serrer la main à une personne qui vous la tend. Généralement, on se sent obligé de saisir la main qui nous est offerte. Les bons représentants utilisent souvent cet automatisme pour conclure une vente lorsqu'ils soupçonnent que leur client est sur le point de céder. Le réflexe de prendre la main tendue est un geste d'acceptation.

Il en va de même de coutume aussi familière que de cogner deux verres au moment de porter un toast. Cette pratique date d'une époque où l'on se servait de coupe ou de récipient en métal pour boire. Il faut rappeler que les poisons étaient fréquemment utilisés pour se débarrasser d'une personne encombrante. Les coupes étaient remplies à ras bord. En les cognant fortement l'une à l'autre, le liquide se mélangeait. De cette façon, si l'un des deux avait voulu mettre du poison dans le breuvage de son invité, il partagerait ainsi son sort. Un geste de confiance ou de méfiance? Ici aussi, il serait mal poli de refuser de cogner la coupe que l'on tend dans notre direction.

Il en va de même avec le Cardinal Richelieu. C'est à lui que l'on doit le couteau à beurre arrondi. La légende laisse entendre qu'il était offusqué de voir les personnes à sa table se curer les dents avec leur dague. Une seconde version veut qu'il se méfiât des gens qui tenaient un couteau dangereux à ses côtés. Il est plus difficile de tuer quelqu'un avec un bout arrondi. L'histoire est remplie de ces coutumes empruntées à une autre époque et qui hantent notre quotidien. Le salut que font tous les militaires vient directement du moyen âge. Lors des tournois, les chevaliers portaient des armures qui protégeaient tout le corps et qui cachaient le visage. Avant de se mesurer à leurs adversaires, les combattants se croisaient en gardant relevé le heaume de leur main afin que chacun voie la figure de celui qu'ils auront à affronter. C'était un signe de respect et de courtoisie d'un guerrier à un autre. Le geste est resté un symbole utilisé par les soldats. Depuis le XVIIe siècle, il démontre un respect et une fidélité mutuels.

Comprendre ce que l'on fait

Dans les arts martiaux, beaucoup de procédures et de façons de faire découlent de l'époque féodale du Japon. Tout le monde a déjà vu des judokas s'agripper l'un à l'autre. La main gauche prend le kimono à la hauteur du biceps droit alors que la droite vient attraper l'adversaire au collet gauche. Cette façon de saisir son rival puise son origine dans l'armure du samouraï. Le plastron qui protégeait le torse et le dos était suspendu par des lanières de cuir ou de métal à la hauteur du collet. En s'accrochant à cet endroit, on avait une prise solide pour tenter de manipuler le corps de l'adversaire. En saisissant son bras droit, il ne pouvait pas empoigner son katana. Bien sûr, les deux antagonistes s'agrippaient de la même manière. Généralement, le premier qui tombait au sol ou qui était projeté perdait la vie. Son adversaire profitait de ce moment pour dégainer son sabre et mettre fin à la confrontation. Naturellement, les limitations du combat à cause des armures ont donné naissance à une multitude de techniques appropriées à cette réalité.

Plusieurs arts martiaux, dont l'aïkido, utilisent des shutos, ces attaques du tranchant du côté de la main comme technique de frappe. Cette façon de faire découle directement du wakizashi, le sabre court du samouraï. La coupe transversale au niveau du cou s'est transformée en un shuto au fil des siècles. On se servait de la tsuba, la garde métallique de cette arme pour aller frapper l'adversaire à la tempe. Pour réussir à trancher avec ce sabre, il faut y mettre beaucoup d'énergie. Les écoles d'arts martiaux utilisant des techniques de type « vent » ont intégré ce modèle d'attaque et ont développé plusieurs principes permettant de récupérer ainsi la puissance générée par ce genre de mouvement. Une importante partie de l'art de la capture d'énergie est né de cette réalité.

Un grand nombre de méthodes de dislocation d'épaules qui existent de nos jours avaient été développées pour combattre une personne en armure. Sous cette carapace, l'adversaire était protégé par un blindage. On ne peut le frapper efficacement, mais on peut le briser par l'intérieur à la façon d'un homard. S'il était insensible à des percussions sur la plus grande partie de son corps, l'armure autorisait cependant des mouvements à contresens. Les armures japonaises ne protégeaient pas les articulations autant que celles des Européens. Elles étaient conçues pour laisser plus de mobilité aux guerriers.

Les limitations des protections

Beaucoup de techniques qui nous semblent parfois étranges découlent de la limitation de ces protections. Dans les vieux arts martiaux japonais, il n'y avait pas les coups de pied athlétiques que l'on retrouve dans les compétitions modernes. Je vois mal un combattant en armure donné des coups de pied circulaires ou sautés. Souvent, mes étudiants me disent que la technique n'est pas logique, que l'impact aurait plus de puissance avec le pied arrière. Imaginez-vous devant un adversaire. Vous avez reculé votre jambe gauche derrière en bloquant de votre bras droit une attaque de votre opposant. Dans le kata que vous exécutez, le coup de pied se donne du pied droit en faisant un petit pas chassé afin de vous rapprocher de votre agresseur. Pour la plupart des gens, il paraît anormal d'agir de la sorte. Effectivement, le pied arrière a plus de puissance. Il faut comprendre que ce sont de vieilles techniques qui étaient utilisées par des gens en armure. Le haidate, l'espèce de jupette qui protège le haut des jambes ne permet pas de donner directement un coup de pied à l'adversaire. On ne peut frapper que par l'ouverture sur le côté du corps d'où la nécessité de faire un pas chassé pour accéder à un minimum de puissance. Dans ce type de technique, l'attaque du pied n'est pas faite pour vaincre l'adversaire, mais simplement pour avoir assez d'espace pour pouvoir dégainer son sabre.

La plupart des arts martiaux mélangent gymnastique et réalité du champ de bataille. On peut souvent voir des gens qui font des ukemis, des brise-chutes ou des roulades pour amortir une chute et qui roulent sur la colonne vertébrale comme le font les gymnastes. Un guerrier qui va au sol n'aura probablement pas de matelas pour tempérer le dur contact. À l'extérieur, on retrouve de tout. Si l'on est chanceux, on pourra tomber sur un tapis d'herbe qui amortira notre chute. Mais on risque également de se heurter à des racines ou des pierres. Imaginez-vous roulant sur une roche pointue. Qu'une de vos vertèbres se brise au moment de passer sur cet obstacle. Il y a de fortes chances pour que vous demeuriez étendus sur le dos, incapable de vous relever. Il y a des roulades et divers brise-chutes qui sont adaptés pour nos divers besoins. Le guerrier compétent ne se tire pas au sol de n'importe quelle façon. Certaines de ces techniques peuvent sembler parfois étranges et non performantes. C'est qu'en réalité elles avaient été conçues à l'origine pour être exécutées avec une armure. Avec ce lourd équipement encombrant, on ne peut rouler de la même façon que si l'on est simplement vêtue légèrement.

Lorsque j'enseigne, je démontre la technique en gardant le plus possible l'authenticité de celle-ci. Dans bien des cas, on ne l'exécutera qu'un d'un seul côté pour commencer. Et quand enfin un étudiant me demande pourquoi on ne la fait pas des deux côtés, je leur fais prendre conscience que cette technique tient compte du port du katana. Que si l'on travaille de cette façon, on cherche à protéger notre sabre pour éviter que l'adversaire ne s'en empare. La plupart du temps, on s'abstiendra de faire une projection du côté gauche, car le positionnement de notre arme pourrait nous empêcher de bien réussir notre technique. On s'adaptera et l'on passera à un autre type de défense. De plus, si l'adversaire prend appui sur notre sabre, on peut se retrouver déséquilibré. Une fois que les élèves ont compris pourquoi la technique s'enseigne de cette façon, à partir de ce moment, ils peuvent la pratiquer des deux côtés. Je désire que mes étudiants sachent pourquoi les choses sont ce qu'elles sont. Je ne veux pas de robots qui exécutent des mouvements sans en comprendre les mécanismes sous-jacents.

De nos jours, il y a certaines similitudes dans la protection de ses armes. Un policier apprend à sécuriser son pistolet, à la garder du côté arrière. Généralement, il se positionne du côté fort. Un droitier l'aura sur sa hanche droite. Pour les samouraïs, le sabre se portait toujours à gauche. Pour un droitier, c'est la manière la plus rapide de pouvoir le dégainer. Dans les arts martiaux modernes qui enseignent le combat à mains nues, on inculque aux gens de se battre le côté fort derrière. Plusieurs arts martiaux anciens possédaient des techniques de combat redoutable en gardant le côté droit devant. Le port de l'armure obligeait ces gens à innover. Les méthodes de frappe se sont adaptées. Plutôt que d'attaquer comme tout le monde le fait, ils ont développé les techniques de frappes en ondes de choc. Plus besoin d'avoir beaucoup d'élan pour générer de la puissance. Ce type d'utilisation est dévastateur même dans un jeu de quelques centimètres seulement.

Comprendre la réalité de l'armure nous permet de nous adapter à certaines conditions que l'on peut rencontrer dans notre vie de tous les jours. Bien sûr, on pensera d'abord au policier qui porte un lourd costume pour faire face à des émeutes. Dans un climat comme dans notre coin de pays, lorsque la température avoisine les moins vingt degrés Celsius, les vêtements portés sont presque aussi limitatifs que l'était l'armure du samouraï. Mis à part le côté pratique de ces techniques, comprendre les raisons qui ont donné naissance aux arts martiaux que l'on pratique ne peut que faire de nous un meilleur exécutant. Une saine compréhension des mécanismes utilisés dans notre style nous permet de développer notre faculté d'adaptation. Et sans cette adaptation dans la vie réelle, vous risquez de perdre vos combats et qui sait, peut-être votre vie?

Chapitre 26

La douleur

Dans mon temps... Qui n'a pas entendu cette expression dans la bouche de ses grands-parents ou de ses parents? Lorsque je parle avec de vieux pratiquants dans la même tranche d'âge que moi, la différence entre notre génération et celle des plus jeunes est un sujet redondant. Oui, je suis d'accord avec eux, à notre époque la douleur était beaucoup plus présente. Mais était-ce vraiment mieux? Le plus drôle c'est que les générations avant la mienne tenaient les mêmes propos.

J'avais des amis, plus vieux que moi, qui dans ces années révolues, s'adonnaient à une forme de combat un peu plus violente que ce que l'on connaît aujourd'hui. Ces gens se regroupaient dans un endroit isolé comme un sous-sol ou un petit entrepôt. Pour pouvoir y avoir accès, il fallait faire un dépôt de cent dollars. Généralement, il y avait toujours entre douze ou quinze personnes qui participaient à cette activité. La règle était simple, celui qui réussissait à sortir debout empochait le magot. Naturellement, il n'y avait aucune arme de permis. De plus, ce n'était pas un spectacle, aucun témoin n'était autorisé.

Des entraînements dangereux

À mon époque, nous ne connaissions pas encore les équipements protecteurs utilisés dans les compétitions martiales. Nous nous réunissions un petit groupe d'amis et nous nous amusions à faire du combat full-contact à mains nues. Il va sans dire que malgré le fait que ce soit très amical, nous collectionnions les blessures. Je me souviens d'un œil que j'ai eu tellement enflé que durant cinq ou six jours j'étais incapable de l'ouvrir. Et je ne parle pas des côtes amochées, des nez saignants et autres incidents mineurs. Ah oui, une coquille ne protège que partiellement un coup direct au bas du corps. Aujourd'hui, je trouve que ce type d'entraînement que nous infligions était stupide et irresponsable. Malgré cela, je dois avouer que je suis bien content de l'avoir fait. Ça m'a fait prendre conscience encore plus de la réalité du combat. Dans ces années sombres, des mots tels que « commotion » et « séquelles à long terme » ne faisaient pas partie du vocabulaire utilisé dans les dojos.

Un point commun ressort de tout ça. Apprendre à gérer la douleur. La plupart des pratiquants d'arts martiaux ne savent pas vraiment ce qu'est cette affliction. Je ne parle pas ici de léger étourdissement menant à une perte de conscience ou d'un coup reçu en pleine poitrine qui fait en sorte que l'on peine à retrouver notre souffle. Je parle de la douleur, celle qui donne naissance à des zones sombres dans notre champ de vision. Celle qui est si intense que la moindre réflexion intelligente devient un tour de force. Celle qui crée une détresse psychologique. Celle qui fait que notre corps refuse de nous obéir afin de continuer le combat. Recevoir un coup de poing au visage avec un gant de protection ne fait pas le même effet que le contact direct des jointures. La sensation est totalement différente et la douleur perçue n'est absolument pas la même.

Il y a plusieurs années, j'ai eu des pierres aux reins. Au dire du personnel hospitalier qui me soigna, sur une échelle d'un à dix, ce type de douleur a la cote huit, un niveau identique à celui d'une femme qui accouche. Je suis plutôt tolérant à la douleur, je dirais même trop. Les infirmières me disaient que si j'avais vraiment des pierres aux reins, je ne pourrais pas discuter avec elles comme je le faisais. Elles ont été surprises, le diagnostic était le bon. Par la suite au Japon, Hatsumi sensei a fait des points de pressions sur ma main. Les calculs rénaux étaient du gâteau comparés à cela. Il m'a amené sur le bord de l'évanouissement tellement la douleur était intense. C'est ce dont je veux parler dans ce chapitre, de ce genre de douleur que l'on peut rencontrer dans un combat.

Apprivoiser la douleur

La plupart des pratiquants d'arts martiaux ne connaissent pas vraiment ce qu'est la douleur. Il y a plusieurs années, je donnais un séminaire à des personnes venues d'une dizaine de pays différents. On m'avait attitré un groupe où les étudiants étaient tous ceintures noires entre troisième et cinquième dan (degrés). Il devait y avoir sur le tatami des représentants de plus d'une vingtaine de styles d'arts martiaux distincts. Étant un spécialiste de l'utilisation des points de pression dans le domaine de la sécurité, j'avais enseigné quelques façons de faire sur le sujet. J'ai commencé par une technique que tous mes étudiants connaissent bien. Quelqu'un nous saisit au collet à deux mains et l'on vient simplement frapper en onde de choc sur le nerf radial de chacun des avant-bras. En cognant ces nerfs, ça amène l'agresseur à ouvrir les mains et à lâcher son emprise. J'ai entendu des jurons dans je ne sais trop combien de langues différentes. La plupart des participants n'avaient jamais subi de douleur aussi intense.

C'était presque amusant de voir leurs mines déconfites, des gens d'expériences qui n'avaient qu'une vague idée théorique de ce que l'on pouvait ressentir sous l'effet de la douleur. Dans un combat réel, cet effet de déconcentration leur aurait probablement été fatal.

Mes étudiants connaissent bien la douleur. Attention de ne pas confondre des gestes qui peuvent causer des séquelles physiques de ceux qui ne font que créer une douleur intense sans qu'il subsiste la moindre conséquence. Ils comprennent que cela est une information retransmise au cerveau pour indiquer qu'il y a quelque chose d'anormal qui se produit. Graduellement, ils apprennent à ne pas se laisser dominer par elle, à pouvoir passer outre. Pourtant dans le dojo on ne fait jamais de frappes d'endurcissement dans le ventre ou le dos. On l'apprivoise à travers les kyushos qui sont présents dans la plupart des arts martiaux, mais qui, hélas, ne sont pas enseignés par la plupart des professeurs.

Il n'est pas rare que dans un combat, une personne ait reçu des coups de poing sur le corps et qu'elle ne s'en rende même pas compte. Tant que l'on ne réalise pas ce qui vient de se passer, ça peut aller. Le corps humain a une bonne capacité à résister aux impacts mineurs. Or, si le combattant s'aperçoit qu'il a été touché, il aura parfois tendance à s'apitoyer sur son sort. Il aura alors l'impression que la douleur est plus forte qu'elle ne l'est en réalité. Cela vous est sans doute arrivé un jour de vous cogner l'arrière du coude quelque part. Durant quelques secondes, vous demeurez sur place en vous concentrant sur ce que vous venez de ressentir. La douleur est si intense que vous arrêtez tout ce que vous faites. Pourtant, ce n'est que votre bras qui est atteint. Vous pouvez utiliser vos jambes pour avancer, mais au lieu de cela, vous demeurez cloué sur place. Au lieu de continuer à vaquer à vos occupations, vous patientez jusqu'à ce que l'effet s'estompe. Dans un combat réel, vous n'aurez pas le loisir d'attendre que cela passe. Profitez de ces moments où vous vous cognez un coude ou le petit orteil pour continuer à bouger et entraînez-vous à garder vos pensées claires lorsque ça arrive. Transformez cet incident en un exercice qui pourra peut-être vous sauver la vie un jour. Il faut que ça devienne quelque chose de positif et que vous appreniez à ne pas vous attendrir sur votre douleur.

On peut s'habituer de diverses façons à résister à la douleur, qui après tout, n'est qu'un stimulus qui a pour but de nous informer qu'il se passe quelque chose. Un peu à la façon d'un courriel, c'est un message qui est envoyé à l'ordinateur central, le cerveau. On peut soit réagir en paniquant ou l'on peut remettre à plus tard l'analyse de cette information. Ce qui est important c'est d'apprendre à gérer cet avertissement, à le déposer dans la corbeille ou dans un dossier pour un traitement ultérieur. Si quelqu'un s'amuse à vous pincer la peau, si vous regardez la peau qui est agressée en vous disant que ça ne vous dérange pas malgré le fait que ça fait mal, vous pourrez alors demeurer observateur du spectacle sans broncher. Le cerveau ne panique pas, il sait que c'est simplement de peau qui est tordue et que mis à part qu'un hématome en résultera, cela n'aura aucune conséquence grave. L'information est ainsi gérée.

Dans les arts martiaux anciens, les combattants canalisaient la douleur, le stress et la fatigue en dirigeant le tout dans le point ki, un endroit imaginaire situé à quelques centimètres sous le nombril. En envoyant la douleur là, on apprend à gérer l'information. Si l'on garde cette information dans le système sans la canaliser au bon endroit, la panique, le manque de contrôle et des mouvements désordonnés peuvent s'en suivre. Cela n'effacera pas l'impact que l'on a reçu, mais si le corps a la capacité de pouvoir continuer à combattre, il ne faut pas que le psychologique nous amène à faire le contraire. C'est pourquoi il faut récupérer les petits incidents comme le coude que l'on cogne et les transformer en entraînement qui sera bénéfique à long terme.

Naturellement, une douleur est un signal qui nous indique qu'il se passe quelque chose d'anormal. En combat, ce n'est pas le temps de faire le bilan. Par contre si vous vous blessez en travaillant ou d'une autre façon, il faut prendre cette information sérieusement. Vous avez une douleur intense à l'abdomen, s'amuser à la contrôler puis l'ignorer n'est pas la chose à faire. La douleur est un outil qui sert à nous protéger. On peut la rapporter à plus tard si l'on n'a pas le choix, mais on doit la comprendre et l'écouter. Elle est un avertissement que quelque chose d'anormal se produit.

Lorsque les sports de combat comme le kick-boxing sont arrivés, j'ai eu la chance ou la tristesse, de constater des faits inquiétants. La compétition n'a jamais été dans mes priorités. Par contre, plusieurs de mes amis ont fait partie des premiers kick-boxeurs professionnels. La plupart sont demeurés simples ne se laissant pas dominer par l'égo que le titre de champions pouvait leur donner. J'ai côtoyé un grand nombre d'entre eux durant plusieurs années. Après quelques années, je pouvais constater aisément que la plupart d'entre eux commençaient verbalement à manquer de répartie. Ils avaient besoin de plus de temps pour répondre à une question. Ils cherchaient leurs mots alors que plusieurs d'entre eux étaient habituellement prompts à répliquer. La plupart d'entre eux ont perdu connaissance à quelques reprises. Mis à part quelques courbatures les lendemains de championnat, la plupart d'entre eux n'ont jamais été confrontés à de réelles douleurs. D'accord, une petite côte cassée est un peu agaçante le matin lorsqu'on se lève ou que l'on rit trop. Mais ça n'entre pas dans la catégorie douleur pour moi. Toujours est-il que même si la douleur n'est pas au rendez-vous, il peut y avoir des séquelles. Il faut apprendre à connaître nos limites et à écouter ce que notre corps tente de nous dire.

Chapitre 27

Trop de rigidité

Le « juste milieu ». Ces deux mots s'appliquent à tellement de choses. Les arts martiaux nous offrent un reflet assez précis de la nature humaine ou du moins d'une certaine facette de la personnalité des gens. Cela pourrait s'étendre à divers profils de notre esprit, mais je vais me limiter ici à un aspect tout simple : la rigidité. Bien sûr, cela peut s'appliquer autant au corps physique que d'un point de vue psychologique. Un jour, Hatsumi sensei nous a dit, en serrant le poing très fort, si tu es comme ça tu meurs. Il relâcha sa main en la laissant pratiquement sans vie et il refit la même affirmation : si tu es comme ceci, tu meurs aussi. C'était une façon élégante d'en revenir au juste milieu, un concept si cher aux bouddhistes.

Garder une certaine rigidité à notre corps et à nos muscles exige une grande consommation d'énergie. Cette fermeté apporte-t-elle quelque chose d'utile à notre efficacité? J'ai un petit doute sur le sujet. J'ai trop fréquemment vu des gens qui pratiquaient les arts martiaux faire preuve d'une telle tension musculaire que tout entraînement normal avec eux en devenait impossible. Il est difficile au dojo de réussir à leur plier un bras tellement ils sont raides. Naturellement, l'exemple donné ici est extrême. Mais il y a des arts martiaux qui l'enseignent ouvertement en prêchant l'utilisation d'une certaine rigidité. Cela donne une fausse impression de résistance et de solidité. Certes, on peut puiser un peu de puissance dans cette méthode de bouger. Si l'on fonctionne surtout un plan linéaire, cela peut dans quelques situations, permettre de développer une plus grande force de frappe.

Mais la rigidité conduit trop souvent à un manque d'adaptabilité. Il faut apprendre à réagir rapidement à l'imprévu. Plus notre corps est contracté et plus notre temps de réaction sera lent face à une réponse que l'on n'a jamais consolidée par des automatismes appropriés. La tension musculaire nous amène naturellement à élever un peu plus notre centre de gravité. Contre un adversaire qui sait utiliser convenablement les techniques de déséquilibre, cette tension fait de nous une cible de choix sans égard en ce qui concerne notre stature. Dans une confrontation où rien n'est programmé à l'avance, pouvoir réagir au quart de tour est essentiel si l'on veut survivre. La rigidité est un moule dont il est difficile de s'extraire. Dans le *budo*, on doit absolument apprendre à bouger librement, sans créer nos propres entraves.

Quels sont les avantages d'une telle rigidité? Le système de leviers devient beaucoup plus puissant puisque chaque articulation se retrouve comme si elle était verrouillée. Le jeu qui pourrait faire prendre de la puissance entre chaque partie du bras ou du corps offre moins de mobilité. De ce fait, le coup de poing ou de pied peut avoir une force de frappe plus grande. Lorsque le bloc est réussi, il est beaucoup plus stable. Mais pour y arriver, notre seule sécurité est alors le bras. On demeure généralement devant l'attaque en espérant que notre bras suffira à arrêter l'agression. La rigidité se paye au prix de la mobilité.

Pour une raison qui m'échappe, la plupart des gens associent rigidité et concentration. Les personnes qui font une démonstration en étant tendues ont souvent davantage les faveurs du public. En travaillant ainsi, le corps projette une impression de robustesse et de solidité pour le regard du néophyte qui ne connaît pas les arts martiaux. Pour les autres, ils y voient des lacunes où un simple coup de pied dans un genou mettra fin au combat. La rigidité exige plus d'entraînement pour parer des attaques. Avec la sueur et les années, on peut toujours parvenir à obtenir une efficacité et cela, peu importe la condition de notre corps.

Naturellement, cet entraînement se fait en en exigeant davantage de notre capacité physique du corps. Il faut développer résistance et force musculaire. Dans bien des écoles, l'étudiant devra travailler à endurcir certaines parties de son corps. Vous ne trouverez pas beaucoup d'obèses au sein de ces écoles. Les techniques martiales passent principalement par les automatismes et l'utilisation du corps que par une stratégie adaptative.

À l'opposé du spectre, on peut voir les ki masters et autres styles d'arts martiaux où l'on tente de manipuler l'adversaire par le pouvoir des Jedi. Il y a encore beaucoup de gens qui rêvent de maîtriser un assaillant par un léger contact d'un point magique quelque part sur le corps. Il arrive à certaines de ces écoles de bloquer l'attaque simplement en demeurant le corps détendu de manière à ce que l'énergie ne rencontre que le vide ou se dissipe rapidement tellement que les muscles relâchés deviennent de mauvais conducteur de l'énergie. J'ai déjà eu connaissance de quelques adeptes de ces disciplines qui ont désenchantés plutôt péniblement lors de confrontations violentes dans le monde réel. Même le tai-chi qui est l'art de la lenteur (ce n'est qu'une illusion) utilisera une puissance musculaire incroyable pour frapper un adversaire. À l'opposé de la rigidité, le laisser-aller n'est pas le meilleur moyen de développer une énergie suffisante pour neutraliser un adversaire. S'il y a quelques maîtres qui y sont déjà parvenus, ce n'est sûrement pas l'apanage de tous les pratiquants.

On doit tenter de trouver le bon équilibre entre ces deux extrêmes. Il en va de même pour le mental. Certaines personnes sont rigides dans leur apprentissage, leur mode d'entraînement et sur la façon dont ils utilisent le matériel qu'ils ont acquis au fil des années. Il m'est arrivé de demander à certains de mes professeurs dans divers styles que j'ai pratiqués, pourquoi on devait faire la technique de cette façon plutôt que qu'une autre qui serait plus logique. Dans trop de cas la réponse se résumait à : parce que c'est comme ça. Certaines personnes ne se poseront jamais de questions ou n'oseront jamais douter de ce qu'ils ont appris. Dans bien des cas, cela frôle presque la doctrine. On doit faire ce qui est enseigné sans rien remettre en question de peur de passer pour un rebelle. Cette rigidité d'esprit plafonnera toujours ceux qui se laissent guider par elle. Pour évoluer, on a besoin de changer, d'apprendre à s'adapter. Ce n'est pas parce que l'on connaît une façon de faire les choses qu'il n'y en a pas d'autres. Dans bien des écoles de sabre, c'est un sacrilège que de lancer son arme. Dans mon art martial qui est avant tout une école de survie, s'il faut s'en servir comme un javelot, alors pourquoi pas, si cela peut nous sauver la vie?

L'enseignant qui est rigide ne fera que reproduire des photocopies de lui-même qui est probablement une copie de son propre professeur. Chaque participant devra exécuter chaque geste avec la même précision robotique en dépit du fait, que certains, n'ont pas la même flexibilité ou la même force physique que le reste du groupe. Il y a toujours un objectif à atteindre. On travaille pour le prochain grade, pour maîtriser une nouvelle forme ou simplement pour réussir ce que nous demande l'instructeur. Un peu à l'image d'une cohorte militaire, tous les participants en viennent graduellement à penser de la même manière. Cette rigidité laisse moins de place à la tolérance. Un de mes amis me racontait qu'un jour, un des étudiants de son groupe se fit ouvrir le bout du gros orteil par l'ongle d'un partenaire. Comme c'est très vascularisé, une mare de sang se répandit rapidement sur le sol. L'élève voulut mettre un pansement sur sa blessure, le professeur lui interdit alors de quitter les lieux sous prétexte que la classe n'était pas terminée. À la fin, le blessé se dirigea vers la trousse de premiers soins, l'enseignant l'arrêta et lui ordonna de nettoyer son dégât avant de s'occuper de panser sa coupure.

Si cette façon de penser a sa raison d'être dans un contexte militaire, est-ce qu'elle est logique au sein d'une école d'art martial? Je ne sais pas. Cela dépend probablement de la philosophie de tous les participants du groupe incluant le professeur. S'ils aiment ça comme ça, je n'ai pas de problèmes. Mais dans cette histoire, je ne suis pas certain que l'étudiant blessé ait bien apprécié cette rigidité d'esprit.

Revenons jeter un coup d'œil à l'opposer de notre spectre. Trop de laxisme mènera probablement à la conclusion que rien n'est grave. On n'a pas réussi à maîtriser notre adversaire au premier coup de poing, pas de problèmes, on y arrivera peut-être au second. Si l'étudiant est inapte à exécuter une des techniques qui est demandée, on lui dira probablement que ce n'est pas grave, qu'avec le temps il finira bien par la maîtriser. Si un étudiant n'a pas la capacité physique de réussir la technique comme elle doit se faire, alors pourquoi ne pas la modifier légèrement de manière à ce qu'elle s'ajuste à ses besoins? La personne trop rigide sera entièrement contre cette idée. Elle conseillera plutôt à l'étudiant d'abandonner. Son opposé lui, ne pensera probablement pas à cette possibilité d'adaptation. Après tout, le temps vient à bout de tout.

Il faut apprendre à trouver nos limites de tolérances et d'acceptations. Le juste milieu s'applique à merveille aux arts martiaux. Une certaine souplesse est nécessaire dans notre façon d'aborder le *budo*. Même s'il vient directement des époques troubles du Japon, il s'adapte bien aux besoins de notre vie moderne. Le *budo* nous offre une panoplie incroyable d'outils pouvant nous permettre de faire face à toutes sortes de situations. La rigidité nous limite sur la qualité et la quantité de ces outils qui sont à portée de la main.

Il est important de se poser les bonnes questions concernant notre pratique martiale. Est-ce que je suis trop rigide ou au contraire trop relâché? Pour atteindre notre plein potentiel, il faut apprendre à se connaître et être conscient tant de ses lacunes que de ses forces. Et si ce que l'on considère comme étant notre force était en fait notre faiblesse?

Chapitre 28

Secrets bien gardés

Je me souviens d'un film d'art martial à la sauce Hong-kongaise où une femme qui avait la garde d'une jeune fille possédait une maîtrise de techniques de combat efficace, mélangé avec un peu magie. Cette dame avait un jour mis la main sur le manuscrit d'un parent de sa protégée. Puis, si je me souviens bien, cette femme était devenue incontrôlable et despotique. Ses pouvoirs occultes, liés aux arts martiaux bien sûr, étaient trop puissants pour que quelqu'un puisse la vaincre. Un beau jour, la jeune fille devint adulte. Elle mit la main sur les précieux écrits qui avait rendu sa gouvernante si puissante. Puis, pour l'empêcher de faire du mal, elle réussit à la terrasser. Elle l'avait surpassé puisque sa protectrice ne savait pas lire. La gardienne avait simplement appris par les dessins alors que la jeune fille pouvait lire ce qui était écrit. Beaucoup de gens sont comme cette femme, ils utilisent sans avoir compris entièrement tout le potentiel que peuvent receler ces techniques.

J'aime bien l'idée de ce film. D'accord, c'est du fantastique, mais ça illustre bien la transmission de la connaissance. Dans les vieilles écoles japonaises, le maître du style avait la responsabilité de protéger et peut-être de mettre à jour les makimonos où étaient expliquées les techniques secrètes de l'école. Une partie du savoir qui venait des grands maîtres précédents y était décrite. Les précieux parchemins se transmettaient d'un soke à l'autre. Ces derniers avaient pour tâche de veiller à ce que cet enseignement demeure caché au sein de l'école.

Bien sûr, ce savoir ancestral aurait pu se léguer uniquement de bouche à oreille. Or, si ce matériel était l'apanage d'une seule personne, que se passerait-il si cette dernière venait à mourir? Des décennies, voire des centaines d'années d'expérience se seraient perdues en même temps qu'elle. La solution passe donc par une sauvegarde de l'information sur un support physique. Ne trouvez-vous pas que cela fait très moderne comme concept? Naturellement, on oublie les ordinateurs à l'époque. De toute façon, on le sait très bien aujourd'hui, ils ne sont pas fiables à cent pour cent. Les programmes évoluent risquant un jour ou l'autre de rendre vos données obsolètes. Si vous ne possédez pas de sauvegarde quelque part, les chances de perdre vos informations au bout de cinq ou dix ans sont plus que probables.

On retrouve de nos jours des parchemins vieux de plusieurs centaines d'années. L'information y est toujours présente, elle ne demande qu'à être comprise. Ce sont ces rouleaux de papier qui se transmettaient d'une génération à une autre. Mais que se passait-il si ces renseignements tombaient un jour aux mains de l'ennemi? Était-il possible que l'un des étudiants qui désiraient se révolter contre son maître mette la main sur ces écrits et que par eux il puisse défaire son professeur?

À l'origine, ceux qui créaient ces banques d'informations étaient généralement des guerriers, des gens formés aux stratégies militaires et politiques. Ils pouvaient crypter les documents de diverses façons. Bien sûr, cela n'est pas du tout comme un message informatique où le contenu n'est lisible qu'à la source et à son arrivée. Il n'y avait pas ce processus mécanique de dissimulation de l'information. Par contre, les anciens avaient leurs stratégies bien à eux. Dans ces parchemins, on y écrivait le curriculum de l'école. Sur certains, on y expliquait quelle était la philosophie d'utilisation des techniques. Par exemple, on travaille davantage de manière circulaire ou linéaire. On se déplace en croisant les jambes ou non. On se sert surtout de position plus allongée ou au contraire plus regroupée. On pouvait avoir une bonne idée sur le feeling des techniques. Puis, on y retrouvait une structure concernant les niveaux des katas de façon à ce que les étudiants puissent y avoir accès en suivant une gradation pédagogique, leur facilitant ainsi la compréhension des principes à acquérir. Et finalement, les techniques de l'école y étaient décrites. Tout cela donne l'impression que si une personne possède en main propre les précieux rouleaux, elle a ce qu'il faut pour reconstituer l'école.

Bien sûr, ce n'est pas aussi simpliste que ça. La première protection vient probablement de l'écriture elle-même. Les kanjis offrent des possibilités que l'écriture moderne ne peut donner. Chaque caractère chinois est un dessin. Si vous demandez à dix artistes de représenter une montagne, il y a de fortes chances qu'elles se ressemblent, mais qu'elles soient toutes distinctes. Un coup de pinceau qui débute plus tôt et vous venez de reproduire le même mot, mais avec de légères variations. Vous me direz que c'est similaire avec l'écriture manuscrite occidentale, mais c'est légèrement différent, vous allez comprendre. Ces caractères étaient déposés sur le papier à l'aide d'un pinceau. Si vous regardez une calligraphie attentivement, vous remarquerez sans doute que certains traits sont plus gras, plus larges alors que d'autres sont plus étroits, plus étirés. Ces tracés donnent l'impression de posséder un certain rythme, de procurer la sensation d'être plus rapide ou au contraire plus lent. Lorsque l'on décrit une technique, on expliquera simplement les mouvements de base. Par exemple, on saisit le bras droit de l'attaquant en le tirant vers le bas. Dans le kanji qui dit de descendre le bras adverse, un trait peut s'étirer en s'amincissant vers le bas. Le lecteur averti saura qu'il faut faire le mouvement en augmentant la vitesse de chute afin de déstabiliser l'attaquant. Si le coup de pinceau est coupé, il peut alors indiquer de dissimuler le message, de relâcher l'étreinte. Bien sûr, ce n'est qu'un exemple pour démontrer ce que l'on peut faire avec les kanjis. Dans notre écriture occidentale, il aurait fallu expliquer le jeu de vitesse et de relâchement alors que dans le kanji, cela demeurait caché devant les yeux du lecteur qui n'aurait pas eu le mode d'emploi pour lire les parchemins.

Cacher l'information sous les yeux même de l'ennemi, n'est-ce pas un bon moyen de camoufler des renseignements essentiel pour rendre la technique efficace? Je pense que l'on peut dire sans trop de crainte qu'à cette époque, il était difficile de faire confiance à qui que ce soit. Démontrer sa fidélité devait prendre des années. Puis un beau jour, le maître expliquait probablement la vraie méthode pour lire les documents. Il va sans dire que certains mots n'étaient pas nécessairement les bons. La langue japonaise offre un nombre impressionnant d'homophones, des mots qui ont une prononciation identique, mais un sens différent. À cette époque, on donnait souvent des noms étranges aux katas. Prenons une technique plus connue, soit osoto gake. Sans risque d'erreur, on peut traduire les kanjis par crochetage extérieur. On saisit notre opposant et l'on vient crocheter sa jambe de la nôtre. Cette façon de faire a de fortes chances d'amener l'adversaire au sol sans le blesser. Mais si le kata s'inscrit dans la pensée de combat sur un champ de bataille, est-ce logique de vouloir contrôler l'adversaire sans le blesser? Gake possède un homophone qui se traduit par falaise. Est-ce que l'on peut faucher une falaise? La réponse est non, bien sûr. Mais on peut tenter de creuser une falaise. Si au lieu d'essayer de crocheter la jambe de l'adversaire, on déposait notre pied sur le côté de genou de l'attaquant et que l'on mettait de la pression comme pour faire débouler un peu de terre de la falaise, que se passerait-il? On vient de passer d'une technique douce à une procédure de champ de bataille en brisant le genou de l'ennemi. En jouant sur le son des mots, on peut transformer complètement le résultat de la confrontation.

Je me suis souvent amusé à changer certains kanjis des techniques avec d'autres ayant la même sonorité. Dans un grand nombre de cas, le résultat a été étonnant. Certaines techniques se faisaient avec un déséquilibre au lieu de simplement tirer l'adversaire comme le voulait la méthode de base. L'efficacité était spectaculaire. C'est un exercice long et fastidieux lorsque l'on commence à travailler de cette façon, mais c'est tellement un apprentissage intéressant et ça permet de comprendre la richesse que peuvent cacher les techniques. De nos jours, les écoles modernes ne donnent plus de noms aux techniques de la même façon. Généralement, le nom est devenu la description de la technique. Cela permet de faciliter la mémorisation des katas. Bien sûr, cela demande moins d'effort et rend le matériel plus accessible aux pratiquants. Entre nous, est-ce que cela en vaut vraiment la peine? Il faut dire que lorsque la plupart des styles d'arts martiaux modernes sont nés, nous n'étions plus à l'époque où le maître devait fréquemment défendre sa vie.

Enfin, une autre méthode pour protéger l'information était de la léguer de manière okuden. Dans les dictionnaires, ce mot est traduit par ésotérique. Il faut y voir une transmission directe du maître à l'élève. C'est sous la supervision de son sensei que l'étudiant y apprend les secrets lorsqu'il est digne de les recevoir. Cela peut prendre des années et dans bien des cas, cette explication permettant d'accéder aux niveaux supérieurs du *budo* ne se fera jamais. Ce n'est pas seulement une question de confiance, c'est une question de savoir quand l'étudiant sera prêt à assimiler et à recevoir ces précieuses connaissances.

Ce ne sont pas tous les pratiquants d'arts martiaux qui ont la capacité de saisir toutes les subtilités du *budo*. Si le maître juge qu'un de ses apprentis n'a pas le talent nécessaire pour exploiter tout le potentiel de certaines techniques ou principe, alors probablement laissera-t-il l'étudiant au niveau où il est rendu. L'expérience a démontré au fil des siècles que beaucoup de ces disciples qui s'octroyaient eux-mêmes des titres de grands maîtres n'étaient souvent que des feux de paille. Des flammes qui s'éteignaient d'elles-mêmes en s'éloignant du feu sacré que possédait le maître.

De nos jours, les vidéos ont pris la relève des makimonos. Mais est-ce que l'on a vraiment la capacité de voir toutes les subtilités qu'il y a à l'écran? Hatsumi sensei a déjà dit que les techniques sont cachées même au sein des vidéos. Comme je l'ai mentionné auparavant, vous regarderez ces images et vous y verrez ce que votre niveau de compréhension vous permettra de voir.

Chapitre 29

Vieillir! Pourquoi pas?

Très souvent, on retrouve de jeunes enfants en train de s'amuser dans un coin du dojo durant les cours. Cela permet aux parents d'avoir accès à un peu plus de liberté et de pouvoir continuer à s'entraîner tout en respectant leur rôle de parent. Le fait de voir ces petits jouer dans la salle ne nuit en rien à l'apprentissage des participants. Au contraire, cela met de la vie et les autres parents qui n'ont pas leurs enfants dans la salle s'offrent volontiers pour donner un coup de main en cas de problèmes. Avec certains jeunes qui arrivent parfois trente minutes à l'avance, je m'amuse à combattre au sabre avec eux. Après dix minutes, il y a toujours un volontaire parmi les étudiants pour prendre la relève. Dans les temps anciens, les enfants faisaient partie de la vie du village. Au Japon, c'était la responsabilité de tous les adultes de veiller au bien-être et à la sécurité des jeunes.

Avez-vous déjà remarqué toute l'énergie qu'ont les enfants? C'est incroyable de voir le nombre de pas qu'ils peuvent faire dans une journée. Très peu d'adultes auraient le potentiel de les suivre. Passer la vingtaine, il y a déjà une grande différence au niveau de notre énergie. Même si l'on est dans la fleur de l'âge, mine de rien, une dégradation s'est opérée. Bien sûr si l'on se compare avec d'autres adultes comme pratiquant d'art martial on est avantagé. Mais...

Dans presque tous les sports, à partir de trente-cinq ans, l'athlète entame un long processus de dégénérescence. On ne le remarque pas tout de suite, le vieillissement est un travail d'érosion qui se fait quotidiennement. J'ai un grand nombre d'étudiants entre trente-cinq et quarante ans. Ils s'aperçoivent sans trop comprendre qu'après plusieurs heures d'entraînement, ils sont un peu plus courbaturés que ce qu'ils étaient il n'y a pas si longtemps que ça. Une série de justifications résulte de cette constatation. « Je n'ai pas beaucoup dormi cette semaine » ou bien « je me relève d'une méchante grippe ». Personne ne veut vieillir, mais ça fait partie du cheminement normal de l'être humain. On peut s'apitoyer ou encore apprécier les quelques avantages que cela nous donne.

Il y a plusieurs manières différentes de progresser dans les arts martiaux. La plus commune est celle qui repose uniquement sur nos capacités physiques. Tout est centré autour des aptitudes du corps. On développera l'endurance par une multitude d'exercices comme des pompes de différentes sortes, des redressements assis et diverses méthodes permettant de travailler le cardio. Beaucoup de personnes confondent les arts martiaux et ces exercices exigeants pour le corps. Pour ces gens, un entraînement digne de ce nom doit se terminer avec des courbatures le lendemain. Ceci, à ce stade, n'a rien à voir avec le vieillissement. Plusieurs recherchent consciemment ou inconsciemment un corps svelte que l'on pourra admirer. Bien sûr, on aurait le même résultat dans un bon centre de conditionnement physique. Mais ça fait moins glamour que de dire, je suis un adepte des arts martiaux.

Garder un haut niveau de forme physique devient de plus en plus difficile à maintenir au fur et à mesure que se rajoutent nos anniversaires. Si votre vitesse au combat dépend de cela, oubliez ça après la quarantaine. Ça ne sera plus votre atout principal pour survivre à une confrontation en situation réelle. Notre corps s'habitue à dépenser l'énergie qui est à sa disposition. Il réagit en fonction de sa quantité et du pic maximal que l'on peut donner lorsque c'est nécessaire. Mais que peut-il bien se passer si votre façon de vous défendre est basée sur cette quantité et que cette abondance d'énergie que vous aviez n'est plus au rendez-vous?

Il y va de même pour l'endurance. Si vous vous tiraillez en n'utilisant que la force de vos bras, que se passera-t-il le jour où votre adversaire aura plus de vigueur? Lorsque je donne une formation en sécurité, j'explique aux étudiants que s'ils ont à se battre contre une personne qui sort de prison, ils devront affronter quelqu'un, qui non seulement a eu le temps de s'entraîner comme il le voulait, mais qu'en plus, a probablement eu une alimentation plus saine que la leur. Si leur résistance maximale est de quatre-vingt-dix secondes et que celle de leur adversaire est de cent-vingt, ils perdront leur combat si celui-ci ne repose que sur l'endurance. Ils doivent compenser cette endurance par un apprentissage adéquat.

Ici, je ne parlerai pas de la résistance à un impact par de gros muscles gonflés à bloc, le sujet a déjà été abordé. Malgré toutes ces lacunes qui surviennent avec les années, est-il possible de devenir un meilleur exécutant d'art martial? La réponse est bien sûr positive. On peut s'améliorer énormément, mais cela ne passera pas par la capacité physique. Naturellement, se garder en excellente forme physique n'est pas à négliger. Il ne faut pas se laisser aller en s'apitoyant sur notre âge. Personnellement, j'aime toujours faire de la course à pied en forêt.

Les symptômes

On doit d'abord prendre conscience de cette triste réalité. Les premiers signes sont souvent liés à une gestion d'horaire difficile. Moins on consacre de temps à l'entraînement et plus chaque retour est un peu plus pénible. Il est normal d'être courbaturé de temps à autre. Si, à chaque séance, on a de la difficulté à redémarrer la machine le lendemain matin, peut-être serait-il temps de revoir notre méthode d'entraînement. S'arrêter? Jamais! Ce n'est pas la solution. Il faut apprendre à modifier notre façon de faire de manière à ce que cela soit tout aussi bénéfique. Bien sûr, il faudra adapter quelques techniques selon notre capacité, mais cela, un bon enseignant compétent pourra le faire sans problèmes. Il ne faut pas hésiter à expliquer à notre professeur qu'à cause de l'âge on commence à avoir des difficultés à suivre dans cette façon de procéder.

En vieillissant, les jambes sont probablement les premiers membres affectés par l'âge. Les postures seront moins basses, moins larges. Et, curieusement, en prenant une position plus naturelle, les performances seront meilleures. Il faut dire que dans beaucoup d'arts martiaux, le fait de s'exercer à plier les genoux au maximum n'était pas nécessairement la technique de combat ultime. Les positions basses ont surtout été adoptées dans les universités japonaises après la Seconde Guerre mondiale. On tentait de développer la puissance musculaire des jambes par des postures plus écrasées. L'aspect confrontation n'était pas la priorité. Apprendre à se tenir debout, les jambes en position naturelle permet de se mouvoir aisément dans n'importe quelle direction. De cette manière, on n'est pas obligé d'effectuer un transfert de poids qui demande une petite fraction de seconde de plus avant de pouvoir bouger.

Ce simple changement sur la façon de se placer transforme totalement notre manière de réagir à une attaque. L'expérience que l'on a accumulée au fil des années nous permet d'appliquer plus facilement une technique de défense ou de contrôle. Si le déplacement est bien fait, le reste est un jeu d'enfant. Le vieillissement affecte énormément notre vitesse. Ne demandez pas à un vieux maître de bouger rapidement en jouant au ballon, ils ne sont plus de calibre. Par contre dans un combat, on ne sait trop comment, ils sont toujours en avance sur nous.

C'est certain que l'on oublie tout ce qui est coup de pied au visage. D'ailleurs, ce type d'attaque est surtout arrivé avec les sports de combat. Dans la rue, quelqu'un qui me donnerait un tel coup à la tête ne ferait que m'offrir une cible de choix. Son entrejambe ainsi exposé est une opportunité à ne pas négliger. Dans un combat réel, on ne doit pas s'exposer de cette façon. Il faut protéger les zones comme la tête, les parties, les genoux et le dos. La position naturelle permet de bien couvrir ces endroits.

Pour compenser la perte de vitesse, on devra commencer à mieux gérer les distances. Il y a un chapitre consacré à cela. Évaluer la distance exacte de l'adversaire nous donne une longueur d'avance sur lui. S'il ne peut nous atteindre, il devra tenter une nouvelle attaque ou enchaîner rapidement de l'autre poing. Il faut apprendre à ne pas hésiter et à saisir la bonne occasion qui se présente. La plupart des gens sont hésitants lorsque vient le moment d'agir. Un bon combattant se démarque par sa capacité de choisir l'instant approprié pour riposter ou attaquer.

Au moment d'écrire ces lignes, j'ai cinquante-neuf ans. Je considère que je n'ai jamais été aussi efficace de ma vie. Vous direz que c'est facile à dire, mais que dans la réalité il en serait tout autrement. Je pense avoir assez d'expérience en combat réel pour comprendre les mécanismes de défense. Avec les années, je réalise que je n'ai pas besoin d'être rapide pour gagner dans ce genre de confrontation. Je remplace les frappes par des assauts plus précis sur certains points spécifiques, je me tiens à une meilleure distance et je n'ai plus qu'à attendre que l'attaquant se prenne lui-même dans ma toile.

Vous aurez compris que la stratégie est essentielle ici. Ce n'est plus du combat de coqs que l'on fait en vieillissant, mais une opération tactique où l'on comprend comment manipuler un adversaire. On décide pour lui des cibles qu'il aura à sa disposition. Le combat se transforme en jeu d'échecs où le pratiquant d'expérience sait quel coup pourra influer sur son adversaire. Un agresseur qui ne mise que sur sa force physique est facile à prévoir et à guider là où l'on veut l'amener. Avec l'âge, si l'on a progressé de la bonne façon, la confrontation se passe alors à un niveau supérieur du *budo*.

Chapitre 30

Psychologie du combat

Vous vous entraînez dans un dojo depuis des années. Vous êtes déjà détenteur d'une ceinture noire. Peut-être que la compétition vous a donné une certaine assurance. Vous avez une bonne maîtrise des techniques que vous avez apprises. Bref, toutes les conditions sont présentes pour que vous puissiez faire face à une agression dans la rue. Pourtant, vous avez toujours un doute qui vous hante.

En théorie, dès qu'une personne atteint le niveau de ceinture noire, elle possède tous les outils nécessaires pour faire face à n'importe quelle agression à mains nues. Les techniques mises à sa disposition couvrent généralement l'ensemble des possibilités d'attaque d'un adversaire, mais dans la réalité, il en va tout autrement. Il n'est pas rare de voir des experts en arts martiaux perdre un affrontement contre un bagarreur de rue aguerri. Qu'est-ce qui fait que l'on peut en arriver là avec tout le matériel dont on dispose?

Savoir comment on va réagir

Un combat n'est pas simplement une action physique. C'est aussi une intervention psychologique où une personne mal préparée pourra réagir de la mauvaise façon. Aucune ceinture noire ne peut dire comment elle réagira à une vraie bataille sans l'avoir vécu. Attention, je ne dis pas d'aller vous battre au prochain coin de rue, ça serait de la violence gratuite. Par contre, c'est la réalité, personne ne sait avec certitude comment il va s'en sortir. Beaucoup de gens paniquent lorsque vient le temps de passer à l'action. L'adrénaline n'offre pas toujours l'effet que l'on pense. Si l'on se fie à elle pour vaincre un adversaire on pourra avoir de désagréables surprises. Dans bien des cas, elle fait tout à fait le contraire. Les jambes deviennent molles, les bras donnent l'impression de ne plus avoir aucun tonus. Même le cerveau peine à réfléchir. La volonté n'est plus là, seule la panique occupe notre esprit. L'effet tunnel se fait sentir, on ne voit plus les options possibles.

Avant même que l'action ne débute, il y a une énorme perte d'énergie. Demandez à n'importe quel intervenant qui travaille dans le domaine de la sécurité et il vous confirmera qu'avant même que la confrontation débute, il y a déjà perte d'énergie. Le stress a déjà commencé à faire son œuvre. Ne pas connaître cette réalité peut nous amener à paniquer et dans certains cas, à tomber dans une forme de détresse psychologique. Celui qui est conscient que cela peut survenir avant le combat peut arriver à gérer la situation. Si l'on vous a dit tout au long de votre entraînement que vous n'avez qu'à taper sur l'adversaire pour que vous puissiez gagner, quelqu'un a sûrement oublié de vous donner une information cruciale. En constatant ce qui se passe, souvent une bonne respiration profonde est suffisante pour se calmer l'esprit. Lorsque notre subconscient comprend la raison de cet état, il est en mesure d'y faire face.

Vous réalisez que la tension monte entre vous et une autre personne. C'est le moment de juger de la pertinence du combat. Est-ce que je devrais me désengager si j'ai le choix? Est-ce que c'est moi qui ai provoqué le combat? Dans ce cas peut-être que de simples excuses peuvent tout arranger! Beaucoup de bagarres ont lieu à cause d'un égo trop fort. Je ne peux tout de même pas tolérer ce manque de respect envers ma personne. Eh oui, beaucoup d'échauffourées ont lieu pour des raisons aussi stupides que de la fierté mal placée. Le but de votre combat pourra dans bien des cas affirmer votre détermination à vous battre. Si vous vous sentez coupable d'avoir commencé la confrontation, vous ne performerez certainement pas de la même façon que si vous défendez un enfant contre un adulte qui veut l'enlever. En sentant que vous êtes dans votre droit, c'est toujours un peu plus facile. Savoir pourquoi on se bat est un atout précieux.

Apprendre à se contrôler

Si vous êtes de tempérament colérique, peut-être vaut-il mieux pour vous d'apprendre à gérer cela avant de vous laisser aller à tabasser quelqu'un. Cet état ne vous rend pas nécessairement plus fort, juste un peu plus imbécile. Si j'avais à combattre un clone de moi-même, un double qui aurait des connaissances identiques, les mêmes aptitudes physiques, j'essaierais de le mettre en colère. Cette émotion permet dans bien des cas d'exploiter des failles qui n'existeraient pas autrement. Si vous êtes en furie, apprenez à le réaliser et prenez un peu de recul. Réfléchissez avant d'agir. Puis, demandez-vous pourquoi vous êtes dans cet état. C'est peut-être vous qui avez mis le feu aux poudres.

Une fois cette période passée, on doit pouvoir évaluer le danger avant de l'affronter. L'adversaire est sous l'effet de l'alcool, vous vous dites que ça sera un combat facile. Peut-être n'avez vous pas remarqué ses trois comparses qui sont dans le coin du bar et qui immanquablement, n'hésiteront pas à aller au secours de leur ami. Il faut être en mesure d'évaluer tout ce qui va tourner autour du combat. J'ai déjà vu un type qui cherchait des victimes pendant que son ami attendait caché dans un coin avec un pistolet. Si la victoire semble trop facile, peut-être qu'il serait préférable d'examiner et d'évaluer tous les risques qui sont liés à ce combat. Vous devez prendre en considération le terrain où vous vous battez. Si c'est à l'extérieur dans un parc, peut-être que le simple fait d'accrocher une racine vous fera perdre l'équilibre et offrira ainsi la victoire à l'autre. Si vous êtes sur un plancher de danse dans un bar, il se peut que votre pied glisse sur une plaque humide. Quand je donne une formation à des portiers, je fais cela sur leur lieu de travail afin qu'ils soient dans leur élément. Après avoir fait nettoyer le plancher de danse, il reste toujours des débris de verre. Ils comprennent alors que le combat au sol n'est pas fait pour eux. Il faut être conscient de votre environnement.

Vous avez agi sans réfléchir et vous vous retrouvez face à plusieurs adversaires? Quel est votre plus grand problème selon vous? Non, ce ne sont pas vos attaquants, c'est probablement votre peur. Lorsque l'on sait comment manœuvrer ces situations efficacement, qu'ils soient deux ou dix, ça ne change plus grand-chose. Ce qui est important c'est de rester lucide. D'avoir la capacité à examiner la scène de combat et d'en tirer des avantages stratégiques s'il y en a. Il faut demeurer en possession de ses moyens, avoir la compétence de voir les cibles lorsqu'elles se présentent à porter de poing et bouger au bon moment à l'instant où c'est nécessaire.

Bien évaluer la situation

Il ne faut pas sous-estimer l'adversaire. Par contre, il ne faut pas non plus le surestimer. Il a le crâne rasé, des bras de culturiste masqué par des tatouages effrayants et il a un regard empreint de méchanceté qui fait peur. Ne vous laissez pas influencer par les apparences. Il ressent les coups aussi bien que vous et ses gros muscles le rendent encore plus vulnérable aux kyushos. J'enseigne fréquemment à des gens au gabarit imposant. Beaucoup d'entre eux sont très intimidants au premier regard. Dès que l'on a dépassé le stade de se laisser impressionner, on réalise qu'ils ne sont pas différents des autres. Pour ma part, je me méfie davantage des personnes de petites statures. Ils sont dans bien des cas, plus dangereux que les colosses. Ils sont imprévisibles et sont prêts à tous les moyens pour pallier leur petite taille. Ce sont fréquemment les premiers à vous mettre un couteau devant la figure. Je leur trouve souvent un petit côté psychopathe qui ne m'inspire pas confiance.

Pour un même combat, on peut utiliser différents niveaux de force. Un simple coup de poing peut tuer une personne. Jusqu'où êtes-vous prêt à aller pour survivre? Seriez-vous d'accord à l'idée de crever l'œil d'un adversaire pour vous tirer d'affaire? Lorsqu'on se bat, il y a toujours un risque de blessure grave tant pour votre agresseur que pour vous. Il faut ajuster sa manière de combattre à la situation qui se présente. Vous arrivez à maîtriser votre rival avec une clé de bras et vous le relâchez parce qu'il a tapé comme vous l'avez appris dans le dojo? Ça peut arriver si vous avez toujours fait du combat sportif en vous contentant simplement de toucher l'adversaire de vos jointures. Vous êtes habitué au combat avec contact léger. Ne vous surprenez pas si vos attaques ne lui font aucun effet. Il faut apprendre à s'adapter et à accepter les conséquences de nos actes. De nos jours, il y a des caméras partout. Vous serez jugé par la justice en fonction de votre agressivité. Il faut ajuster nos techniques en utilisant seulement la force nécessaire. Votre adversaire est au sol et il ne bouge plus. Vous lui donnez un coup de pied aux côtes, légalement, vous venez de franchir la ligne qui fait de vous un agresseur. D'un autre côté, si vous arrêtez de le marteler, il pourra peut-être reprendre le dessus sur vous. Que faire? Il m'est déjà arrivé en pareille situation de contrôler les belligérants par des clés de bras et de leur demander ce qu'on faisait maintenant. Je leur expliquais que je pourrais être plus violent, mais que je préférais arrêter cela là. J'ai été chanceux, je suis toujours tombé sur des gens raisonnables. Des portiers ont déjà été battus après avoir maîtrisé les contrevenants. Après que la situation soit revenue au calme, certains d'entre eux ont fait l'erreur de passer devant la personne qu'ils escortaient. Une fois arrivés près de la porte, une bonne poussée dans le dos et les portiers se cognaient la tête dans la porte. L'affrontement n'est pas terminé tant que l'adversaire est à une distance d'intervention et même simplement dans le champ de vision.

Mais peu importe le type de combat que vous ferez, l'entraînement adéquat est la clé du succès. Durant la guerre de Malouines en 1982, les soldats britanniques se sont battus à un ratio d'un contre trois. Sans support aérien ni artillerie, ils ont dû faire face à des troupes plus nombreuses, mais moins bien entraînées qu'eux. Ces soldats argentins disposaient d'un équipement supérieur et d'un meilleur système de défense. Des tirs plus précis et efficaces dus à un entraînement adéquat ont fait toute la différence. Il a été dit qu'environ quatre-vingt-dix pour cent des tirs atteignaient leur cible. La préparation physique et surtout psychologique a joué en faveur des Britanniques. Ces derniers auraient pu tomber dans le piège de la panique et du désespoir face à des ennemis aussi nombreux. Mais malgré tout, ils ont gagné, car ils étaient prêts à affronter ce type de réalité.

Comme vous pouvez le constater, un combat est plus qu'un simple échange de coups. C'est un jeu stratégique où le contrôle mental est au moins aussi important que la puissance physique. Mais peu importe le type de combat que vous ferez, si vous êtes assez bon tacticien pour éviter la confrontation, alors vous pourrez dire que vous avez une bonne maîtrise du *budo*.

Chapitre 31

Contrer une technique

Lors des classes, on voit souvent des gens qui s'amusent à essayer de contrer la technique que fait son partenaire d'entraînement. Généralement, ils ne le font pas à la première tentative. Ils y arrivent après quelques répétitions. Ils attendent de comprendre comment elle fonctionne. L'élément-surprise est une grande partie du succès des pratiquants d'arts martiaux. Résister à une technique est quelque chose de facile dès le moment où l'on sait ce que va faire l'adversaire. Pas besoin d'être un génie pour arriver à ça. Lorsqu'on sait comment, tout ou presque peut être contré. Être un bon pratiquant d'art martial, c'est d'atteindre ce résultat en ignorant ce que va faire l'adversaire. On reconnaît un pratiquant d'expérience par sa facilité à s'adapter à toutes les situations.

Pour parvenir à déjouer diverses attaques, il y a des astuces que l'on peut utiliser. Pour qu'une technique se déroule comme on l'a appris au dojo, il faut des paramètres bien précis. Je dirais presque qu'il faut que les astres soient alignés. J'explique toujours à mes étudiants que réussir une technique n'est pas synonyme d'être un bon art martialiste. C'est simplement que l'on a été chanceux. Être compétent, c'est de pouvoir faire tourner la confrontation à notre avantage lorsque ce que l'on voulait faire n'a pas fonctionné. On peut récupérer des situations de bien des façons.

Si l'on se bat contre un boxeur, on n'ira pas dans ce qu'il maîtrise le mieux, c'est-à-dire la bulle autour de lui qui est délimitée par la longueur de ses bras. Si l'on essaie de faire une clé de bras, il y a de fortes chances que ça échoue. N'oublions pas, ce sont les spécialistes de cette distance. Nous devons rester hors de portée de leurs poings. Suffisamment loin pour qu'ils ne puissent pas nous toucher, mais assez proche pour que chacune de leur attaque se transforme en un douloureux échec. On n'essaie pas de bloquer les poings d'un pugiliste, on doit plutôt tenter d'atteindre ses avant-bras ce qui nous garde hors de portée. Lorsque le boxeur est en position de garde, il se sert de ses avant-bras pour se protéger. Ils sont entraînés à agir ainsi, car à la boxe les gants de leur adversaire ne pourront pas causer de dommage au bras. Au moment où il tente un jab, on doit se contenter d'essayer d'aller frapper son avant-bras tout en demeurant hors de portée de ses poings. Lorsqu'on réussit cela, la douleur est intense, ça laisse une fraction de seconde pour donner un coup de pied aux parties ou d'aller porter les doigts aux yeux. On doit tenter de terminer le combat le plus rapidement possible. Ces personnes ont une résistance étonnante à la fatigue, vous ne devez pas attendre de vous épuiser, surtout si vous n'avez aucune idée de combien de temps vous pourrez tenir.

Décrite ainsi, cette technique semble assez compliquée. Mais dans la réalité, ça se fait assez bien si l'on est un pratiquant d'art martial même de niveau moyen. Chaque combattant et chaque style possèdent des forces et des faiblesses. Dans les temps anciens, les maîtres qui s'affrontaient prenaient le temps de bien analyser leur adversaire lorsqu'il y avait duel. Vous ne disposerez pas du temps nécessaire pour faire cela, mais vous pouvez avoir une certaine idée du style que pratique l'autre. Il se met à sautiller devant vous, ses bras n'offrent pas une garde aussi solide que celle du boxeur. Alors peut-être avez-vous affaire à un combattant qui aura tendance à utiliser ses pieds. Une distance d'au moins deux mètres est votre atout dans un monde parfait. Mais dans la réalité, il ne vous laissera pas vous éloigner autant. Un coup de pied est quelque chose qui part d'un point A et se dirige vers un point B. Que le coup de pied soit direct ou circulaire, le corps de l'attaquant lui ira directement entre ces deux points. Dès qu'il bouge, on ne prend pas de chance. On se déplace en reculant, mais pas en ligne droite. On choisira plutôt un angle d'environ quarante-cinq degrés. Et, si vous êtes sous une bonne étoile, il est fort possible qu'il vous laisse une opportunité d'attaque, un angle qui sera difficile à protéger pour lui. Dans l'incertitude, attendez le prochain coup de pied et refaites la même stratégie. L'important est de le laisser aller et de saisir le bon moment, sans se presser, sans paniquer.

Dans une autre situation, votre agresseur vous agrippe au collet d'une main et par la manche de son autre main. Vous venez de reconnaître la méthode de saisie qui découle du judo et du jujitsu. Dans ces styles, on tentera de se coller à vous pour exécuter une projection ou un fauchage. Pour la première, lorsque l'on veut soulever le corps de l'adversaire pour le lancer, il faut que l'on place notre centre de gravité plus bas que celui de l'opposant. Vous avez compris que l'une des choses à faire est de s'assurer que l'on garde notre centre de gravité sous le sien. Bien, ça peut aider à contrer certaines techniques, mais ça ne règle pas tout. Lorsqu'il nous a saisis, nous aussi nous l'avons attrapé par le collet. Mais au lieu de garder notre main à la verticale, ce qui fait que nos bras vont plier s'il se colle sur nous, nous garderons notre bras qui le tient au collet, parallèle au sol. Notre main sera à l'horizontale et non à la verticale. De cette façon, s'il tente d'avancer pour se coller à vous, votre corps reculera naturellement. Vous vous maintiendrez à une distance où il sera difficile de vous projeter.

Un problème de réglé. Or, en bon judoka, il tentera de vous faucher une jambe pour vous amener au sol. Pour contrer ces automatismes, vous devrez de votre main qui le tient au collet, l'attaquer en griffant son sternum avec l'ongle de votre pouce. Ce n'est qu'une technique de distraction, mais ça fonctionne très bien dans la plupart des cas. De toute façon, ça vous donnera le temps pour aller appuyer vos doigts dans ses yeux et changer son schème de pensée offensif à un mode défensif. En l'agrippant au collet, vous pouvez également tirer ses vêtements brusquement et revenir le frapper sans relâcher le tissu. Si vous avez le temps, vous pouvez le faire plusieurs fois dans un laps de temps très court ce qui vous permettra sans doute d'enchaîner un coup de genou au parti. D'accord, ce n'est pas politiquement correct, mais ça demeure un combat et non une danse. Et si jamais il réussit à vous amener au sol, n'essayer pas de faire de belles techniques, c'est lui le spécialiste du sol. Repensez à vos kyushos. Il existe une technique qui s'appelle le kosshijutsu et qui consiste à utiliser les ongles, les doigts pour griffer l'opposant. Juste en grattant vos ongles sur son visage et ainsi le faire saigner, il risque de vouloir tout lâcher pour se protéger. Un doigt dans un œil est efficace, mais vous pouvez également entrer un doigt dans une oreille ou la taper avec la paume de votre main. Vous devez agir avant que votre adversaire ne termine sa clé. Même un doigt enfoncé dans le nombril sera utile, c'est une porte sur ses organes internes. Naturellement, on peut aller le saisir aux parties ou simplement agripper l'un de ses doigts pour le briser ou le faire lâcher. Encore une fois, n'essayez pas de vous aventurer sur son terrain. Il faut que vous deveniez sauvage, que vous développiez ce qui s'appelle l'esprit du tueur. Eh oui, il y a toujours un petit côté primitif qui sommeille quelque part en nous.

Et si dans le pire des cas vous voyez qu'il est sur le point de vous projeter, devancez son mouvement. Foncez dans la direction où il veut vous envoyer et entraînez-le avec vous. Dans l'art martial que je pratique, ces contre-techniques ont pour but d'amener l'agresseur à se frapper la tête au sol. C'est très violent, mais extrêmement efficace pour éviter que la confrontation ne s'étire trop dans le temps.

La mode était il y a quelque temps au jujitsu brésilien. Ils ont une façon bien à eux d'aller vous saisir les jambes pour vous amener au sol. Si vous constatez que votre adversaire se penche, reculer rapidement une jambe pour être le plus stable possible. Dès qu'il vous encercle les jambes, ne tentez pas de donner un coup de poing conventionnel sur lui, ça sera difficile, car vous serez probablement déstabilisé. Essayez plutôt de cogner fortement avec les jointures comme pour cogner à une porte d'entrée. Visez la cavité mastoïdienne, car dans l'angle qu'il sera, ce sera une bonne cible. Attention, il y a risque de coma pour votre opposant. Sinon, de bonnes tapes sur les oreilles peuvent aussi régler le problème. N'attendez pas de vous ramasser au sol, il faut changer immédiatement le schème de pensée de votre adversaire. Vous pouvez également frapper le derrière de la tête avec votre paume de la main dans le but de créer une onde de choc fluide. Il y a cependant un très fort risque de commotion pour lui.

Dans un autre style, votre agresseur saisit votre bras pour vous faire une clé de poignet. Ici aussi, on devance le mouvement. Que ce soit pour contrer une technique de dislocation d'épaule ou pour une torsion de poignet, le fait de devancer l'attaquant nous permet de faire aisément des contre-mesures. Si, par exemple, on tente de vous faire une torsion de poignets en le tournant vers l'extérieur, une technique énormément utilisée dans des styles comme l'aïkido, cela vous permettra d'étirer les bras de votre attaquant et de le rediriger. En éloignant ainsi les bras de son corps, vous pourrez aisément l'amener vers une zone de déséquilibre.

Et si vous vous retrouvez face à un karatéka, ne demeurez pas devant lui. Souvenez-vous qu'ils sont rapides dans les attaques directes. Là aussi, on devra reculer et bouger dans un angle de quarante-cinq degrés afin de créer des ouvertures. Votre meilleur atout est d'attendre le moment idéal une fois que vous avez reculé, celui où la bonne ouverture se présente à vous.

Mais peu importe l'école que pratique votre adversaire, il demeure que la meilleure technique est de développer votre perception de ses mouvements. Vous devez vous entraîner à être un quart de seconde avant votre agresseur. Si vous devancez chacun de ses gestes, il ne vous poussera plus pour vous manipuler, c'est vous qui allez l'entraîner dans votre sillage et ça, ça fait toute une différence.

Chapitre 32

Attitude physique et verbale

Qu'on le veuille ou non, les apparences physiques jouent un rôle important dans notre perception d'un bon art martialiste. Un adversaire peut nous impressionner par sa carrure imposante, son expression féroce ou par son regard un peu psychopathe sur les bords. Tous, sans le savoir, nous projetons une image qu'elle soit positive ou négative. Ce que nous percevons ne représente pas toujours la réalité, mais cette impression est suffisamment forte pour avoir une influence sur nos décisions. Dans les arts martiaux, on doit apprendre à ne pas se laisser manipuler par ces apparences. On doit pouvoir les déceler et même dans certains cas, les utiliser à notre avantage.

Nous en avons parlé, il n'est pas rare de voir des enseignants se donner une image mystique qui touchera les étudiants un peu fragiles à la recherche d'un gourou. D'un autre côté, on peut rencontrer des gens qui projettent une grande assurance même si ce qu'ils enseignent n'est pas toujours valable. Cette confiance en soi qu'ils ont d'eux-mêmes nous amène à croire que ces personnes savent ce qu'ils font, qu'ils sont comme cela parce qu'ils ont du vécu et une grande expérience. Hélas, la réalité est souvent très différente. Ce sont fréquemment des gens qui se surestiment et qui dans bien des cas, ne devraient avoir aucune raison de nous impressionner. La nature humaine étant ce qu'elle est, notre subconscient recherche à s'associer à des personnes fortes qui ont du caractère. C'est la loi de la meute et du clan. Entre un enseignant qui manque de confiance, mais qui possède des connaissances loin au-dessus de la plupart des gens et celui qui dénote une grande confiance en lui, mais qui maîtrise peu de choses, lequel choisiriez-vous au premier coup d'œil? La réponse est simple n'est-ce pas?

Les arts martiaux offrent un milieu propice à l'éclosion de gens au tempérament fort. La confiance que l'on obtient peut mener dans certains cas à ce que quelques personnes en arrivent à croire qu'elles sont au-dessus des autres. Si l'on côtoie quelqu'un de la sorte, posons-nous les bonnes questions. Est-il invincible? Peut-on le blesser comme tout le monde? Va-t-il aux toilettes comme tout le monde? Avant de le placer sur un piédestal, il est important de vérifier s'il le mérite et qu'il est vraiment la personne qu'il projette.

On peut utiliser cette attitude pour se créer une image valorisante, pour combler les vides et les faiblesses d'une personnalité déficiente. Lorsqu'un propriétaire de dojo s'associe à une firme de marketing professionnel, et il y en a dans le domaine, ces spécialistes vont transformer son image. Cela ira des vêtements qu'il porte en dehors du tatami, jusqu'à sa façon de s'exprimer. On lui apprendra la bonne méthode pour s'adresser aux étudiants tout en gardant une certaine distance, essentielle afin de maintenir un petit aspect mystérieux, différent de monsieur tout le monde. J'ai déjà eu un ami qui a monté une clientèle avoisinant les six cents élèves. Il a fini par se croire supérieur à tous ses amis qui l'ont graduellement délaissé. Cela l'a rendu un peu dépressif. Il y a parfois un prix à payer, ça doit être cela la rançon de la gloire.

Dans un contexte plus stratégique, on peut également utiliser l'image que l'on projette pour impressionner et fausser la perception d'un adversaire. Le simple fait de démontrer de la confiance en soi est souvent suffisant pour arrêter le conflit avant qu'il ne prenne des proportions démesurées. Un jeune homme rêvait un jour de se battre avec l'un de mes étudiants qui était ceinture noire à l'époque où j'enseignais encore le karaté. Lorsqu'il le rencontrait, il ne cessait de le provoquer. Après un spectacle de musique, cet homme tomba face à face avec mon étudiant. Il le bouscula un peu en lui clamant de se battre qu'il ne pouvait pas se sauver. Naturellement, cela créa immédiatement un attroupement de badauds qui ne voulait pas manquer le spectacle. Mon étudiant dit à l'homme de l'attendre, qu'il devait aller aux toilettes, car il avait pris quelques bières. Bien sûr, durant ce temps le jeune homme ne cessait de dire qu'il ne reviendrait pas, qu'il s'était sauvé. Lorsque mon étudiant retourna le voir et qu'il lui dit avec un sourire, là je suis prêt, le jeune homme sembla hésiter puis il tourna les talons. Devant la confiance de mon étudiant, son arrogance n'avait pas fait le poids. Et c'était probablement une bonne chose pour lui, il n'aurait pas résisté longtemps contre mon protégé.

Si l'attitude physique est importante, l'attitude verbale l'est également. Je ne sais plus trop combien de fois je me suis fait offrir un poing sur la gueule lors de contrat en sécurité. Dans la plupart des cas, la confiance que je démontrais était suffisante pour que l'attaque n'ait pas lieu. Une phrase comme « vous n'êtes pas le premier qui me fait cette offre. Je dirais même que ces temps-ci, c'est assez régulier », dit avec assurance et un calme à toute épreuve, génère tout de suite le doute chez les trouble-fêtes.

Il m'est déjà arrivé de m'amuser à faire des absurdités que je qualifierais presque de délirantes. Quand j'étais jeune, avec un ami dans un café bien coté, nous discutions de choses absurdes. Nous nous sommes amusés à tenir une conversation sur une nouvelle découverte incontournable qui disait que l'homme descendait de la grenouille. Naturellement, rien de tout cela n'était vrai. Ce ne fut pas très long pour que toutes les oreilles se tournent vers nous. Le plus triste c'est que plusieurs hochaient la tête en acquiesçant à des théories stupides, mais bien enveloppées verbalement. Je pense que c'est à partir de ce moment que j'ai compris la puissance et le danger des mots. Nous affichions tellement de certitude dans notre langage corporel et verbal que les personnes autour de nous ont été dupes. Il est facile de faire croire à une masse des choses que ne goberait pas un individu seul.

L'attitude que l'on projette influencera le comportement des gens autour de nous, mais ce n'est pas toujours pour le mieux. Tous les enseignants connaissent ce type d'étudiant qui regarde la matière qui leur est offerte de manière presque condescendante. Ces pratiquants ne veulent pas montrer qu'ils découvrent une nouvelle manière de faire les choses, car cela les mettrait sur le même pied d'égalité qu'une ceinture blanche. En projetant l'attitude d'une personne qui connaît cela, ils espèrent probablement ainsi s'attirer l'admiration des débutants. Il arrive parfois que ces étudiants de niveau plus élevé en soient presque arrogants.

J'ai très souvent donné des séminaires à d'autres styles d'arts martiaux. Et plus l'élève est de haut rang, plus il cherchera à cacher sa surprise devant l'efficacité d'une technique. Il tentera même de minimiser ce qu'elle peut lui apporter au sein de son propre art martial. Cette attitude négative ne nous aide certainement pas à évoluer plus rapidement. Elle nous étouffe au sein de nos propres connaissances, nous privant ainsi d'un levier puissant nous permettant d'aller de l'avant. Moi, je prends tout ce qui passe. Si quelqu'un veut me montrer quelque chose, je suis partant. Si je n'aime pas ce que je vois, je féliciterai quand même son auteur pour le motiver à continuer de s'améliorer. Je ne tenterai pas de détruire ce qu'il a appris afin de me faire croire à ma propre supériorité. Par contre, si la technique est dangereuse pour lui, je vais tenter de l'amener à ce qu'il découvre par lui-même cette faiblesse.

En combat, tout est important. Le moindre geste que constatera l'adversaire sera analysé et pourra modifier la stratégie utilisée. Par exemple, si je me bats avec une personne et que je réussis à éviter son poing, si je la regarde en souriant, vous pouvez être certain que son cerveau réagira en fonction de cette provocation. Il pourra se montrer plus prudent devant tant d'assurance ou au contraire sera plus déterminé que jamais à vous refaire le portrait. Dans les deux cas, il subira une influence externe.

Dans mon art martial, il y a des positions défensives basées sur le langage gestuel de la peur. Les bras devant comme pour demander à l'agresseur d'en rester là, il n'en suffit pas plus pour créer des ouvertures s'il tente de nous attaquer à ce moment. L'attitude que projette cette posture incite l'adversaire à penser qu'il a gagné, que le combat sera facile. L'attitude psychologique doit s'adapter à la posture physique selon l'émotion que l'on désire projeter. Si l'on veut utiliser l'agressivité du feu et que notre visage exprime la peur, ça ne sera pas très convaincant. Un bon pratiquant d'art martial doit apprendre à conjuguer son attitude physique, mentale et émotionnelle.

Changer son attitude est possible. Inconsciemment, beaucoup de gens se programment négativement sans le savoir. S'ils se lèvent le matin et qu'en se regardant dans la glace ils ne voient qu'une personne simple, voire même insignifiante, il est certain que le corps et le mental reflèteront ce sentiment. On doit apprendre à s'accepter, à se féliciter et à se complimenter. C'est l'attitude des gagnants même si on rencontrera quelques autres échecs dans notre vie. La différence entre un gagnant dans la vie et un perdant est éloquente. Le gagnant perdra beaucoup plus souvent que le perdant, car le perdant n'essaie rien. Le gagnant se relèvera et recommencera sans avoir peur de l'échec. C'est son attitude qui fera toute la différence.

Il est de votre responsabilité en tant qu'art martialiste, de travailler à ce que votre attitude joue en votre faveur. Après tout, les arts martiaux ne devraient pas nous enseigner qu'à contrôler nos coups et notre colère. Ça devrait être bien plus que ça.

Chapitre 33

Méditation et art martial

La méditation est de plus en plus délaissée dans les arts martiaux. Personnellement, j'ai cessé de l'inclure dans les cours réguliers, car plusieurs élèves associaient cela à des techniques de secte religieuse. Bien sûr, en compensation, j'offre séparément des formations sur diverses méthodes de méditation. J'encourage les gens à lire sur le sujet, à s'inscrire à divers ateliers et même à s'informer sur le Web afin de trouver des techniques qui leur conviennent.

Mais en quoi la méditation peut-elle être aussi importante pour une personne qui pratique les arts martiaux? Après tout, nous avons surtout besoin de réflexes aiguisés, de stratégies de combat et d'une bonne endurance physique pour vaincre un adversaire. En quoi la spiritualité peut-elle nous aider?

Tout dépend de l'angle dont l'on aborde le sujet. Une méditation n'est pas à mes yeux un outil spirituel. C'est avant tout un moyen de se connecter à notre subconscient et à l'hémisphère du cerveau que nous n'utilisons pas dans le raisonnement logique. Lorsque nous sommes en mode de fonctionnement quotidien, certaines personnes croient que c'est le côté gauche de notre cerveau qui est sollicité. Le raisonnement logique se fait en grande partie dans cet hémisphère. C'est notre aspect intellectuel et analytique. C'est lui qui nous aide à organiser systématiquement notre vie. La lecture et l'écriture passent par lui. Bien sûr, tout ne se déroule pas uniquement sur un seul côté à la fois. Mais la plus grande partie de nos réflexions et de nos analyses y sont traitées.

L'hémisphère droit lui, est plus artistique, plus intuitif. C'est lui qui nous fait comprendre les formes abstraites, la reconnaissance de figures complexes. Bien sûr, la spiritualité y est reliée, après tout c'est le côté des émotions et de la symbolique. Les artistes apprennent ou possèdent une facilité naturelle pour avoir accès à cet hémisphère du cerveau. Chez la plupart des gens, c'est de ce côté-là que naît la création.

En état de veille, un encéphalogramme révèle que notre cerveau suit un rythme de quatorze à vingt et un cycles par seconde. C'est ce que l'on nomme le niveau Beta. C'est à ce niveau que nous passons notre journée. C'est là que nous trouvons l'énergie et la réflexion nécessaire pour notre travail et notre vie quotidienne. C'est là que nous prenons les décisions importantes que ce soit pour l'achat d'une maison ou d'un changement d'emploi. C'est également à ce degré que notre façonnement martial se passe. Nous apprenons et essayons de comprendre le fonctionnement de nos techniques. Mais à ce niveau, tout est basé sur le rationnel, sur la logique. Je dirais presque que tout ce que nous faisons est robotisé. Nous exécutons des manœuvres sans voir plus loin que l'enchaînement mécanique qui nous a été enseigné. C'est l'hémisphère gauche qui prend les commandes.

On peut pratiquer les arts martiaux toute notre vie en se basant sur notre apprentissage tel que dicté par ce côté de notre cerveau. Mais qu'est le *budo* sans ce petit côté intuitif ou créatif que nous apporte l'autre hémisphère? Lorsque notre cerveau se maintient entre sept et quatorze cycles par secondes, les deux hémisphères parviennent à travailler ensemble. Le problème est que le rythme alpha, c'est ainsi qu'il se nomme, est celui de la relaxation. C'est cet état que vous prenez lorsque vous êtes dans la lune. C'est également lui, qui une fois que vous êtes confortablement installé dans votre lit, vous donne une réponse à une question que vous avez cherchée toute la journée. Ce que l'hémisphère gauche tente de comprendre par la logique, le droit lui apporte sa solution par l'instinct et l'intuition.

Morihei Ueshiba est le fondateur de l'aïkido. J'ai toujours été impressionné de le voir réciter des mantras sur certaines des vidéos qui nous ont été léguées. Sa concentration me fascine à chaque fois que je regarde ces séquences. Nul doute qu'il ne serait pas ce qu'il a été sans la récitation de ces mantras. Son art martial est instinctif, pas seulement mathématique. En travaillant régulièrement à maintenir cette liaison qui le lie à son hémisphère droit du cerveau, son niveau d'habileté s'est élevé loin au-dessus des autres.

Lorsque je regarde Maître Hatsumi, j'y vois la même connexion, mais faites d'une autre façon. Il est un créateur incroyable. Pour ceux qui ne le savent pas, il est un artiste peintre de grande réputation. Son talent créatif est entretenu autant par la peinture que par son écriture prolifique. Lui aussi a appris à utiliser ses deux hémisphères sans avoir besoin d'être en état de relaxation profond. Son inspiration est une forme puissante de méditation. Elle l'amène à pouvoir se servir des arts martiaux tant de façon logique que de manière intuitive. Il n'est plus seulement analytique, il devient sensitif. Il perçoit les moindres variations dans la structure de ses adversaires. Il décèle l'intention de son attaquant avant même que ce dernier commence à bouger.

Dans les arts martiaux, il est essentiel d'apprendre à faire travailler conjointement les deux aspects de notre cerveau. On doit unir la réflexion logique à l'intuition. Beaucoup de gens utilisent ces deux aspects tout en l'ignorant. J'ai enseigné à plus de portiers de bar au fil des décennies. Les meilleurs d'entre eux sont impressionnants. Lorsque les personnes entrent dans le bar ou la discothèque, ils sont souvent en mesure de dire qui va semer le trouble durant la soirée et ils ont raison dans la majorité des cas. Leur hémisphère intuitif voit des signes que la logique ne pourrait expliquer. Ils sont capables de sentir le stress de ces personnes. Ils perçoivent la frustration que dégagent ces clients simplement par leur façon de bouger ou par leur tension musculaire. Évidemment, ils ne pourraient dire, si celui-ci est tendu ou celui-là est stressé, tout passe par l'instinct. Bien sûr, cet instinct s'est construit avec l'expérience et les années.

Plusieurs facultés découlent de cette facilité à communiquer d'un hémisphère à l'autre. Les vieux maîtres du *budo* n'ont plus l'agilité et la vitesse de leur jeunesse. Pourtant, ils arrivent à déjouer les attaques des plus rapides. Comment est-ce possible? Je pense que l'on peut dire qu'une grande partie de l'énigme se passe du côté droit du cerveau. L'analyse de la situation est instantanée. Ce côté qui gère autant l'aspect spatial que musical, arrive à saisir le rythme de l'agresseur. Il parvient à savoir comment son corps peut réagir et attaquer en fonction de la posture qu'il occupe sur le moment. Leurs cerveaux en viennent à connaître quel est le meilleur moment pour leur adversaire pour attaquer. Comme l'opposant veut gagner son combat, il saisira toutes ces opportunités qui ont déjà été analysées par ces vieux guerriers d'expériences. Mais comme le plan d'attaque s'est échafaudé sur l'aspect logique, le temps utilisé pour mettre au point la stratégie est long, trop long. L'intuition n'analyse pas, elle sait naturellement quelle est la meilleure façon de répliquer. Bien sûr, elle est loin d'avoir toujours raison. Mais, avec l'expérience, elle se trompe de moins en moins.

La méditation nous aide à mieux faire travailler nos deux parties du cerveau. Elle n'a rien à voir avec le fait de rechercher la protection d'un dieu quelconque. Elle a simplement pour but de nous permettre d'aller puiser dans le maximum de ressources dont nous disposons. S'il y a un lien à faire avec un dieu quel qu'il soit, c'est certainement avec le divin qui est en nous. Il existe un nombre incroyable de méditations qui répondent au besoin particulier de chacun.

Dans les arts martiaux, il y a celle du maître qui est spécialement intéressante. Après avoir atteint le niveau de relaxation alpha, on suit un chemin qui nous mène à un temple au centre d'une clairière. À cet endroit, on y fait la connaissance d'un maître qui se dévoile à nous petit à petit. Puis, le moment venu, on peut lui poser une question sur divers sujet. Un homme que j'ai rencontré un jour sur un séminaire aux É.-U. cherchait le moyen de se sortir d'une technique de contrôle un peu particulière. Comment faire pour se défendre si l'on était étendu sur le ventre et que quelqu'un nous tenait les deux bras à la verticale? Cet homme errait de dojo en dojo depuis un certain temps. Il était en quête d'une solution à son problème. Comme réponse, mon professeur de l'époque nous fit faire la méditation du maître. Après l'exercice de visualisation en question, l'homme sourit et se dépêcha de demander à un élève présent de le tenir au sol. Il s'étendit sur le ventre les deux bras tenus par l'arrière. Il fit une rotation d'une épaule d'une manière un peu particulière. Son opposant perdit légèrement l'équilibre et l'étudiant se dégagea de l'emprise. Il est demeuré parmi notre groupe tout le temps que je suis resté avec ce professeur.

Là où la logique ne parvenait pas à lui offrir une réponse, le côté intuitif du cerveau avait trouvé, lui, la solution à son problème. J'ai déjà remarqué que l'un des professeurs japonais avec lequel je m'entraîne faisait lui aussi appel à cette partie obscure de nous-mêmes. Sur certaines classes, il paraissait fatigué. Les techniques qu'il enseignait n'étaient pas à la hauteur du talent que nous lui connaissions. Dans ces moments, il allait joindre ses mains devant la photo d'un grand maître décédé. Il inclinait la tête en faisant, je présume, une prière à l'âme défunte de ce maître. En un instant, ce n'était plus le même professeur. Les techniques venaient de changer du tout au tout. Il nous revenait toujours avec de nouvelles trouvailles que nous n'avions jamais vues auparavant. Est-ce que c'était un enseignement lié au maître décédé ou puisait-il simplement ces connaissances dans le côté créatif et instinctif de son être?

Je me suis souvent demandé ce qui pouvait faire en sorte qu'un maître soit ce qu'il est. Quel a été le mystérieux chemin qui l'a conduit à devenir ce qu'il est? Pourquoi plafonnent certaines personnes alors que d'autres à talents égaux, progressent de manière significative? Je pense qu'une bonne partie de la réponse se trouve dans cette facilité que développe la méditation à accéder à toutes nos ressources. Après tout, ce qui est spirituel ne représente-t-il pas notre connexion à l'esprit, à notre âme?

Chapitre 34

Conventionnel

Les arts martiaux existent depuis plusieurs centaines d'années, voire des milliers dans certains cas. Nés des périodes troubles de divers pays, ils sont le résultat d'un besoin qui était lié à la survie. Les connaissances acquises se sont transmises de génération en génération jusqu'à aujourd'hui. Nous sommes particulièrement choyés que certains maîtres aient accepté d'ouvrir aux Occidentaux ces secrets qui étaient si bien gardés depuis longtemps. Naturellement, ce ne sont pas tous les maîtres qui acceptent cela, mais c'est un bon début.

Mais est-ce que les besoins actuels des arts martiaux sont les mêmes qu'à l'époque de leurs créations ? L'être humain est anatomiquement le même depuis des millénaires. On peut lui briser les os de la même façon comme on peut le projeter de la même manière qu'au début de l'existence de ces écoles de combat. Le foie ne s'est pas endurci au cours des siècles, il est aussi vulnérable qu'il y a neuf cents ans. Qu'est-ce qui a pu changer depuis la création de ces styles? Y a-t-il quelque chose qui nous amène à pratiquer les arts de combat différemment de nos jours?

Naturellement, il ne faut pas oublier de tenir compte de l'armure qui protégeait les guerriers à l'époque. On ne pouvait pas donner un coup de pied comme on le ferait aujourd'hui lors d'une compétition sportive. On doit comprendre que certaines postures offraient moins de cibles à une flèche ou à un tir de shuriken, ces fameuses étoiles de métal utilisé par les ninjas. Mais mis à part ces nécessités stratégiques d'antan, qu'est-ce qui nous permet ou nous amène à percevoir ces techniques martiales différemment? A-t-on vraiment besoin de transformer ce matériel qui a fait ses preuves au fil des générations?

De nos jours, on retrouve des écoles très traditionnelles et d'autres qui n'ont plus grand-chose en commun avec le début des arts martiaux. Dans beaucoup de ces dojos, on y apprend les techniques sans avoir la possibilité de modifier quoi que ce soit. Est-il important de connaître la forme originelle exacte de ces enseignements? Personnellement, je dirais que oui. Elles renferment des années d'expérience accumulées lors de confrontations en situation réelle. Pour bien maîtriser un art martial, il est essentiel de remonter à sa source. De connaître pour quels besoins il s'utilisait et dans quelles circonstances. Comprendre les racines permet de mieux adapter l'art martial à ses besoins personnels.

J'ai bien dit à ses besoins personnels. Je sais je me répète, mais chacun a son propre tempérament, sa structure, son poids, son énergie distincte et même son état émotionnel qui seront changeants d'une journée à une autre. Pour arriver à extirper d'un art martial les techniques dont on a besoin, il faut en acquérir une grande maîtrise et cela ne se fait pas en deux ou trois ans. À partir de ce moment, nous pourrons alors l'utiliser en fonction de notre corps et de notre capacité.

Est-ce moralement acceptable de modifier une technique pour nos besoins? Oui si cela peut nous éviter une défaite cuisante. Le but de mon art martial est la survie. On ne peut se permettre d'attendre un arbitre pour arrêter le combat si ça va mal. Mais comment fait-on pour adapter ces techniques? Une technique ne se modifie pas aussi facilement qu'on pourrait le croire en regardant tous ces nouveaux styles d'arts martiaux émergents. La plupart des écoles ont gardé la même façon de frapper depuis des siècles. Dans bien des cas ces méthodes d'attaques étaient créées en tenant compte du manque de mobilité de l'armure du samouraï ou au contraire en fonction d'être habillé d'un kimono léger. Mais que se passe-t-il si l'adversaire est protégé d'un lourd manteau d'hiver? Et bien, croyez-le ou non, il y a certains styles japonais qui avaient prévu le coup. On peut retrouver sur les ryus possédant une branche marine, des techniques de frappes qui traversent d'épais vêtements. Ces gens ont délaissé les conventions pour innover sur de nouvelles manières de frapper.

Les écoles de sabre comptent souvent parmi les plus rigoureuses dans le respect des traditions. Ils considèrent le sabre comme étant l'âme du samouraï. Pourtant, le sabre n'est qu'un outil parmi tant d'autres. Un jour Hatsumi sensei a simplement lancé son katana d'entraînement sur son adversaire pour l'utiliser comme technique de distraction et a profité de la surprise pour voler le sabre d'un autre opposant. Cette façon de faire n'est pas du tout conventionnelle. Pour ceux qui ont vu le film les sept samouraïs, lors de l'attaque des brigands, les samouraïs avaient planté plusieurs sabres au sol et en prenait un au besoin. Nous sommes loin du culte voué au sabre. Certains considèrent le katana comme un objet religieux qui doit être traité selon des normes de respects qui frôle le fanatisme.

Ces deux exemples démontrent des utilisations non conventionnelles du sabre. Par contre, dans chacun des deux cas, une maîtrise de l'arme était obligatoire afin de réussir la stratégie désirée.

Les bases sont indispensables. Trop de gens essaient de créer quelque chose de différent sans posséder les bases nécessaires. On peut même se servir du sabre à la manière d'un javelot. Une autre fois Hatsumi sensei a expliqué que l'on pouvait utiliser ses armes à la façon d'autres armes. Le couteau peut devenir une arme de type yawara et l'éventail peut se transformer en arme qui pique au niveau d'un œil ou autre partie sensible du corps. Et pourquoi pas, si besoin est, ne pas utiliser pour un court instant le bo comme un sabre?

Il existe un grand nombre de techniques qui étaient conçues à l'origine pour se défendre à mains nues contre un sabre. Est-ce que toutes ces techniques pourraient s'adapter facilement à une attaque contre un bâton? La réponse est probablement oui. Ce qui fait l'efficacité de tout ça, c'est la façon de bouger au moment où se produit l'attaque. Que ce soit contre une lame ou un bâton, ça ne change pas grand-chose. Ici aussi, on a besoin de maîtriser les déplacements conventionnels si l'on veut réussir à survivre à l'attaque. Les bases sont là entre autres, pour nous apprendre à bouger adéquatement. Se mouvoir à la façon du film la matrice n'est pas réaliste même si c'est spectaculaire.

Beaucoup de pratiquants ont mélangé plusieurs styles d'arts martiaux en pensant qu'une telle mixité ne pourrait qu'améliorer la performance des combattants. Encore faut-il savoir quelle technique adaptée au bon moment. La mode est au combat au sol. La plupart des gens qui pratiquent cela oublient que dans les vieux styles, il était normal d'atteindre les yeux, les oreilles, les parties, de mordre et d'utiliser des lames courtes pour piquer l'adversaire en corps à corps. C'est pourquoi les samouraïs qui tombaient apprenaient à se relever le plus rapidement possible. Le sol sans arbitre, c'est un milieu à haut risque.

La science nous permet de mieux comprendre les arts martiaux. La technologie nous aide à constater les dégâts que peuvent occasionner certaines techniques. Elle nous permet également de réaliser les limites de certaines autres. On peut adapter les techniques du passé à nos besoins modernes, mais cette adaptation doit passer par la compréhension. On ne peut faire n'importe quoi, n'importe quand, sans prendre de risques.

On peut voir plusieurs personnes sur Internet qui enseignent des techniques contre des armes à feu. Souvent improvisées, plusieurs d'entre elles ne sont tout simplement pas logiques. Elles sont fondées sur le principe que la personne qui tient le pistolet restera immobile. Dans la réalité, si elle bouge un peu de côté, une grande partie de ces démonstrations deviennent inopérantes, voire même dangereuses. Lorsque l'on fait un mutodori contre un sabre, chaque mouvement prévoit généralement les possibilités de déplacement de l'adversaire. La technique n'est pas faite en fonction d'un mannequin statique. Plusieurs des personnes qui enseignent ou qui créent de telles techniques ne connaissent pas vraiment les armes à feu. Une technique démontrée par un instructeur militaire aura davantage de chance d'être réaliste, car cela répond à des besoins de survie. Se défendre contre un pistolet n'est pas conventionnel en *budo*, mais les outils pour y faire face eux, découlent probablement de vieilles techniques liées aux arts martiaux.

Un volet important s'est développé, du moins dans l'art martial que je pratique, soit la psychologie humaine. L'homme répond à des stimuli psychologiques qui sont prévisibles. Là où régnait le mystique, la manipulation mentale a pris le relais. On comprend mieux de nos jours pourquoi le changement de rythme dans un combat peut influencer l'adversaire. On comprend davantage pourquoi occuper l'espace de l'adversaire peut l'amener à se replier dans un angle où il lui sera difficile de réagir adéquatement. La psychologie est un outil moderne qui nous aide à déceler les points faibles de l'agresseur.

Y a-t-il autre chose qui a pu changer par rapport à notre époque? Notre sauvagerie n'est plus la même. Peu de gens seraient prêts à piquer une personne au couteau et à le regarder se vider de son sang sans en être perturbé. Je vous entends dire que les fanatiques religieux peuvent le faire. Alors peut-être que le *budo* était comme une religion à l'époque.

Conventionnel ou non, il y a une constance sur la façon dont on doit développer et utiliser les arts martiaux : la compréhension. Trop de gens inventent n'importe quoi en ne voyant pas les failles qui subsistent au sein de leur création.

Chapitre 35

De bons réflexes

Croyez-vous pouvoir compter en tout temps sur vos réflexes pour vous sortir du pétrin? Que ce sont eux qui sont la clé vous permettant de régler une situation où vous êtes agressé? Imaginons que vous discutez avec une personne et que quelqu'un vous saute sur le dos. Quelle sera votre réaction? Vous serez surpris ou vous allez naturellement répliquer sans vous poser la moindre question? Cette situation peut sembler extrême, mais elle est arrivée lors d'un rassemblement du Bunjinkan du Canada à Toronto. Un individu que personne ne connaissait et sans raison apparente a simplement sauté sur le dos de mon ami Craig. Ce dernier a réagi au quart de tour en se reculant et en contrôlant aisément l'homme à l'aide d'une clé de bras arrière. Cela avait été une bonne démonstration de réflexes bien rodés et intelligents, sans pour autant tomber dans un excès de violence.

Quelle est la meilleure attitude à adopter en cas de confrontation avec un type qui est en état de rage au volant? Devons-nous l'affronter pour le remettre à sa place ou au contraire essayer d'éviter l'altercation? Si vous agissez sans vous poser la moindre question, c'est que vos réflexes de pratiquants ne sont pas au point. Que vous choisissiez de foncer sur cette personne violente ou que vous décidiez de battre en retraite, vous devriez comprendre les motivations qui vous poussent à agir de cette façon. Est-ce une réponse axée sur la frustration, ou sur la peur? Peut-être est-ce juste une question de gros bon sens et de chercher à éviter les ennuis. Dans une situation comme celle-là, votre réflexe de base devrait être simple, réfléchir avant d'agir. Si ce n'est pas le cas, vous avez un problème.

J'ai déjà entendu à quelques occasions des gens qui avaient vu des personnes mettre la main sur l'épaule d'un pratiquant d'art martial et que ces derniers se retournaient en frappant sans prendre le temps de constater que ce n'était qu'un geste purement amical. Ces idiots agissaient ainsi en racontant fièrement que c'était des réflexes de pratiquants d'art martial aguerri, des automatismes de survie. Une nouvelle preuve que la bêtise humaine peut aller loin. Bien sûr, ces personnes ont su démontrer un temps de réaction très court, mais ça demeure des réflexes basés sur un mauvais conditionnement psychologique.

Dans une situation où il y aurait eu agression avec intention, la première étape aurait dû de sentir l'assaut avant qu'elle n'ait lieu. Or, dans un contexte amical, comme il n'y a pas d'énergie hostile impliquée, il est difficile de ressentir la personne qui arrive derrière nous. Il est facile de développer des automatismes qui nous mettent en sécurité le temps de constater l'ampleur de la situation. Vous l'avez sans doute remarqué, ici, nous amenons le thème des réflexes sur un autre niveau que de simples réflexes de vitesse du corps. Nous y reviendrons.

La plupart des gens associent temps de réaction et vélocité. Pour eux, avoir de bons réflexes se limite à bloquer rapidement un poing qui cherche à nous atteindre. Ceci n'est pas le premier stade d'utilisation des réflexes. La première chose est de percevoir l'intention de l'adversaire. Avant même que les coups ne commencent à pleuvoir, un bon combattant aura conscience de ce qui va arriver. Il saura à quel moment la situation dégénérera au point d'en venir à une confrontation physique. Ce type de réflexe s'acquiert avec les années. C'est à ce stade que l'on peut dissocier le pratiquant d'expérience du débutant.

Bloquer une attaque c'est bien, mais savoir se positionner de manière à rendre les assauts plus difficiles c'est mieux. Ici, on sépare les réflexes en deux catégories. Les réflexes stratégiques et ceux de combats. Sans la stratégie adéquate, la confrontation risque dans bien des cas de tourner en une bataille de coqs. Si développer des réflexes physiques est relativement facile, il en va tout autrement en ce qui concerne la voie de la tactique. Cela demande réflexion et persévérance. Eh oui, il y a des choses que l'argent ne peut acheter. Vous pourrez suivre autant de cours particuliers que vous le pourrez, rien ne pourra jamais remplacer la maturité que donne le temps.

La plupart des gens qui se battent ne font que participer à un échange de coups en espérant que les leurs causeront plus de dégâts que les attaques qu'ils recevront. Mais un bon combattant, lui, utilisera les réflexes de son adversaire à son avantage. Pour y arriver, il faut d'abord comprendre ce que sont les différents types de réflexes. Commençons par le sympathique. De manière simple, disons que si vous vous tenez debout et qu'un de vos amis vous donne un puissant coup de genou sur le côté de votre cuisse, ce sont vos deux jambes qui plieront. L'autre jambe n'aura pas été touchée, mais elle sympathisera avec celle qui a été atteinte. En combat on peut utiliser ce réflexe de nombreuses façons.

Votre adversaire vous a saisi au collet et s'apprête à vous donner un coup de poing de son autre bras. En le frappant fortement au nerf radial, il y a de grandes probabilités que son bras s'abaisse en même temps que ses jambes plient. Ce mouvement de repli sur lui-même vous laisse amplement le temps de procéder à une technique de contrôle articulaire. Gérer une personne sans le blesser est le but recherché du *budo* moderne. De nos jours, suite à une altercation, il est facile de se retrouver devant les tribunaux afin de devoir justifier nos actes. Chaque confrontation peut amener son lot de problèmes. Attention, ce type d'utilisation des réflexes sympathiques de l'adversaire est une probabilité et non une certitude. Il faut s'attendre que cela ne fonctionne pas sur certaines personnes. Être un bon art martialiste n'est pas de gagner son combat à la première technique, c'est de pouvoir s'adapter lorsque ce que l'on tente de faire ne fonctionne pas.

On peut utiliser ce principe dans une agression au couteau. L'adversaire nous saisit au collet. Avant qu'il ne déclenche la mécanique d'attaque de son autre bras, on frappe sur le dessus de la main qui nous agrippe. On se sert de nos jointures comme si l'on cognait à une porte pour entrer. En même temps, on recule pour mettre le plus de distance possible entre nous et l'arme. Puis on enchaîne d'une frappe à la tête suivie d'une pression derrière le coude de l'agresseur. À partir de là, il est facile de l'amener au sol. On peut avoir recours à ce principe de diverses façons. On peut frapper le devant d'un tibia pour affecter le haut du corps. Les combinaisons sont multiples.

Il y a aussi l'arc réflexe qui s'utilise bien dans les arts martiaux. Votre adversaire vous saisit au collet à deux mains. On vient frapper sauvagement sur ses nerfs radiaux ou sur le dessus de ses mains. Il y a de fortes chances pour qu'il nous relâche. Ce réflexe repose sur le principe suivant. Si vous mettez votre main sur le rond d'un poêle chauffé à bloc, il est probable que sous l'effet de la douleur vous la retirerez immédiatement. C'est ce que l'on nomme l'arc réflexe. On peut l'utiliser par exemple face à une personne qui adopte une position de boxeur. Au moment où il décoche un coup, on vient le frapper fortement sur son avant-bras avant qu'il n'ait eu le temps de le déplier totalement. L'arc réflexe aura changé complètement son schéma de pensée. D'offensif, il tombera en mode défensif, vous laissant ainsi une ouverture que vous pourrez exploiter si vous êtes habile.

La compréhension des réflexes est un outil puissant entre les mains de celui qui en connaît le fonctionnement. Mais il ne faut pas oublier que les meilleurs réflexes sont toujours ceux de prévention. Vous allez faire une marche en fin de soirée. Votre réflexe devrait débuter avec l'analyse du lieu où vous irez vous promener. Ça ne sera probablement pas le même niveau de risques dans la rue d'une banlieue tranquille que dans un endroit où se retrouvent les bars louches du quartier. Les gardes du corps professionnels ont de bons réflexes face à ce type de menace. Dans un restaurant, ils choisiront la table en fonction de la facilité d'évacuation tout en trouvant le meilleur endroit en ce qui a trait à la discrétion. Ils sauront dès leur arrivée où sont les sorties de secours en cas de problèmes. Ils s'assureront que la voiture est en excellente condition et qu'il y a suffisamment d'essence pour faire face aux imprévus. Possédez-vous ce genre de réflexes?

Le réflexe principal à développer est sans conteste celui de réfléchir avant de riposter ou d'attaquer un adversaire. Est-ce que je peux me contenter de la maîtriser sans avoir à le frapper? Si oui, c'est probablement la meilleure solution à faire. Se pourrait-il que par hasard, ce soit moi qui ai inconsciemment déclenché cette situation? Eh oui, ce sont des choses qui peuvent arriver. Comprendre pourquoi on se bat devrait toujours être de mise. Gagner un combat n'est pas tout. Il faut pouvoir survivre à sa victoire. J'ai déjà vu des individus qui s'étaient fait battre attendre leur adversaire à l'extérieur du bar, avec... un fusil à pompe calibre 12. Un de mes amis a vu un jour un homme revenir au bar avec une scie à chaine. Le réflexe des clients a été de faire pleuvoir une volée de chaise sur ce déséquilibré.

Développez le réflexe de réfléchir avant d'agir. Peut-être allez-vous réussir à vous protéger, mais en saura-t-il de même des gens qui vous accompagnent? Si toute votre carrière martiale se construit autour de réflexes réactifs, il vous manquera toujours ce petit quelque chose qui vous permettrait de jouer dans la cour des grands, de bons réflexes préventifs.

Chapitre 36

Le pouvoir des ninjas

Quiconque a vu un film de ninja se souvient de ces entrelacements de doigts que faisaient ces guerriers de l'obscurité. En prononçant de mystérieuses paroles, ils arrivaient, on ne sait trop comment, à acquérir d'énigmatiques pouvoirs leur permettant d'accomplir des prouesses surhumaines afin d'achever leur mission. Quel pouvait bien être la magie qui rendait ces exploits possibles? Est-ce que cette capacité est accessible à tous?

On dit que la foi déplace les montagnes. Oui, je sais, ça peut paraître étrange de parler de la foi, mais c'est bien de cela qu'il s'agit. Une grande partie des pouvoirs shinobis venait de la croyance. Les kuji kiri offraient aux ninjas toute une panoplie d'outils pour faire face à toutes les situations. Tout le monde connaît la façon de réunir le pouce et l'index lorsque l'on fait de la méditation. Chacun des doigts représente un élément. L'auriculaire symbolise la terre, l'annulaire l'eau, le majeur le feu, l'index le vent et le pouce le vide qui comprend tous les autres éléments. En joignant ainsi le pouce et l'index, on obtient l'anneau du vent. Peut-il y avoir meilleur support que le vent pour méditer? Il nous offre la légèreté dont a besoin notre esprit pour atteindre des niveaux plus spirituels. Est-ce que ce geste peut vraiment nous permettre de mieux méditer? Tout dépend de la croyance que vous avez en lui. Si vous le faites parce que les autres le font, il est probable que cela ne vous aidera pas tellement. Mais si vous y attachez de l'importance, nul doute que cela vous permettra d'atteindre un état de relaxation profond.

Imaginez-vous entouré d'ennemis, en plein cœur de la forêt. Pour une raison que vous ignorez, vos adversaires suspendent leur attaque pour un certain laps de temps. Vous savez que cette tranquillité ne durera pas. Vous êtes paniqué et il n'y a rien à faire afin que votre esprit se remette à fonctionner de façon logique. Vos émotions dirigent, vous laissant dans un état de vulnérabilité face à ces circonstances dramatiques. Vous ne disposez d'aucun outil pour vous aider à reprendre le contrôle de vous-même.

Le guerrier entraîné lui possède tout d'abord une mudra dédiée à cette situation. Il a appris une façon de placer ses doigts de manière à calmer son esprit. Il n'a jamais eu besoin de l'utiliser auparavant, mais il a confiance en cela. Son maître lui a enseigné et il sait qu'il peut se fier à ces connaissances qu'il lui a données. Déjà, simplement au contact du bout de ses doigts, avant même que la mudra ne soit complétée, son esprit lui semble moins turbulent. Il a l'impression que ses épaules se détendent, que sa respiration se fait plus lente. Il va maintenant réciter le mantra qui accompagne ce geste sacré. Les paroles qu'il a mémorisées depuis des années, des mots qui sont remplis de pouvoir. Son corps se relâche de plus en plus, ses pensées deviennent moins agitées. Il termine cette cérémonie par la visualisation d'une divinité. Un symbole puissant associé à Fudo Myoo, une entité à l'esprit immuable. Ça y est, le calme est revenu, il a repris le contrôle de la situation, il n'est plus dominé par ces émotions troubles qui l'empêchaient d'échafauder des stratégies. Il peut maintenant travailler sur la manière de se sortir de cette embûche.

Ne pas se laisser abattre

Voyons un autre scénario. Notre guerrier vient de survivre à un combat contre dix adversaires. Après avoir tenté de fuir durant des heures, il est tombé sur une patrouille qui l'a traqué un long moment avant de réussir à l'encercler. L'un de ses opposants est parti chercher des renforts au camp à moins d'un kilomètre de là. Notre ninja n'a plus d'énergie et il sait que son combat pour sa survie est loin d'être terminé. Il n'a même plus la volonté d'essayer de fuir. Tenter de s'éloigner dans cet état est chose inutile. Ses jambes étant devenues trop lourdes pour lui offrir toute la mobilité qui lui est si familière. Il est temps de faire le point. Là aussi, ses outils seront d'un grand secours. Il se met à genou pour méditer. Il redresse son dos tout en joignant ses mains pour créer le symbole qui lui viendra en aide. Il a besoin d'énergie. Il commence à se réciter le mantra qui, déjà après les premières paroles, semble le sortir de sa pâleur. Puis en visualisant l'image appropriée, il se reconnecte avec lui-même. Il sent sa volonté de combattre reprendre le dessus. Il a de nouveau l'impression que le sang circule jusqu'au bout de ses mains et de ses pieds. Un sentiment s'empare de lui : l'espoir. Il sait que tout n'est pas perdu. Il sent son esprit qui s'enfonce très loin dans un état de relaxation profond tout en gardant chacun de ses sens en état de veille. Il étire son corps, ses muscles acceptent de répondre à chacun de ses ordres, à chacun de ses mouvements. Pas tellement loin derrière lui une branche au sol craque sous le poids d'un pied. Le ninja sourit.

Ce que je viens de décrire peut sembler mystique. Mais ce n'est qu'une simple reprogrammation du subconscient basée sur la croyance et la puissance des symboles. Grâce à des exercices et à un entraînement approprié, on peut parvenir à les utiliser pour se recentrer ou pour aller puiser dans ses réserves d'énergie. Tout le monde a déjà entendu parler de cette mère de famille qui a réussi à soulever une voiture pour y dégager son enfant.

Des études ont démontré qu'avec des exercices de visualisation appropriés on pouvait se dépasser. Le meilleur exemple est celui des haltérophiles à qui l'on faisait lever leur charge maximale. Une fois rendu au bout de leurs capacités, on les amenait à visualiser un ajout de dix kilos à la barre, puis ils se voyaient la soulevant avec ce poids supplémentaire. Après plusieurs séances du genre, ces athlètes parvenaient à dépasser leurs limites.

Le corps humain utilise rarement toutes ses réserves de puissance ou d'énergie. Il se garde une sécurité afin de se préserver. Si les muscles forcent trop, il se peut qu'ils s'endommagent ou que les tendons se brisent. Le corps se met des balises de sûreté dans le but d'éviter de graves blessures. Par des techniques de reprogrammation appropriées, on peut réussir à outrepasser ces protections. Bien entendu, pour arriver à un résultat optimal, il faut y croire, avoir la foi. Là où ça devient intéressant, c'est que même si notre intellect nous dit que ça n'a aucun sens et que cela ne peut se passer, si le subconscient y croit, ça marchera. Eh oui, notre subconscient fonctionne indépendamment de notre logique.

J'ai souvent fait la démonstration à mes étudiants de cette particularité du subconscient. Pour y arriver, je demande à un qui ne croit pas à ces choses de contrer ma main lorsque je tenterai de le frapper sur la tête. Naturellement, l'élève ne doit pas se mettre hors de portée, il doit simplement bloquer à l'aide de ses bras. Aux premiers essais, la plupart réussissent à arrêter mon attaque sans trop de peine. Puis je regarde l'étudiant dans les yeux et je lui dis « maintenant ton bras va ralentir ». La plupart du temps, j'ai droit à un petit sourire. Je réplique en souriant moi aussi. En plus, je projette une image tellement confiante de moi-même que je sème un doute dans le subconscient de l'étudiant. C'est tout ce dont j'ai besoin. Avec moins d'effort, j'arrive à toucher la tête à chaque fois. Ce sont bien sûr des techniques d'hypnose, mais ça illustre bien la puissance de la croyance et du doute. Si vous doutez de vous, vous êtes en train de faire une programmation négative.

Demeurer suspendu plus longtemps à un toit, courir en ne se laissant pas influencer par la fatigue ou simplement puiser dans ses réserves d'énergie est autant d'exemples où l'on peut utiliser les pouvoirs mystiques des ninjas. Peut-on arriver à prévoir l'avenir comme le suggèrent les kuji kiris? De ce côté, je suis un peu sceptique. Or, le fait de parvenir à faire travailler de concert les deux hémisphères du cerveau permet peut-être d'arriver à faire une projection assez exacte des événements à venir. C'est une question d'analyse des probabilités.

Le subconscient est malléable. On peut le reprogrammer assez facilement, les compagnies de marketing et les sectes religieuses ont compris cela depuis longtemps. Vous pouvez créer vos propres symboles dans divers buts. Par exemple, si vous êtes incapable de gérer vos émotions lorsque vous passez une entrevue pour le travail, voici comment utiliser ces pratiques ninjas. Trouvez-vous une façon personnelle, qui soit discrète, à positionner vos doigts pour créer cette première facette de votre reprogrammation. Naturellement, on s'imagine mal quelqu'un qui commencerait à joindre ses deux mains devant la ou les personnes qui vous reçoivent. C'est pour cette raison que votre symbole devra se faire à une seule main et doit être facile à exécuter et discret. Puis comme mot à prononcer, ça peut être aussi simple que je suis calme. Enfin, choisissez une image qui vous inspire confiance en vous, que ce soit votre chat, un symbole religieux quelconque ou autre. Il faut que vous trouviez quelque chose qui soit significatif pour vous. Puis durant quelques semaines, le soir en vous couchant, faites l'exercice en utilisant ces trois supports que sont le geste, les mots et l'image. En le faisant, sentez-vous détendu, calme. Lorsque vous irez pour l'entrevue, le simple fait de faire cela avant de rencontrer les gens vous aidera à garder le contrôle. Puis au moment de l'entrevue elle-même, réunir vos doigts vous aidera grandement.

Tout le monde a déjà vu ces guérisseurs et ces prêcheurs qui, en touchant les personnes, réussissent à les soigner. Dans ce contexte, le geste n'est plus fait par le sujet, mais par le prêcheur. L'aspect visuel est le contexte où se déroule la cérémonie et les mots sont ceux dits par le prédicateur. Vous pouvez reconnaître ce même modèle qu'utilisaient les ninjas. Or, je doute que ces gens puissent réparer une colonne où les nerfs ont été sectionnés. C'est surtout psychologique et non physique le niveau où tout cela se joue.

Je pense qu'avec ces exemples il est facile de comprendre le fonctionnement de tout ça. On ouvre la porte du subconscient en utilisant trois chemins différents ce qui renforcit l'effet désiré. En tant qu'hypnothérapeute, c'est la façon dont je vois et j'explique une grande partie des pouvoirs des ninjas. Naturellement, il n'y a pas que cela. Avant toute chose, il y a la discipline. Tout se mérite dans la vie, rien n'est gratuit. On ne peut obtenir le plein contrôle de cela sans y mettre les efforts nécessaires. On peut se créer des modèles pour toutes sortes de besoins allant de la gestion des phobies en passant par l'arrêt de consommation de produits nocifs à la santé ou encore le contrôle d'émotions perturbantes. Bien sûr, avant de faire n'importe quoi, il est souhaitable de procéder à ces techniques sous la supervision de personnes compétentes dans le domaine.

Alors, est-ce toujours aussi mystique?

Chapitre 37

Des titres prestigieux

Encore une fois, j'en reviens à la pyramide de Maslow. S'il y a bien un univers où le besoin d'estime de soi se fait sentir, c'est bien dans le monde des arts martiaux. Certaines personnes sont prêtes à tout pour y parvenir. J'ai déjà vu des gens mentir à leur instructeur pour avoir des degrés plus rapidement. D'autres qui se servaient de diverses organisations pour valider un degré qu'ils s'étaient eux-mêmes accordé. La stratégie consistait à dire à chacun des différents groupes que c'était l'autre parti qui avait accordé le niveau tant convoité. Bien sûr, tout finit par se savoir lorsque l'on ment et ça prend énormément de temps pour se refaire une crédibilité.

Cette recherche d'estime de soi est liée à la nature profonde de l'être humain. Elle est normale et ne connaît pas de frontières, de langue ou de religion. Je crois que tous les dojos qui existent depuis longtemps ont leurs anecdotes sur le sujet. Personnellement, je n'ai jamais obligé mes élèves à utiliser un titre quelconque pour m'adresser la parole. Ils peuvent m'appeler par mon prénom. D'accord, d'un point de vue du mysticisme ça peut en prendre un coup. De plus, si l'on pense stratégie marketing, c'est un peu moins performant. Je ne suis pas là pour me faire admirer, mais pour aider les étudiants dans leur progression du *budo*. Mon but principal est de leur fournir les outils nécessaires à survivre en cas d'agression. Cela me suffit amplement comme objectif, je n'ai pas besoin des arts martiaux pour trouver une valorisation à ma vie.

Par contre, je n'irai jamais songer à m'adresser à un des professeurs japonais qui m'enseigne par son prénom. La frontière culturelle qu'il y en entre eux et nous est une raison supplémentaire de respecter l'étiquette. Il est de coutume au Japon d'interpeller une personne par son titre. Vous vous adresserez à votre chef de section ou directeur par le nom qui indique sa fonction. Le Japon étant un pays très hiérarchisé, il est tout à fait normal d'appeler ainsi les gens par le titre lié à leur poste. C'est culturel et cela n'a rien à voir avec le besoin de revaloriser son égo. Ça offre une chaîne de commandement efficace pour des individus qui font passer le travail et l'entreprise avant leur propre personne.

En second lieu, ces professeurs d'expériences ne nous obligent jamais à une marque de respect, cela s'impose par leurs compétences, leurs personnalités fortes, par le respect qu'ils ont envers leurs étudiants et aussi par l'âge. La plupart de ces personnes ont plus de soixante-dix ans. Je pense qu'il ne me viendrait jamais à l'esprit d'aller donner une bonne tape amicale dans le dos de l'un d'eux comme on le ferait avec un ami proche. C'est un respect naturel où l'on ne se sent jamais obligé d'utiliser les termes de politesses si chers au langage japonais, ça se fait naturellement.

La façon la plus standard d'appeler un professeur est d'utiliser le terme sensei. Cela se traduit simplement par le mot « instructeur », ce qui n'est pas faux. Ce nom est composé de deux kanjis. Le premier, signifie « avant, précédent ». Le second lui se traduit « par vie, naissance, authentique ». On peut donc dire que le sensei est celui qui est né avant l'élève. Au Japon, on utilise ce mot pour les enseignants, les dentistes, les médecins. Que vous enseigniez la cuisine ou la physique quantique, vous pourrez être gratifié de ce titre.

Mais est-ce que l'on peut gratifier un instructeur qui vient tout juste d'entrer dans la vingtaine de ce titre et qui vous enseigne alors que vous avez dix ans de plus que lui? Par convention, c'est oui. Par contre, l'instructeur devra être conscient que le respect, ça ne s'oblige pas, ça se mérite. Il est trop fréquent de voir de jeunes instructeurs qui essaient d'écraser leurs élèves par la discipline afin de créer un fossé entre eux. Ce n'est pas toujours une question d'âges, loin de là. J'ai rencontré de ces instructeurs qui faisaient davantage preuve de dignité et de professionnalisme que certains plus âgés.

De nos jours, je suis impressionné de voir les nouveaux titres qui existent. À une certaine époque, les écoles ne produisaient pas des instructeurs en aussi grande quantité. Les conditions pour faire des arts martiaux n'étaient pas les mêmes. Le transport, les moyens financiers et l'énergie consacrée au travail étant trop exigeants, il était difficile de s'investir dans le *budo*. Avant de pouvoir avoir le titre de sensei, il fallait attendre très longtemps. De nos jours, on fabrique des instructeurs en rafale. Les dojos sont plus accessibles et les gens sont moins patients. Il faut les gratifier plus rapidement si l'on ne veut pas perdre d'élèves. Dans la plupart des arts martiaux, cela peut prendre entre quatre et dix ans pour obtenir une ceinture noire. Ça laisse le temps à l'étudiant d'assimiler les bases essentielles. Il ne faut pas que ça ne soit qu'un exercice mnémonique, mais que le corps aussi puisse apprendre comment les utiliser. Malheureusement, le seul moyen de voir la différence entre un apprentissage rapide et un normal serait de voir qui sortirait vainqueur d'une confrontation violente dans la rue. Au fil des ans, j'ai eu plus d'une quinzaine de mes étudiants qui sont sortis indemnes de combats à mains nues contre des couteaux. Ils ont réussi à maîtriser l'agresseur et sans n'avoir aucune égratignure. Cela fait partie d'une des choses que l'argent ne peut acheter, le temps.

Plusieurs titres ont été rajoutés dans différents styles d'art martial. Comme il y a de plus en plus d'adeptes, il est devenu important de créer diverses catégories. Par exemple, au sein de notre école il y a à la base les degrés qui débutent par des kyus suivi des dan, puis viennent ensuite les titres de shidoshi-ho et de shidoshi. Enfin, on retrouve celui de shihan. Un peu plus tard, Hatsumi sensei a ajouté le titre de yushuu shihan qui put se traduire par « instructeur par excellence » et de dai shihan qui peut se traduire par « grand instructeur, instructeur de niveau supérieur ». Ces titres répondaient probablement à un besoin de séparer le grand nombre d'étudiants. J'ai reçu le titre de yushuu shihan il y a un an et je n'ai pensé qu'en écrivant ces lignes à l'afficher sur le site Internet du dojo. Je le fais uniquement parce que certains instructeurs disent qu'il n'y a pas plus haut que le niveau de quinzième dan dans notre style. Il est important que les étudiants connaissent comment fonctionne le système au sein de leur propre organisation.

Il y a des gens qui sont prêts à tout pour obliger leurs étudiants à les mettre sur un piédestal. Même dans le style que je pratique, il y a des gens qui se disent maîtres. Des personnes qui n'hésitent pas à dire aux gens qui les côtoient qu'ils ont ce titre prestigieux de maître. À ma connaissance, il n'y a qu'un seul maître dans ma discipline et il est au Japon. Au moment d'écrire ces lignes, Hatsumi sensei a quatre-vingt-cinq ans et n'a rien à voir avec un homme dans la quarantaine qui croit qu'il est un maître. C'est complètement ridicule, mais ça s'explique très bien lorsque l'on connaît le fort besoin d'estime de soi qu'ont beaucoup de gens.

Un ami avait rencontré un jour un jeune homme dans la fin de la vingtaine qui disait maîtriser six des neuf écoles qui composent mon style d'art martial. Là aussi, c'est un bon exemple de ce besoin d'estime de soi. Je fais des arts martiaux depuis plus de quarante ans et plus j'avance, plus je m'aperçois qu'il y a tant de choses que je ne connais pas. Il est tellement facile de prétendre que l'on connaît tout, surtout face à un débutant, mais, devant des gens d'expérience, ces personnes ont tendance à essayer de passer inaperçues.

Un jour que j'étais avec ma conjointe, nous avions rendez-vous avec un homme qui voulait me parler. Il possédait une école d'art martial et désirait me faire une proposition. Lorsqu'il salua ma conjointe, il eut le malheur de se présenter lui-même en disant « je suis Maître untel », enchanté de vous rencontrer. Naturellement, du tact au tact Francine lui demanda s'il était avocat ce qui le fit bafouiller d'une drôle de façon. Il ne savait pas s'il devait se fâcher devant un tel affront de son honorable personne. Je pense que cette expérience a été une bonne leçon d'humilité pour lui. Un jour où nous discutions du sujet avec Stephen Hayes, ce dernier qui partageait mon avis sur le sujet, disait que le comportement de ces gens est un peu ridicule. Que ça serait comme si John Wayne se présentait en disant « je suis le grand acteur John Wayne ».

Dans la recherche de l'estime de soi, certains vont pousser leur quête de respectabilité davantage en se créant des titres composés. On a déjà vu des Master-Sifu et autre mixage du genre. Parfois, certains utilisent des titres de différents arts martiaux qu'ils mélangent afin de garder leur notoriété qui se joue sur différents tableaux. Si l'on pratique plusieurs arts martiaux et que l'on a acquiert des titres honorifiques dans ces diverses écoles, alors il faudrait utiliser le titre qui est dédié à chaque école en particulier et non essayer d'inventer quelque chose qui témoigne de l'obtention de diplômes dans toutes ces écoles.

Lorsque l'on reçoit un titre, on peut être fier et heureux de le recevoir. C'est bon pour le moral, et c'est aussi bon pour le marketing. Par contre, il ne faut pas que cela nous transforme en quelque chose de différent. J'apprends à mes étudiants à ne pas se laisser impressionner par les degrés ou les titres. On doit regarder la personne qui se cache derrière tout ça. Les titres se méritent, mais ils doivent être le reflet exact de notre capacité et de notre dignité.

Chapitre 38

L'ermite

On a tous lu sur le sujet ou entendu parler de ces vieux maîtres qui s'isolaient dans une caverne et en ressortait avec une compréhension nouvelle de leur art martial. Des gens qui dans la plus grande des solitudes, avaient un satori, une illumination sur la manière de travailler leurs compétences si durement acquises. Une retraite fermée jumelée à de la méditation leur procurait un niveau de compréhension supérieur. Est-il raisonnable de penser qu'à partir de ce que l'histoire nous a laissé à leur sujet, que l'on puisse refaire le même parcours? Qu'en s'isolant cela nous mènera nécessairement aux mêmes résultats que ce qu'ils ont connu? Que nous en tirerons des effets identiques qui sont aussi bénéfiques?

J'enseigne les arts martiaux à temps plein depuis environ trente-cinq ans. Au fil des années, j'ai souvent rencontré des étudiants qui croyaient pouvoir reproduire l'expérience d'isolement qu'on vécut ces vieux maîtres. Isolés oui, mais pas dans une caverne, dans le confort de leur foyer. Des personnes qui cessaient de venir en classe sous prétexte qu'en demeurant chez elles, elles finiraient par avoir une meilleure compréhension du *budo*. Si c'était arrivé pour de vieux maîtres, pourquoi cela ne s'appliquerait-il pas à eux?

Il faut remettre les choses dans le contexte historique. Ces maîtres n'étaient pas seuls dans leurs cavernes. Ils y étaient avec la somme de leurs connaissances martiales, un savoir accumulé depuis des années. Il y a une énorme différence entre le vécu de ces maîtres et celui d'une personne qui pratique les arts martiaux modernes. Dans la plupart des cas, ces personnes ont moins de dix ans d'expérience à leur actif même s'ils ont touché à plusieurs styles. Dans ces époques révolues, les gens qui s'isolaient vivaient du métier de guerrier. Ils n'étaient pas de simple théoricien, mais des combattants qui possédaient un passé chargé.

De nos jours, il y a des gens qui n'ont pas la chance d'avoir un professeur sous la main. Oui, ces gens peuvent faire un bon bout de chemin en s'entraînant seuls. Il existe une multitude d'exercices que l'on peut faire dans la nature. Hatsumi sensei a déjà fait une vidéo où l'on pouvait voir des personnes frapper des arbres, sauter par-dessus des flammes, développer la force des épaules en faisant plier des bambous à l'aide des bras. On peut courir, se déplacer sur des terrains accidentés, mais rien ne pourra remplacer la présence d'un bon partenaire d'entraînements. Ces gens qui font ce type d'entraînement le font par nécessité et non par l'idée que la solitude leur apportera la compréhension de l'univers.

Il n'est pas rare que j'entende des étudiants me raconter qu'ils ont été obligés d'arrêter pour raison financière, familiale ou autre et me dire que cela leur a permis de comprendre beaucoup de choses. Je pense pouvoir dire que ce qu'ils avaient à comprendre aurait été compris de toute façon même en s'entraînant. Lorsque c'est nécessaire à notre progression martiale, notre cerveau créé des paliers où ils cessent de chercher à assimiler de nouvelles connaissances. Ce sont ces étapes où l'on a l'impression que nous ne sommes plus bons, que nous ne comprenons rien. Ces épisodes de stagnations finissent par passer de toute façon, que l'on s'entraîne ou non.

En arrêtant d'apprendre sous la supervision de son professeur, on ne fait que s'empêcher de s'initier à de nouvelles connaissances. Ce n'est qu'une étape où l'on perd des enseignements qui ne reviendront peut-être plus, du moins dans mon dojo. Je me suis souvent posé la question sur plusieurs de ces arrêts mystiques, est-ce que ces étudiants croient vraiment que leur niveau de compétence martial va s'améliorer? Bien sûr, sur un ou deux points précis où ils avaient des problèmes, ils vont dans bien des cas réussir à résoudre ces problèmes. Encore une fois, la solution serait venue à eux de toute façon.

Lorsque je discute avec certains d'entre eux sur ces pauses de l'entraînement, je découvre que ces gens attendent que la compréhension vienne à eux. Ils sont en mode passif et un jour avec de la chance, une pensée martiale sur une facette qu'ils maîtrisaient moins bien, viendra les éclairer. Pour les vieux maîtres, ça ne se passait sûrement pas ainsi. Je doute que leur retraite ait été faite en fonction d'une quête de compréhension technique. Leurs aspirations étaient probablement plus globales que cela. Il ne recherchait pas un mode d'emploi, mais une stratégie enveloppant l'ensemble de leurs connaissances martiales au complet.

Tel adversaire est trop fort pour moi, comment puis-je arriver à contrer ses attaques? Quelles sont mes faiblesses face à ce type de combat que je ne maîtrise pas du tout? Et lui, quels sont ses points vulnérables? À une certaine époque, surtout du côté de la Chine, il n'était pas rare qu'un maître crée un style pour en contrer un en particulier. Cette façon de penser a probablement donné naissance à une spécialisation de certaines écoles. L'isolement leur permettait de prendre du recul et de faire le bilan des stratégies qu'ils utilisaient auparavant. Ils n'attendaient certes pas que la réponse vienne à eux en se contentant d'aller à la pêche. Ils méditaient, ils visualisaient des solutions sans se laisser déranger par des problèmes extérieurs. Tout le temps passé en solitaire était un temps de travail sur la façon de résoudre ce problème et non dans l'attente d'une quelconque illumination.

Peut-être aussi que nous sommes complètement à côté de la piste. Est-il déraisonnable de penser que certains d'entre eux s'isolaient simplement pour décrocher d'un monde violent ou d'un système gouvernemental trop autoritaire? Dans bien des cas, l'isolement est une fuite, un endroit où enfin on peut goûter à un peu de liberté. Après tout, je doute que le bouddha recherchait le meilleur moyen de pouvoir battre ceux qui ne partageaient pas ses idées.

De nos jours la personne qui demeure chez elle à méditer sur ses arts martiaux peut-elle y consacrer autant de temps que ces vieux maîtres? À moins d'aller vous trouver une caverne isolée, je doute que ça soit le cas. Vos factures ne se paieront pas toutes seules, vous avez besoin de travailler. On voit tellement de gens se plaignant de manquer de temps être constamment sur Facebook ou autre réseau social. Est-ce que votre quête spirituelle a un but comme celle des vieux maîtres? Je pense que de nos jours il y a peu de gens dont la survie dépend de leurs arts martiaux.

Sous une autre forme, j'en ai parlé précédemment. Lorsque l'on fait des arts martiaux, il y a deux aspects forts différents qui entrent en ligne de compte. Notre pensée rationnelle est probablement l'aspect le plus sollicité dans notre apprentissage. Vient ensuite l'intuition, la créativité. Isolés dans une caverne, les vieux maîtres s'éloignaient volontairement des points de repère qui leur étaient si familiers. Plus de conversation avec les gens autour d'eux. Plus de routines quotidiennes qui composent la vie de la plupart des humains. La caverne est un nouveau point de départ.

Il ne faut pas oublier que tout ceci se fait sous l'influence de la religion shinto. On ne peut pas être plus près de la nature que dans cette religion. La caverne est liée aux esprits de la terre qui est l'élément de base. Sans la terre, il n'y a pas de vie. C'est elle qui supporte le poids des cours d'eau et qui l'entoure dans son cheminement. C'est également la terre qui permet au feu d'exister, au vent de prendre contact avec les hommes. La caverne est un lieu qui facilite la possibilité de se mettre en contact avec la partie instinctive de son subconscient. Le lien qui l'unit à l'esprit de la terre n'est certainement pas le même que celui que son lit douillet lui offre.

Partir en quête de sa nourriture en pleine forêt ne procure pas la même sensation que d'ouvrir la porte du réfrigérateur. Celui qui s'isolait changeait complètement sa manière de vivre. Autant de besoins d'adaptation ne peuvent que métamorphoser celui qui le subit. Tous ceux qui ont eu la chance un jour ou l'autre de faire un entraînement de survie vous diront que cela les a transformés d'une quelconque manière. Que la façon dont ils voient ce qui les entoure n'est plus la même. Ils vous diront pour plusieurs d'entre eux qu'ils ont eu pour la première fois de leur vie la sensation d'apprécier ce qu'ils sont et ce qu'ils ont.

Les vieux maîtres possédaient des connaissances. Peut-être que ces retraites auxquelles ils s'astreignaient leur permettaient davantage de voir dans les moindres détails ce qu'ils avaient acquis avec les années. La plupart des gens n'apprécient pas ce qu'ils ont, ils se contentent d'en jouir lorsqu'ils en ont besoin et leur estime de ce qu'ils ont s'arrête là. Dans sa caverne, démunie de tous ses biens matériels de base, l'ermite ne peut que se tourner vers ses connaissances. S'il aime l'écriture, il pourra avoir apporté encre et papier afin de coucher sur le parchemin le cœur de ses réflexions. Mais probablement qu'une grande partie de ses énergies, consciente et inconsciente seront orientés vers sa quête.

Alors si la raison de votre isolement est une quête martiale, souvenez-vous de l'expression suivante : autre temps autre mœurs.

Chapitre 39

La prise de notes

Est-ce que ça vous est déjà arrivé de revenir d'un séminaire de quelques heures ou de deux jours et de réaliser une semaine plus tard que vous ne vous souvenez de presque rien ? Je pense que pour la plupart des gens la réponse est oui. Notre mémoire a des limites qu'elle atteint rapidement pour la plupart d'entre nous. Pour remédier à cela, il existe une chose très simple à faire, la prise de notes.

Ce qui paraît très aisé aux premiers abords ne l'est pas une fois que l'on se retrouve confronté au problème. Prendre des notes c'est facile, pouvoir les relire dans quelques mois, ça, c'est une autre histoire. Un petit détail mal décrit et tout l'enchaînement affiche une allure différente. Il est fréquent que des étudiants me disent qu'ils ont beaucoup de difficultés à prendre en note les techniques qu'ils viennent d'apprendre. Je pense que ce n'est qu'une question de discipline et d'entraînement. Plus on en fait et plus cela devient facile.

Sur Internet, on peut retrouver le même kata fait par beaucoup de personnes. La différence est parfois troublante. Généralement, le plus grand nombre de techniques exécutées de façon semblable sera pris comme étant la vraie technique. Mais peut-on être certain à cent pour cent que c'est la bonne méthode pour la faire ? On ne peut être sûr complètement qu'en se référant à l'enseignement direct du maître du style ou des professeurs qui sont régulièrement en contact avec lui. En écrivant nous-mêmes nos notes, on ne le fait pas pour les autres, on le fait pour soi-même avec l'intention que ça soit le plus exact possible. Bien sûr, les notes évoluent au fil des ans. Que ce soit parce que l'on comprend mieux comment exécuter la technique ou parce qu'une personne qui était au faîte de la technique nous a replacés dans le bon chemin. Bref, nos notes doivent évoluer avec le temps.

De nos jours, dans la plupart des écoles, on peut acheter des vidéos ou des livres qui décrivent la technique. Personnellement, dans le style que je pratique, je me fis surtout aux techniques expliquer dans les livres d'Hatsumi sensei ou de celles démontrées par les professeurs japonais qui l'entourent. Pourquoi ces enseignants plus que les Occidentaux ? Simplement parce qu'ils parlent japonais dans un premier temps et qu'ensuite ils ont l'avantage de vivre sur place et d'accéder à tous les enseignements du maître. Le japonais est parfois une langue difficile à interpréter, surtout lorsqu'elle utilise de vieilles expressions comme c'est fréquemment le cas dans le *budo*. Il y a souvent de la distorsion entre ce que le traducteur dit et les mots qu'a utilisés le maître. Dans bien des cas, ce dernier ne leur laisse pas suffisamment de temps pour trouver les termes appropriés. Alors je me fie aux Japonais en premier lieu et ensuite à moi-même, même si je sais que mes notes ne seront pas totalement exactes. J'assume mes erreurs et je fais tous les efforts possibles pour les mettre à jour. Et je ne pense pas me tromper en disant que la plupart des shihans occidentaux pensent comme moi et travaillent eux aussi d'arrache-pied pour avoir le matériel le plus précis possible.

Quel est l'avantage de garder par écrit les techniques que l'on a acquis? Est-ce que ce n'est pas ce que l'on appelle collectionner des techniques? Oui et non. Ce que j'appelle un collectionneur de technique est une personne qui consacre tout son apprentissage à faire les techniques codifiés afin d'acquérir des ceintures plus rapidement. Il ne s'occupe pas de comprendre ce qu'enseigne la technique, mais simplement de la reproduire, de la chorégraphier. Je pense qu'il est important de se monter une banque de données, mais de ne pas dépendre exclusivement d'elle. Si un jour vous voulez devenir instructeur, il sera intéressant pour vous d'aller puiser dans le matériel que vous avez appris quinze ans auparavant. Sans votre prise de note, il est probable que vous vous spécialiserez dans un style de technique. Vos écrits vous permettront d'aller chercher l'inspiration dans vos ressources et d'offrir à vos étudiants une plus grande diversité dans votre enseignement.

Comment classe-t-on ces précieuses notes? Personnellement, j'utilise un logiciel de gestion de bases de données. Cela me permet de créer une fiche par technique et de la classer par école, par niveau et par différentes informations pertinentes. Chaque champ que je remplis me permet de retrouver aisément la technique que je recherche. Par exemple, je désire mettre la main sur un kata dont j'ai oublié le nom. Je sais qu'il y a une attaque au sabre et une projection type ganseki nage. J'entre ces mots dans le champ de descriptions de la technique et le programme me sort toutes les techniques possédant ces caractéristiques. En effectuant une recherche de logiciel de base de données sur Internet, on peut trouver plusieurs de ces programmes dont certains sont à code ouvert et gratuit. On peut également garder tout cela à l'aide d'un simple traitement de texte. Le tout est de bien s'organiser en classant les techniques par écoles, par niveau et par catégories d'armes, de projection, etc. Pour moi, comme je dois enseigner ces techniques à mes étudiants, il faut que je puisse référer rapidement aux données qui m'intéressent.

Lorsque je vais au Japon, je passe une bonne heure et demie à mettre de l'ordre dans mes notes de la journée. Pas question de remettre cela au lendemain, la procrastination est un problème sournois. Fréquemment, j'assiste à trois cours dans la journée. Après la dernière classe, je vais généralement manger un peu, puis c'est la douche et la prise de note. Sur la fin du voyage, il m'arrive souvent de me dire que je ferai cela le lendemain. Comme il y a cours chaque jour, les techniques apprises la veille seront rapidement enterrées sous les nouvelles informations acquises le jour suivant. Le seul moyen de contrer ma mémoire défaillante est de décrire les choses qui m'intéressent la journée même. Je dis bien les choses qui m'intéressent, car je n'irai sûrement pas travailler sur les techniques que je connais déjà ou qui ne me conviennent pas. Je dois faire une sélection et garder ce qui pourra me faire progresser le plus efficacement.

Quelles sont les étapes à suivre pour un travail bien fait? Y a-t-il des règles à respecter pour accomplir cette tâche? Je pense que chaque individu peut développer sa technique personnelle. Pour ceux qui ont des problèmes pour y réussir, voici quelques trucs de base. Premièrement, qui fait quoi? Comment décrire l'attaquant et le défenseur? On peut appeler l'attaquant de différents noms. En ce qui me concerne, j'utilise les termes japonais tels que uke pour l'attaquant et tori pour le défenseur. Mais on pourrait faire plus simple et plus rapide en écrivant un A majuscule pour l'attaquant et un D majuscule pour le défenseur. On vient d'économiser ainsi temps et espace. Un de mes étudiants lui utilisait le signe (+) et le moins (-) pour identifier les acteurs. Chacun peut créer son propre système à condition qu'il s'y retrouve rapidement. La simplicité est le secret pour ce travail.

Beaucoup de gens se trompent en décrivant l'attaque. Est-ce que l'agression a débuté avec une saisie du poignet croisé ou du même côté? S'il y a eu un enchaînement de coups frappés, il faut s'assurer de décrire la bonne séquence de l'attaque. Si vous décrivez tout le reste de la technique à la perfection, mais que vous n'avez pas débuté la prise de note par la bonne attaque, il y aura forcément quelque chose de différent dans la technique. Je vois souvent des étudiants qui exécutent des techniques en se fiant à leurs notes personnelles et qui ont commis cette erreur. Ils font la technique avec une mauvaise attaque.

Lorsque je donne un séminaire à des enfants dans une école publique, je leur dis que je vais leur tendre un piège au moment où je vais leur démontrer les techniques. Je commence toujours par une saisie au poignet croisée et je fais la technique pour m'en sortir. Lorsqu'ils essaient de reproduire ce que j'ai fait, généralement, plus de la moitié du groupe agrippe du même côté. Je les arrête et leur explique que je les ai bien eus avec mon piège. Par la suite, ils portent attention sur la façon dont l'agresseur commence la confrontation. C'est le premier réflexe que l'on doit avoir, soit enregistrer automatiquement le scénario d'attaque. À partir de là, on peut toujours réussir à combler les vides qu'il y aura.

Lorsque l'on relit nos notes de cours, s'il y a trop de détail, la lecture devient souvent confuse. Personnellement, j'essaie de mettre le moins de détail possible si ce n'est pas essentiel et que ça ne modifie pas la technique. De plus, si ce n'est pas une technique codifiée, alors, là j'ai de la latitude. Afin de se simplifier la vie, il est bon de connaître quelques katas ou techniques qui servent souvent de référence au lieu d'avoir à la réécrire au complet.

Peu importe le style d'écriture que vous utiliserez. Ce qu'il faut savoir c'est qu'avec le temps votre façon de décrire les techniques s'améliorera. Votre compréhension s'affinera au fur et à mesure que vous prendrez le temps de noter les techniques. Ah oui, j'oubliais. La chose la plus intéressante dans la prise de notes est le fait que ça vous permet de revoir la technique une seconde fois. Votre cerveau va assimiler davantage les principes qui sont cachés à l'intérieur des techniques. Prendre des notes c'est apprendre une seconde fois. Vous ne le faites pas pour les autres, vous le faites pour vous.

Chapitre 40

Zones vulnérables

Lorsqu'un ostéopathe ou un massothérapeute entre en contact avec votre corps, il n'y a pas d'ordinateur pour lui indiquer quels muscles ou quel point en particulier il devra travailler pour vous soulager de votre problème. Ils ont étudié durant des années à comprendre comment notre corps fonctionne. Ils sont obligés d'apprendre un grand nombre de techniques pour traiter la douleur et nous soulager afin que nous puissions nous sentir mieux.

Avec les années, les meilleurs d'entre eux acquièrent un nouvel outil qui ne fait pas partie de ceux qu'ils reçoivent lorsqu'ils sont sur les bancs d'école. Cet outil c'est l'intuition, la sensation que le problème se trouve là et qu'il peut être résolu de telle façon. Ils arrivent à percevoir la zone qui ne fonctionne pas. Ils innovent parfois en travaillant à l'aide de techniques qui ne sont pas dans le manuel. Pour parvenir à ce résultat, ils puisent dans leurs ressources les plus primitives, l'intuition. Ils se fient à leur instinct en sachant que de toute manière ça ne n'aggravera pas la situation. Et, dans la plupart des cas, ils ont eu raison de se fier à cela. Là où ça devient étrange, ce qui est bon pour un patient ne le sera peut-être pas pour le suivant. Ces gens sont capables de percevoir avec leurs mains. Ils détectent les anomalies et sentent où l'énergie doit être réactivée pour arriver à un bon résultat.

Dans les arts martiaux, nous avons nous aussi cet instinct. Je suis instructeur senior en points de pressions policiers depuis 1984. Avec l'expérience, je me suis aperçu que moi aussi je pouvais sentir ces endroits particuliers et à utiliser la manière la plus efficace pour causer une dysfonction motrice ou simplement de la douleur. Le plus curieux est que si l'adversaire a des vêtements amples, ça ne change rien du tout. J'arrive à trouver l'endroit avec facilité.

Peut-on se fier à cette intuition? Je sais que oui. Souvent, en regardant une personne, je vois qu'à tel endroit sur son corps, elle sera sensible. Je sais aussi que celle-ci sera totalement insensible à ce qui fonctionne bien sur la majorité des gens. Nous ne sommes pas tous nés égaux devant la douleur. Au moment où l'on exécute une technique, on n'a pas le temps de se demander lorsqu'on applique un point de pression si ça va fonctionner ou non. Il faut que notre stratégie d'utiliser ou non tel technique soit immédiate. Et, dans le pire des cas, si ça ne fonctionne pas, on passe simplement à autre chose. C'est à ce niveau qu'un bon exécutant martial se distingue des autres. Réussir une technique c'est, la plupart du temps, être chanceux. Reconnaître que notre stratégie ne marchera pas toujours et pouvoir s'adapter quand ça ne fonctionne pas, c'est faire preuve d'un talent martial.

Est-ce que l'on peut arriver à développer cette intuition? Oui, bien sûr. Tout le monde peut y parvenir à divers degrés. Ici aussi, on parlera d'expérience. Encore une fois, il faut faire attention pour ne pas mélanger années et compétences. Si toutes les années que l'on s'est entraîné ont été faites à la façon d'un robot, il y a peu de chances pour que les conditions requises pour arriver à ce résultat soient réunies. Je ne suis pas le seul qui peut sentir cela, loin de là. Pour y accéder, je crois que la première étape est d'être conscient de chaque contact que l'on fait avec un adversaire. Si mes doigts se déposent sur son bras, je dois sentir la courbure des tendons, la texture du muscle, la tension que dégage mon adversaire. Nos mains sont des senseurs extraordinaires lorsqu'on les utilise adéquatement. Le simple frôlement du dos de la main sur un adversaire nous donne une quantité impressionnante d'informations. Encore faut-il savoir écouter ce qu'ils ont à nous dire.

L'une des premières choses que j'enseigne durant un cours de DAPP (défense assistée par points de pression), c'est que dépendamment de la direction où on exercera notre pression, les nerfs du contrevenant réagiront différemment. Beaucoup de gens apprennent les kyushos dans un livre. En suivant des chartes, ils arrivent à les localiser assez bien, mais ils négligent un élément important. Chacun de ces points a sa propre réalité, sa propre manière de réagir. Il faut faire la bonne pression dans le bon angle et avec le bon outil. Un doigt ne produira pas le même effet qu'une jointure de l'index ou d'un pouce. Il faut parfois utiliser la pointe d'un coude ou un genou pour réussir à mettre suffisamment de force pour obtenir un bon résultat. Selon la façon dont le membre est positionné, le but recherché sera différent. Il y a plusieurs paramètres qui entrent en ligne de compte lorsqu'on utilise les points de pressions. Avec l'expérience, l'interprétation de toutes ces variables se fait de plus en plus rapidement, tellement que ça en devient instinctif.

Un bon thérapeute crée un lien de confiance avec son patient. Si le lien est négatif, les résultats du traitement seront probablement moins efficaces. Dans un combat, le but n'est pas de guérir, mais de vaincre l'adversaire. Le lien sera différent, mais il a le mérite d'exister. Il faut que l'on réussisse à projeter suffisamment de confiance en soi afin de l'influencer. Si en appliquant ce type de technique vous démontrez de l'incertitude, voir même de l'inquiétude, vous pouvez être sûr que cela fonctionnera moins bien. Au contraire, si vous affichez une grande confiance en vous et que ça ne marche pas, il faut changer rapidement de technique. En délaissant le point de pression pour une frappe, l'adversaire en viendra qu'à penser que cela pouvait faire partie de votre stratégie. S'il sent que vous n'avez jamais perdu cette confiance en vous, il deviendra plus vulnérable.

L'instinct et une bonne confiance en soi sont essentiels pour un guerrier. Sans cela, nous dépendons uniquement de la vitesse de nos réflexes et de notre force physique qui, avec les années, iront en diminuant. Pouvoir identifier rapidement les zones sensibles d'un adversaire est un atout précieux dans un combat. Dans une confrontation de rue, la plupart des gens cherchent à frapper au visage ou à l'estomac. Deux zones qui sont résistantes aux impacts de nos poings. Bien sûr, le résultat d'un nez qui se casse est toujours impressionnant. Mais outre l'aspect esthétique, les dégâts sont mineurs. La frappe d'une jointure au sternum ou à la tempe ne nécessite aucune force physique et pourra dans certains cas causer de graves dommages. Avec un peu d'entraînement, un enfant de dix ans peut arriver à maîtriser un adulte s'il connaît ces techniques. Même chose pour un coup de pied sur le côté d'un genou. Les articulations ne sont pas faites pour fonctionner dans tous les sens. Il y a un grand nombre d'endroits fragiles sur le corps humain. Un doigt dans l'œil et le plus coriace des guerriers passera en mode défensif et tentera de se protéger afin que la situation ne se détériore pas davantage.

Il n'y a jamais d'acquis, il faut prendre garde à ce qui semble parfois évident. Un coup de genou aux partis peut être totalement inefficace sur certaines personnes. Si vous misez votre victoire sur un tel coup, il se peut que le réveil soit brutal. C'est là que l'instinct du thérapeute entre en jeu. Un bon combattant sentira que ce genre d'attaque sera inutile avec cet individu. Même si ce n'est jamais une certitude, jauger son adversaire nous aidera à trouver la meilleure stratégie à employer. C'est un géant, ses muscles sont gros, mes poings ne réussiront jamais à traverser une telle masse. Mais si je le saisis par un ou deux doigts et que je les tords dans tous les sens, que se passera-t-il? La solution est généralement simple, tellement simple qu'on ne croit pas que ça pourra fonctionner.

Lorsque l'on apprend les arts martiaux, la difficulté la plus grande est sans doute de réussir à voir ces zones de vulnérabilités lorsqu'on se retrouve en plein cœur de l'action. Souvent, les étudiants ne savent plus quoi faire pour contrôler l'agresseur alors que la solution est généralement très simple. En reproduisant la technique, je leur montre ce qu'ils auraient pu faire pour contrer ou pour maîtriser leur adversaire. Dans la plupart des cas, ils en arrivent à se demander comment il se fait qu'ils n'aient pas vu cela. Au risque de me répéter, l'expérience ne s'achète pas, elle s'acquiert avec le temps et avec l'acharnement à l'entraînement.

Je parle souvent à mes étudiants des portes qui s'offrent à eux au moment d'exécuter une technique. Certaines sont fermées, n'offrant aucune possibilité d'ajustement ou d'adaptation. C'est généralement le cas des techniques qui ont été inventées par des enseignants de notre époque. Dans les vieux styles, la plupart des techniques créent des ouvertures chez l'adversaire. On peut varier notre technique en cours de route en utilisant ces portes qui s'offrent à nous. Les gens qui s'entraînent dans des styles plus récents ont souvent de la difficulté à voir ces entrées qui permettent un enchaînement différent. Il est rare qu'un combattant ne laisse pas certaines zones de son corps vulnérables. Pour être un combattant accompli, on doit nécessairement apprendre à voir et à saisir les opportunités qui se présentent. C'est là que l'on sépare le débutant du pratiquant d'expérience.

Chapitre 41

Médias sociaux

Depuis quelques années, de nouveaux enseignants ont rejoint les rangs. Ils s'appellent Facebook, YouTube et autres. Il y en a pour tous les goûts, de tous les styles et même de toutes les époques. Chacun peut y mettre sa touche personnelle ou y partager des vidéos piratées ou autre. Tout le monde le sait, si c'est sur Internet c'est nécessairement vrai.

De plus en plus de pratiquants d'arts martiaux passent davantage de temps à regarder des vidéos sur le Web plutôt qu'à s'entraîner en dojo. Il faut dire que l'ordinateur et la tablette sont là, attendant qu'on les consulte, et ce, peu importe l'heure ou la journée. L'information est là, elle est disponible vingt-quatre heures sur vingt-quatre. On y trouve de tout, sur tout. Sur certains sites, on peut retrouver le matériel de plusieurs arts martiaux en quasi-totalité. Est-ce que ces écoles ne se tirent pas une balle dans le pied en agissant ainsi? Non, car on ne peut apprendre efficacement d'une vidéo. C'est trop linéaire pour qu'un art martial complet puisse y dévoiler tous ses secrets. On ne peut devenir compétent simplement en visionnant ces images.

Pour devenir bon dans les arts martiaux, on doit faire des erreurs. C'est à travers celles-ci que l'on se forme. On ne peut se contenter de reproduire les techniques de manière robotisée. Ce que l'on retrouve sur le Web doit être considéré davantage comme un aide-mémoire plutôt qu'un enseignement complet. S'asseoir devant un écran permet à notre intellect d'accéder à un certain matériel, mais les arts martiaux sont avant tout un apprentissage pour le corps. L'esprit n'est là que pour guider le tout. Si vous n'avez jamais chaussé de patins, vous pourrez regarder toutes les vidéos que vous pourrez sur le sujet, vous aurez bien de la difficulté à vous tenir sur les deux fines lames une fois sur une véritable patinoire. Tant que vous ne tomberez pas un certain nombre de fois sur votre gros derrière, votre maîtrise dans cette discipline laissera à désirer.

Lorsque l'on regarde ces vidéos sur le Web, il faut se poser quelques questions. Qui a fait la vidéo et pourquoi est-elle là? Dans bien des cas, ce sont des vidéos professionnelles qui ont été piratées. Elles ont été faites par des professeurs compétents et qualifiés. On peut alors se fier à la pertinence des techniques qui y sont démontrés. Mais avec la facilité actuelle de la technologie, on retrouve de plus en plus de vidéos maison. Que recherchent ces gens qui produisent ces courtes vidéos? Probablement une certaine reconnaissance de la part des autres pratiquants sur la planète. Est-ce que ces personnes ont la compétence pour que j'utilise cette vidéo comme référence sur la bonne manière d'exécuter une technique? Dans la majorité des cas, la réponse est négative.

Pour un grand nombre de ces vidéos maison, l'exécution est de mauvaise qualité. Elle repose sur l'aspect spectaculaire et même cinématographique. Dans bien des cas, ces techniques sont impressionnantes au premier regard, mais si l'on y prête attention, on réalise que c'est souvent ridicule. L'adversaire laisse un grand nombre d'ouvertures où il pourrait d'un simple doigt dans un œil mettre fin à la prestation de celui qui fait la démonstration.

Certaines personnes font la vidéo dans le but de partager leurs connaissances. D'autres le font avec un objectif de valorisation. Regardez une vidéo ne devrait jamais être perçu de la même façon que si l'on suivait un cours avec un professeur. Si on prend un faux pli, l'enseignant compétent vous remettra dans le bon chemin. La vidéo sur le Web ne pourra atténuer vos défauts. Non seulement elle ne les corrigera pas, mais si celui qui exécute la technique est incompétent, il vous influencera probablement de la mauvaise façon.

En y pensant bien, quelles sont les raisons qui nous poussent à regarder ces prestations? Un débutant recherchera souvent quelque chose de plus spectaculaire, de plus cinématographique. Il affectionnera les scènes qui donneront une image de puissance et de performance. L'efficacité sera en fonction de l'impression d'agressivité des coups frappés. Plus les attaques s'enchaîneront rapidement et plus, dans son esprit, le combattant sera dangereux. À ce stade, il ne voit que la surface sans avoir la capacité de déceler les points faibles des techniques utilisées.

Celui qui pratique des arts martiaux sportifs y recherchera probablement la performance. Comment vaincre un adversaire dans des paramètres sécuritaires? Bien sûr, un petit soupçon de simulacre de violence pourra pimenter le tout. Les techniques où le combat se termine en moins de trois secondes avec un doigt dans l'œil ne l'intéresseront pas du tout. Avec un peu de chance, il pourra trouver de nouveaux trucs de combats ou de mouvements spectaculaires à inclure dans ses chorégraphies.

Celui qui lorgne du côté des films à la Rambo, et je suis de ceux qui aime les films d'action, apprécieront sans doute les entraînements de style militaire. L'instruction qui a pour but de préparer les soldats à aller sur-le-champ de bataille. Simple bémol, sur le terrain dix pour cent de pertes est jugé acceptable. Ces techniques sont généralement loin d'être complètes. Elles doivent emprunter aux autres arts martiaux un grand nombre de techniques afin de combler les vides qu'il y a au sein de leur style. Il faut se rappeler que ces arts ont été créés pour former et préparer des soldats au combat dans un court laps de temps. Ces nouvelles écoles sont faites pour de jeunes combattants bourrés de testostérone. Le jugement n'est pas nécessairement une condition essentielle pour pratiquer ces arts. Le but à l'origine est de former des soldats et non des pratiquants d'arts martiaux comme on en retrouve dans les écoles où l'apprentissage s'étend sur plusieurs années.

Il y a ceux qui se servent de vidéos pour combler les techniques qui manquent à leur curriculum. Ils ne peuvent pas être certain que c'est la bonne manière d'exécuter la technique, mais mieux vaut une mauvaise façon que rien du tout. Le problème est qu'en collectant l'information de cette manière, qui n'est peut-être pas la meilleure, il se peut qu'il y ait de fâcheux automatismes qui soient difficiles à corriger par la suite. Peu importe l'art que l'on pratique, il ne faut pas brûler les étapes. D'un autre côté, il est fréquent que des enseignants ralentissent volontairement la progression de leurs étudiants afin d'éviter que ces derniers se rapprochent d'eux.

On peut également regarder ces vidéos simplement par curiosité, pour voir ce qui se fait chez le voisin. Un instructeur étranger vient donner un séminaire dans la région, Internet nous aide à jeter un coup d'œil afin de nous faire une idée de l'individu. Est-ce que ça vaut la peine d'investir temps et argent pour aller assister à la formation qu'il donnera? Il existe une multitude d'arts martiaux de nos jours. C'est toujours intrigant de voir en quoi peut être différent un art tibétain versus un art japonais. Est-ce vrai que tel art martial est l'école ultime? Il est facile d'aller vérifier à quoi ressemble cet art et de constater si sa réputation est aussi bonne qu'on le dit. Un nouvel étudiant arrive au dojo et il a pratiqué un art martial qu'on ne connaît pas. Aller jeter un regard à cet art martial sur le Web nous permettra sans doute de mieux le cerner si l'on veut adapter notre art à sa personnalité. Cela peut nous aider à être sur la même longueur d'onde ou au contraire à savoir comment le remettre à sa place si besoin est.

Il y a ceux qui cherchent à compléter leurs connaissances des armes. Ce ne sont pas toutes les écoles d'art martial qui offrent des facilités aux étudiants lorsque vient le temps de travailler les armes du kobudo.

Sur le Web, on peut y voir des gens qui démontrent la plupart des outils utilisés dans le *budo*. Les arts martiaux dans leur ensemble possèdent une immense collection de techniques. Il est difficile pour un instructeur d'être bon dans tout. Les armes sont des disciplines complètes par elles-mêmes. On peut passer toute une vie à travailler juste sur le maniement du sabre. Beaucoup de gens vont sur le Web pour découvrir ou pour se familiariser avec les armes. Évidemment, ici aussi le corps doit apprendre. Or, comme la plupart des gens font déjà des arts martiaux, qu'ils ont une base sur les façons adéquates de bouger, il est plus facile alors d'utiliser ces armes. Bien sûr, cela ne remplacera jamais la supervision d'un professeur compétent.

Lorsque vous regarderez une vidéo sur le Web, ne le faites pas en spectateur passif qui absorbe tout ce qui s'y trouve. Soyez critique et faites l'expérience d'essayer de voir les lacunes autant que le côté positif. Déterminez à quel moment dans la technique un adversaire pourrait la contrer? Pensez en termes de champ de bataille où tout est permis, où les coups les plus sauvages ne seront pas punis par un arbitre. Demandez-vous comment vous pourriez faire pour dégager de cette technique si quelqu'un essayait de l'appliquer sur vous. Le corps n'apprendra peut-être pas, mais l'esprit lui, s'il est bien orienté pourra en tirer des bénéfices. Peut-être qu'alors le temps passé sur le Web ne le sera pas en pure perte.

L'une des choses que j'aime d'Internet est que l'on peut y retrouver de vieilles vidéos de maîtres décédés depuis longtemps déjà. De vieux films en huit millimètres ont été numérisés et mis sur le Web. C'est toujours un plaisir de voir ces maîtres d'une autre époque démontrer leur savoir. C'est un bon moyen de se reconnecter aux sources du *budo*.

Un dernier point. Sur le Web on trouve beaucoup de gens qui, sous le couvert de l'anonymat, s'amusent à dénigrer des professeurs, des écoles et même des styles. Vous ne verrez jamais un professionnel de l'enseignement des arts martiaux calomnier ainsi d'autres écoles. Ils se contenteront de garder le silence s'ils n'aiment pas ce qu'ils regardent. La plupart du temps, ces dénigreurs sont des gens de peu d'expérience qui croient qu'ils connaissent bien les arts martiaux en général. Il faut simplement les laisser aller, ils ne font de mal à personne et un jour ils pourront peut-être atteindre une certaine maturité personnelle et martiale.

Chapitre 42

Les irritants

Que ce soit à notre travail, dans nos relations de tous les jours ou dans notre pratique martiale, il y a toujours un petit quelque chose d'irritant qui se présente à nous. Des détails qui nous dérangent et qui lorsqu'ils se cumulent depuis trop longtemps, risquent de nous amener vers un état d'impatience et même parfois de perte de contrôle. C'est la goutte d'eau qui fait déborder le vase. C'est le geste insignifiant qui va nous conduire vers une engueulade avec un compagnon de travail. C'est ce léger coup de klaxon en trop qui va faire en sorte que l'on en vienne presque aux menaces avec un autre conducteur automobile. Et vous, quels sont ces petits irritants qui vous agacent?

Lorsque l'on s'entraîne dans un dojo, on y rencontre toute sorte de personnes et ce n'est pas tout le monde qui saisit l'enseignement au même rythme. Personnellement, je suis extrêmement patient. Si mon partenaire a des problèmes à comprendre, je ne m'exaspèrerai pas après lui. Par contre, ce qui peut m'irriter c'est celui qui croit maîtriser tout plus vite que tous les autres et qui tente de me faire faire la technique selon sa propre perception. Tous les dojos possèdent un ou plusieurs exemplaires de ce type d'individu. Dans la majorité des cas, ces gens sont assez près de la vérité, mais ils gardent ou créent des défauts qui sont parfois pires que l'ignorance elle-même. J'ai trop vu de débutants essayer de corriger des ceintures noires en tentant de faire valoir leur point de vue qui était erroné. Ces gens auront souvent tendance à vouloir aller corriger les autres en délaissant leur partenaire durant quelques instants. Ils ont le don d'irriter bien des pratiquants qui sont plus avancés qu'eux. Lorsque j'ai des étudiants qui agissent de la sorte, je les laisse généralement expliquer leur théorie et par la suite j'interviens en disant qu'on ne peut pas faire cela pour des raisons évidentes. Après s'être fait remettre à leur place à quelques reprises, c'est plus gênant pour eux de recommencer. J'utilise le même stratagème lorsque des étudiants d'autres dojos viennent assister à mes séminaires et qu'ils essaient de jouer au professeur plutôt que de s'en tenir à leur rôle d'élève.

Une autre chose qui m'irrite, ce sont ceux qui agissent de manière dangereuse. Les gens compétents ne sont pas à craindre, ce sont les incompétents qui me font peur. Il y a plus de trente ans, alors que je passais une ceinture marron dans une école que je ne nommerai pas, les professeurs nous avaient alignés et obligés à garder une position du cavalier. Une ceinture noire que je ne connaissais pas s'amusait à faire des balayages sur nous. J'avais déjà fait un peu de judo et jujitsu auparavant, suffisamment pour m'apercevoir que sa façon de balayer les gens était dangereuse. Au moment où l'homme s'apprêtait à me faucher, je m'étais enlevé. Inutile de dire que ça avait créé un peu de tension dans le dojo. Après quelques échanges verbaux bien corsés, je m'étais remis en position sans que l'homme tente d'appliquer à nouveau un balayage sur mon humble personne. Il continua sur manège sur mon voisin et lui brisa la cheville en le frappant de son tibia. L'incompétence m'irrite au plus haut point.

Lorsqu'un groupe d'amis commence les arts martiaux en même temps, il y en a toujours quelques-uns qui devront cesser les cours durant une certaine période. Durant ce temps, leurs camarades vont probablement passer quelques ceintures. Dans la plupart des cas, ces retardataires par nécessité supporteront très mal que ce soit leur ami qui leur enseigne ou les aide pour la technique. Ici, je ne considère pas cela vraiment comme un irritant, je trouve cela simplement triste qu'un égo un peu fort les empêche de profiter des connaissances acquises par leurs amis.

Un peu de civisme

Naturellement, lorsque vous avez un grand nombre de pratiquants dans une salle d'entraînement où l'espace se fait plus rare, vous aurez toujours quelques personnes qui se cogneront aux gens autour d'eux. Ces personnes ne réalisent pas qu'elles ne sont pas les seules dans le dojo, qu'il y a foule et qu'un minimum de civisme est de faire attention aux autres pour éviter les blessures. Un jour au Japon je suis tombé sur l'un de ces phénomènes. Deux gars costauds qui s'entraînaient en percutant constamment les gens autour d'eux. Après avoir demandé poliment et inutilement aux belligérants de faire attention, j'ai arrêté celui qui semblait être l'élément perturbateur. Je lui ai demandé s'il agissait ainsi parce qu'il était stupide ou simplement pas intelligent. Il m'a répondu qu'il n'était pas stupide, puis il a réalisé le piège de ma question. Il s'est déplacé vers un coin opposé, puis durant plusieurs jours on ne l'a pas revu jusqu'à ce qu'un groupe de Français retourne chez eux. Comme je suis francophone, il m'a associé à eux et a recommencé à fréquenter le dojo à leur départ. Je pense qu'il est resté plutôt surpris de me voir. Ces gens sont dangereux et surtout ils sont inconscients. Ils ont le besoin de prouver aux autres qu'ils sont de bons guerriers, des durs à cuire.

Une autre chose que je trouve parfois irritante, ce sont ceux qui se foutent constamment des règles de bienséance de base. Un débutant ne peut tout connaître en arrivant, il doit apprendre et c'est la responsabilité du professeur et surtout des autres étudiants de lui inculquer ces notions de politesse. Mis à part cette formation sur l'étiquette, le gros bon sens a toujours sa place. Vous accrochez une autre personne qui grimace sous la douleur, ne le regardez pas comme si elle était délicate, excusez-vous, c'est tout. Ça fait trois fois que l'on vous dit qu'on ne mange pas dans la salle d'entraînement? À ce stade, ce n'est plus un problème de mémoire, mais d'intelligence. Le professeur donne des explications pendant que vous discutez fortement avec un autre étudiant sans vous occuper de déranger la classe, alors ça devient une question d'éducation déficiente. Si l'on ne connaît pas les règles d'étiquette, on peut toujours se fier au comportement de ses compagnons. Dans certains restaurants où l'on va au Japon, il faut laisser ses chaussures à l'entrée de la table et parfois de l'établissement. Il me semble que lorsqu'on voit tous les autres personnes du groupe enlever leurs souliers on devrait comprendre le message. Eh bien non, j'ai vu cela à quelques reprises de la part d'Occidentaux de diverses nationalités incluant la nôtre. Il arrive occasionnellement que certains élèves aiment donner un surnom ou un diminutif à leurs amis. Cela m'est déjà arrivé que des étudiants tentent cette aventure avec moi. Ils ont appris à leurs dépens que je n'apprécie pas ce genre de comportement. Dans de telles situations, je pense qu'il y a également eu un petit manque d'éducation du côté des parents de ces étudiants.

Enchaînons maintenant avec ceux qui ont pratiqué quelques autres styles d'arts martiaux auparavant et qui continuellement réfère ou essaie de reproduire les techniques en fonction de ce qu'ils ont connu dans leurs anciennes écoles. Ce comportement est normal, mais après quelques mois il s'estompe. Les personnes en viennent à comprendre pourquoi nous travaillons de telle ou telle manière et dans la plupart des cas, ils acceptent aisément les différentes façons de faire. En leur expliquant les raisons de notre procédure, leur expérience fait en sorte qu'ils sont à même de bien saisir les nuances des deux styles. J'insiste toujours pour que mes étudiants comprennent pourquoi et comment les techniques fonctionnent. Ce qui est irritant parfois, c'est de voir que certaines personnes ne veulent pas délaisser leurs habitudes. Si j'explique une fois ou deux, voire même trois fois la raison pour laquelle nous travaillons de cette manière, cela ne me dérange pas. Par contre, après cinq ou six fois pour la même chose, ça peut devenir un peu agaçant. On ne doit jamais regretter son passé martial. Nous sommes la somme de nos expériences, mais on doit pouvoir s'adapter, évoluer. Si lorsque je montre la raison pour laquelle nous exécutons une technique d'une façon différente, je laisse toujours la chance à l'étudiant de me démontrer que son ancienne méthode est plus efficace et sécuritaire. Mais généralement, en expliquant et en décortiquant la nôtre, il réalise que la nouvelle méthode qu'il vient d'apprendre est plus performante et sûre. Évidemment, si ce qu'ils font est meilleur et plus logique que ce que j'enseigne, je les laisse travailler à leur façon et dans bien des cas je leur demande de démontrer aux autres ce qu'ils font.

Un autre irritant que j'ai, concerne le fait que parfois, un instructeur vient rectifier mes étudiants lorsque je donne un séminaire. Si ces corrections ne vont pas à l'encontre de ce que j'enseigne, je n'ai pas de problèmes avec ça. Or, si c'est différent et que ça mène sur une autre piste que celle où je veux amener les étudiants, alors il risque de s'en mordre les pouces. Si l'on est instructeur et que l'on veut aider celui qui enseigne, il faut aller dans le même sens que lui. Dans une telle situation, nous ne sommes pas là pour nous mettre en valeur, mais pour aider les élèves à bien comprendre la matière au programme. Si vous n'êtes pas d'accord avec l'enseignement du professeur, retirez-vous.

Il y a parfois des étudiants qui jouent dur. C'est beau l'entraînement, mais pas au risque de se blesser. On ne doit pas hésiter à leur dire de ralentir. Si ça ne va pas, qu'il ne change pas sa façon de faire, tournez-vous vers d'autres personnes en leur demandant si vous pouvez vous entraîner avec elles, que vous ne voulez plus vous exercer avec ce partenaire. Il aura l'air stupide et ça pourra l'amener à réfléchir la prochaine fois. J'ai toujours été assez dur avec mon corps. Ça ne me dérange pas de me faire frapper fort si cela est justifié par la technique. Au Japon, un jour où je m'entraînais avec un type que je ne connaissais pas, il me frappait le plus fort qu'il le pouvait. Cela n'était absolument pas nécessaire pour la technique, mais bon, puisqu'il voulait qu'on la joue ainsi, j'étais partant. Après l'avoir cogné un peu fort à quelques reprises, il se mit presque à m'engueuler en me disant que je frappais trop fort. Je me contentai de lui dire que je m'étais simplement ajusté à sa force. Je crois qu'il n'avait pas apprécié mon sourire lorsque je lui disais cela. Durant la pause, il se changea et quitta les lieux. Dans son esprit, c'était moi le méchant. Je pense qu'il ne réalisait pas qu'il me faisait mal à chaque fois qu'il me frappait. Si vous voulez jouer dur, acceptez que votre partenaire vous rende la pareille.

Un dernier petit irritant que je ne tolère pas. Il y a souvent des partenaires qui pour faire une finition à la technique vont passer inutilement les mains dans le visage de l'autre. Là où le bât blesse, c'est que dans certains cas ces gens le font pour montrer à leur partenaire qu'ils l'ont vaincu, qu'ils sont supérieurs à eux. Ces gestes ne sont pas tactiques, mais sont le résultat d'un égo un peu trop fort et déplacé. Si vous avez ce genre d'attitude avec moi, attendez-vous au même traitement.

Et vous, y a-t-il quelque chose qui vous irrite lorsque vous vous entraînez?

Chapitre 43

Athlétique ou pas?

Pour la plupart des gens, l'image d'un super combattant se rapproche plus du héros fortement musclé que l'on voit au cinéma que celle d'une personne normale au faible gabarit. On n'a qu'à regarder les héros de jeux vidéo ou de manga pour constater qu'ils n'ont rien de l'allure de gratte-papier qu'ont la majorité des gens. Est-ce que l'efficacité d'un pratiquant d'art martial dépend de sa condition physique extraordinaire? Peut-on juger une ceinture noire à la perfection de ses abdominaux?

Dans mes dix ou quinze premières années de pratique martiale, j'étais comme la plupart des gens. Je recherchais une forme physique qui était loin au-dessus de celle de la moyenne des gens. À cette époque, environ le tiers de ma formation martiale consistait à faire un nombre incroyable de pompes, de redressement assis et autres exercices du genre. Comme la plupart des élèves, j'associais l'efficacité martiale à des bras musclés. Pour ma part, j'avais choisi plutôt la voie de l'endurance que celle du volume des biceps. Je n'échappais pas au stéréotype qu'une personne en surplus de poids ne pouvait performer dans les arts martiaux. Puis un jour, en tournant une des émissions de télévision que j'animais, je reçus Maître Endrezzi. Un homme qui affichait un excès de poids et qui plus est, fumait énormément. Quelle surprise de le voir en action! Une machine de guerre comme on ne peut se l'imaginer. Un combattant loin au-dessus de la plupart de ceux qui s'exhibaient à l'époque. Comment pouvait-il être si bon avec un tel surplus de poids?

Sa rencontre m'a ouvert les yeux sur bien des points. D'abord, quelles sont les conditions pour qu'une personne soit efficace dans les arts martiaux? Doit-elle avoir la capacité de courir cinquante kilomètres sans s'arrêter? Si vous êtes un soldat dans les forces spéciales et que vous passez plusieurs jours sur le terrain, la réponse est oui. Or, si vous êtes comme moi, une personne qui vit en ville et qui n'a à affronter que quelques racailles ici et là, ce n'est pas nécessaire. Bien entendu, il faut un juste équilibre. Si lorsque vous vous penchez pour attacher vos lacets et que vous vous relevez en étant essoufflé, c'est probablement un signe que vous avez besoin d'être un peu plus en forme. Certains diront que si l'on veut se sortir indemne d'une confrontation, il faut avoir suffisamment de souffle pour tenir la durée de l'affrontement.

Personnellement, je dis à mes étudiants que si votre combat dépasse de trois à cinq secondes c'est que vous êtes incompétent. Pour plusieurs, cela peut sembler difficile à croire, voire même illogique, mais c'est la triste réalité. Si vous frappez comme il faut au bon endroit, si vous bougez de la bonne façon pour éviter les attaques et si vous gérez bien votre mental, la rencontre dépassera rarement les trois secondes à partir du premier geste agressif de l'adversaire. Lorsque l'on regarde des vidéos de combat de rue, on remarque assez rapidement que la plupart des gens ne savent pas frapper. Qu'ils ne visent pas les bonnes cibles. Qu'ils sont au mauvais endroit pour entreprendre le combat et qu'ils n'ont pas le bon état d'esprit pour se battre! À ne pas confondre cela avec de l'agressivité.

J'ai eu plusieurs altercations en travaillant dans le domaine de la sécurité et en respectant les règles élémentaires de combat je m'en suis toujours sorti avec aisance. Lorsque j'étais responsable de la sécurité du concours Hyppique de Québec, à minuit il fallait vider la partie boisée des Plaines d'Abraham qui était dans notre secteur. Les agents étaient des gens que j'avais formés et ils allaient seuls pour sortir les groupes de fêtards qui étaient le plus souvent sous l'influence de l'alcool et de la drogue. Il y a bien eu quelques altercations, mais ça n'a jamais excédé les cinq secondes et dans la majeure partie des cas, ça se terminait par un contrôle articulaire des contrevenants.

Dans les arts martiaux, on nous entraîne à faire le grand écart. À pouvoir s'asseoir sur le sol en plaçant une jambe de chaque côté de notre corps. A-t-on vraiment besoin d'être aussi souple? Les plus vieux se souviendront de Jean-Claude Van Damme qui évite une attaque du poing en se laissant descendre au sol les jambes écartées. C'est une chance pour lui que le scénariste lui ait donné un adversaire de faible talent. Il aurait pu recevoir un coup de genou à la figure. Dans la rue, si l'on est logique, on n'attaquera jamais d'un coup de pied plus haut que le plexus. Si vous me donnez un kick à la figure, je vous dirai merci. Vous venez de vous exposer les parties et croyez-moi, je ne me gênerais pas pour frapper à cet endroit. Alors pour quelle raison doit-on être aussi souple? En compétition sportive les coups de pieds au visage rapportent plus de points dans plusieurs systèmes de comptages. Pour exceller dans les arts martiaux, il faut apprendre à être naturel et à utiliser son corps de la bonne façon.

Quelque part, quelqu'un a confondu souplesse et fluidité. On n'a pas besoin d'être souple à ce point. Par contre, nos mouvements doivent être fluides, on doit pouvoir bouger sans saccades. Cette fluidité nous apporte de la vitesse et un temps de réaction supérieur. Des arts martiaux comme le tai-chi développent cette caractéristique du corps humain. Malheureusement, plus on travaille à la grosseur de nos bras et moins la fluidité sera présente dans la plupart des cas. Certains vieux styles chinois ont misé sur cette fluidité plutôt que sur la force physique. Les gens qui sortent de ces styles sont rapides, capables d'éviter bien des attaques sans avoir besoin de faire de puissants blocages.

Doit-on être un gymnaste émérite pour être un bon combattant moderne? Savoir tomber est un atout. Personne n'est à l'abri d'une chute après avoir mis le pied sur un objet ou une flaque d'huile. Connaître et maîtriser les brise-chutes permet de limiter les dégâts et de pouvoir se relever rapidement. Mais est-ce nécessaire de pouvoir escalader un mur en faisant trois pas? Si votre meilleure option de combat est le repli stratégique, ça peut aider. Par contre, si vous avez bien appris vos leçons, vous pourrez vous sortir d'affaire sans avoir à faire une roulade plongée de deux mètres. Dans notre dojo nous nous entraînons occasionnellement à faire ce type de technique d'évasion. J'ai eu des élèves qui sont tombés en vélo et ce type de roulade leur a épargné de graves blessures. J'enseigne à mes étudiants à bien gérer les angles et les distances pour éviter d'avoir besoin de ces fuites. Si l'on doit s'enfuir de la sorte, c'est qu'il y a probablement quelque chose qui n'a pas été fait correctement.

Revenons maintenant aux gros bras. Quels en sont les avantages? Le combattant dispose d'une meilleure capacité pour lever des poids considérables. Bien, mais dans une confrontation est-ce nécessaire de soulever l'adversaire? Lorsque l'on pratique des styles où l'on s'entraîne au combat au sol de façon sportive, la force physique peut se révéler un atout à n'en pas douter. Maintenant, dans un conflit réel, est-ce que ça peut jouer autant? La réponse est non, si vous avez affaire à un adversaire qui est prêt à tout pour gagner. Piquer ses doigts dans les yeux, un index bien enfoncé dans un nombril, un auriculaire qui fait son chemin dans le conduit auditif, les doigts enfoncées dans la trachée, les testicules écrasés de l'adversaire ou juste une bonne morsure sont autant de choses simples qu'une personne à l'instinct guerrier pourra utiliser dans une situation réelle. Il est rare que l'on n'ait pas le temps de poser l'un de ces gestes dans un combat. L'entraînement pour y arriver est relativement à la portée de tous surtout si l'on a un instinct de survie.

Trop souvent, la grosseur des muscles vient diminuer la vitesse et la fluidité du mouvement du combattant. Plus les épaules sont musclées et plus le centre de gravité devient élevé. On peut ainsi facilement jouer sur la stabilité de notre antagoniste. Un autre handicap du volume des muscles est que le développement trop rapide s'est fait au détriment de la résistance des tendons. Lorsque l'on sait comment attaquer les tendons, ces individus se transforment en proies plus faciles. C'est la même chose au niveau des points de pression. Les muscles compriment les nerfs et ces derniers deviennent beaucoup plus réactifs aux pressions et aux percussions. Lorsque je donne un cours à un groupe d'agent de sécurité, si je ne les connais pas et que je doute de leur sérieux, je demande au plus musclé de me saisir à deux mains au collet. Puis sans me gêner, je le frappe sur les nerfs radiaux. Dans près de cent pour cent des cas, l'homme plie les genoux, me lâche et bien souvent il y a une petite larme qui confirme que cet homme est plus sensible que la moyenne au point de pression. Sa masse fait en sorte qu'il est devenu un candidat idéal pour ce genre de défense. Les gens présents qui assistent à la scène apprennent ainsi que je peux leur faire très mal et ils n'essaient pas de me défier durant la formation.

Un athlète olympique qui ne s'entraîne pas durant quelques mois perdra un grand pourcentage de sa forme physique. Bien sûr, il pourra probablement la récupérer plus rapidement qu'un autre, mais sur le moment il lui manquera quelque chose pour pouvoir performer. Si un pratiquant d'art martial a construit son modèle de combat sur son aspect athlétique et qu'il n'entretient pas cet aspect durant quelques mois, alors sera-t-il à son meilleur pour se défendre en cas d'attaque? La réponse est non. C'est pourquoi je ne fais plus d'entraînement physique à mon dojo. Je préfère former les gens martialement plutôt qu'athlétiquement. Si vous passez vingt-cinq pour cent de votre entraînement martial à faire des pompes, il n'en restera plus rien après un an. Vos techniques elles demeureront en votre possession toute votre vie. Bien sûr, vous ne vous souviendrez pas de tel ou tel kata, mais pour ce qui est de vous défendre, les mouvements que vous avez assimilés seront toujours là pour vous sortir d'embarras. Les vieux maîtres ne sont pas des athlètes sportifs, mais ils sont de dangereux guerriers capables de maîtriser ou de tuer plusieurs adversaires bien plus en forme qu'eux.

Chapitre 44

Les enfants

Est-ce que les enfants peuvent s'adonner aux arts martiaux? La réponse est plus que oui, c'est même souhaitable. Le *budo* nous enseigne une discipline de vie. Lorsque l'on s'exerce dans ces disciplines, il y a généralement une prise de conscience qui s'en suit. Hatsumi sensei a déjà dit que beaucoup de gens sont déjà morts, mais qu'ils ne le savent pas encore. Pensez aux personnes qui passent pratiquement toute leur vie à la façon d'un zombie. Ils ne vivent pas, ils subissent leur existence. Ils se lèvent, vont travailler, font quelques achats, dont la voiture la plus récente possible. Ils passent leurs soirées devant la télé à regarder leurs émissions favorites. Un grand pourcentage d'entre eux mise sur des gains à la loto pour leur retraite. Et finalement, ils vieillissent et meurent sans qu'ils n'aient eu aucun changement ou devrais-je plutôt dire d'évolution dans leur vie. Pensez à tous ces gens que vous avez revus après quelques années et pour qui rien n'a changé dans leurs vies. Ils étaient les mêmes qu'il y a dix ans et seront pareil dans trente ans. Vous, êtes-vous demeuré semblable depuis dix ans ou s'il y a des choses qui ont changé. Avez-vous l'impression d'avoir évolué?

Le *budo* a ce petit quelque chose de magique qui est probablement lié à ishiki, la conscience. En s'adonnant aux arts martiaux, on prend conscience de son corps. On réalise que l'on n'a rien pour rien, qu'il faut travailler fort pour obtenir ce que l'on désire. Les enfants apprennent à se discipliner, à écouter quand c'est le temps. Bien sûr pour y arriver, cela leur est difficile. Lorsqu'ils se rendent au dojo, c'est suite à toute une journée ou à toute une semaine passée sur un banc d'école. Durant plusieurs heures d'affilée, les enfants ont eu le mandat de demeurer bien sages, d'écouter leur professeur attentivement. Bien sûr, plusieurs sont bourrés de médicaments afin d'avoir la concentration nécessaire pour pallier au manque d'exercices qui est naturel à cet âge pour l'apprentissage. Comme les animaux, les jeunes humains, traditionnellement, apprenaient en bougeant, en courant et même en se chamaillant. Aujourd'hui dans les cours d'école, ils n'ont plus le droit de courir afin d'éviter les risques de blessures. Une poursuite en justice est si vite arrivée. Dans les quartiers, il n'y a plus vraiment d'endroits pour qu'ils puissent courir et jouer librement. On a peur des prédateurs sexuels. Lorsque ces enfants entrent dans le dojo, ce sont des bombes qui ne demandent qu'à bouger, qui doivent laisser sortir ce trop-plein d'énergie.

C'est avec ce débordement de vitalité que le professeur doit tenter d'inculquer à ces jeunes quelques rudiments d'art martial. La tâche est loin d'être facile. Pourtant, dans la plupart des cas il y arrive. C'est possible parce que cela fait partie de l'instinct des jeunes, bouger, dépenser de l'énergie, apprendre comment bien interagir avec les autres. Les avantages du *budo* sont nombreux pour un enfant. De nos jours, de plus en plus de jeunes ont de la difficulté d'un point de vue de la coordination. Je ne sais pas si c'est par ce manque d'apprentissage du jeu dans la rue, mais toujours est-il qu'on peut en voir qui ont énormément de problèmes à synchroniser les bras et les jambes de la bonne façon.

Les arts martiaux sont parfaits pour aider à régler ce problème. Dans tous les styles, il y a des enchaînements qui exigent une coordination spécifique. Cela peut prendre des semaines et même des mois dans certains cas, mais la plupart finissent par y arriver. On peut constater une amélioration étonnante des jeunes de ce point de vue. Par la suite, on va utiliser des armes. Ils doivent apprendre à se mouvoir en tenant compte des distances, des angles et de la façon de bouger les bras et les jambes pour que tout soit en harmonie. Là aussi ils ont à travailler fort, mais la plupart des jeunes, si l'on sait bien les prendre, feront tout pour faire plaisir à leur professeur.

Le principal problème des instructeurs vient du fait que l'on rencontre beaucoup d'enfants rois. Des jeunes qui ont tout ce qu'ils désirent et qui ont appris à manipuler les gens qui les entourent. Lorsqu'ils réalisent qu'ils ne peuvent agir de la sorte dans le dojo, ils tenteront par tous les moyens de convaincre leurs parents que cela n'est pas fait pour eux. Curieusement, s'ils persistent quelques semaines, ce sont souvent ces jeunes qui pratiqueront les arts martiaux des années durant. Lorsqu'on se confronte à un non pour la première fois de notre vie, ça peut être difficile à accepter.

Faire des arts martiaux c'est bien, mais y a-t-il des risques pour un enfant à s'y entraîner? Si cela est bien fait, la réponse est qu'il y en a très peu. Bien sûr, comme dans n'importe quelle activité, il y a des risques. Il peut tomber du vélo et se blesser gravement. Il peut jouer au ballon et perdre un œil s'il le reçoit trop fortement. Même en marchant, une personne peut parfois se tordre un genou. Malheureusement, ces écueils font partie de l'apprentissage de la vie, mais on doit les minimiser au maximum. Les plus grands dangers pour les jeunes qui pratiquent les arts martiaux ne sont pas nécessairement ceux que l'on pense.

On doit exiger beaucoup de l'enfant, mais jamais au point de risquer une blessure. Dans la plupart des écoles, on fait faire des exercices de souplesse aux participants. Il y a une limite à ne jamais dépasser. S'il était dans notre nature de marcher une jambe chaque côté du corps, elle nous aurait conçus comme ça. Ce n'est pas tout le monde qui possède naturellement autant d'élasticité. Dans bien des cas, on comblera cette lacune en étirant davantage les jambes afin que le participant puisse faire le grand écart. Il faut faire attention. Cela peut dans bien des cas amener une déviation du bas du dos pour compenser le manque de souplesse au niveau du bassin. Ces blessures sont vicieuses puisqu'on ne la réalisera qu'à long terme, souvent lorsque l'enfant deviendra adulte. Pour contrôler la douleur, il faudra gainer la colonne vertébrale au maximum. Le pratiquant qui a ce problème aura le choix entre divers exercices de renforcement musculaire qu'il fera toute sa vie ou un grand nombre de visites chez son chiropraticien pour le soulager de la douleur lorsqu'elle sera trop persistante.

Il arrive parfois que l'on demande aux enfants de frapper le plus fort qu'ils peuvent des poings et des pieds. Même si cela se fait dans le vide, s'il donne trop d'énergie, il est possible qu'une usure prématurée des coudes et des genoux se fassent sentir. Encore une fois, ce problème est à long terme. Les séquelles n'apparaîtront pas immédiatement. Un professeur consciencieux n'exigera pas cela des jeunes. Il connaît les risques encourus. Dans certains styles, le combat au sol exige énormément de la colonne et des genoux. Il faut s'assurer que l'équilibre des poids est juste. Un adversaire de dix kilos de plus nécessitera beaucoup plus de puissance pour le plaquer au sol ou le retourner d'une quelconque façon. Bien sûr, techniquement parlant, on ne devrait jamais avoir à forcer. Or, ces jeunes sont en apprentissages et ne maîtrisent pas la technique. Ils auront tendance à compenser cela par un effort physique et ce n'est pas une douleur au genou ou au bas du dos qui vont les arrêter une fois que la confrontation a débuté. Et ici, je ne parle pas de l'aspect esthétique des oreilles en choux-fleurs qui se créent lorsqu'elles sont trop frottées contre les kimonos. Tous ces désagréments n'arriveront pas si l'enseignant est compétent.

Il est important de choisir l'art qui convient à l'enfant. Il m'arrive occasionnellement de dire à des parents qui sont venus faire faire un cours d'essai à leur enfant d'aller voir telle école de judo ou de karaté. Que ce type d'art martial serait mieux adapté que celui que j'enseigne. Un enfant trop agressif peut se révéler dangereux dans une école où les sports de combat sont à l'honneur. Peut-être sera-t-il préférable pour lui d'éviter les sources de stress que sont les rencontres sportives.

Lorsque j'enseignais encore le karaté, je trouvais anormal de voir des jeunes stressés des jours à l'avance pour une compétition. Ce ne sont pas tous les enfants qui sont passionnés par ce défi. J'ai finalement arrêté de les envoyer dans ces tournois. Curieusement, leur qualité martiale a augmenté de manière significative. Probablement que je passais trop de temps à les entraîner pour les précieux trophées plutôt que de leur enseigner le vrai *budo*.

Les parents ont le devoir de veiller à ce que leurs rejetons apprennent soit sécuritaire et intelligent. Qu'est-ce que j'entends par cela? Qu'ils soient conscients que ce que leurs enfants étudient est logique, psychologiquement acceptable et que l'objectif soit réaliste. On ne doit pas leur promettre de former un second Bruce Lee. Ils doivent être en mesure d'évaluer quels types d'outils l'instructeur fournit aux enfants pour faire face aux problèmes qu'ils auront à affronter dans la vie ou à l'école. Si la seule réponse qu'il donne est un coup de poing à la figure, peut-être serait-il bon de réévaluer la situation.

Dans beaucoup trop de classe, les parents ne peuvent assister à l'entraînement de leurs enfants. On dit que c'est pour ne pas les déranger. Dans un cours bien fait, après deux minutes les enfants oublient complètement que les parents les observent. Lorsqu'on demande aux parents de ne pas rester, c'est généralement que l'instructeur ne se sent pas à l'aise devant eux. Comme parents, vous pouvez insister pour voir ce qu'il en est, pour constater ses progrès. Personnellement, j'aime que les parents soient là. Ça me permet de discuter avec eux de leurs enfants et d'orienter ce que j'enseigne afin de combler certaines lacunes.

Chapitre 45

Que vous ont apporté les arts martiaux?

C'est une question toute simple où la principale réponse sera dans bien des cas de la confiance en soi. Nous sommes dans une société compétitive. Votre collègue de travail fraîchement arrivé au sein de la compagnie n'attend qu'une erreur de votre part pour occuper votre poste qui est plus payant. Vous êtes dans une file d'attente au cinéma ou pour une quelconque activité et quelques personnes s'incrustent devant vous sans que personne n'ait le courage de se plaindre. Est-ce que cela vous semble acceptable?

Qu'est-ce qui fait que l'on tolère une telle situation? Qu'est-ce qui fait que la plupart des gens n'osent pas parler? La peur ou un manque de confiance? Un de mes étudiants faisait la file à un guichet automatique dans un centre commercial. Deux jeunes à l'allure un peu délinquante sont venus prendre la place de la personne au début de la file. Mon élève est allé appuyer sur le bouton cancel et leur a remis leur carte de guichet. Les deux jeunes sont partis sans dire un mot. Est-ce qu'il est bien d'intervenir de cette façon? Si l'on en a la capacité et c'était le cas de mon étudiant, la réponse est oui si vous êtes pour passer le restant de la semaine dans un état de frustration. Pour y parvenir, une grande confiance en soi est nécessaire. Bien sûr, il faut également avoir la capacité de se défendre si cela tourne mal. Dans la majorité des cas, ces gens qui savent pertinemment bien que ce qu'ils ont fait n'est pas correct n'iront pas plus loin dans ce conflit, mais il faut toujours être sur ses gardes.

À une certaine époque, je donnais beaucoup de formations à des femmes victimes de violence conjugale. Ces victimes d'actes criminels venaient à mon école pour apprendre l'autodéfense. Enseigner des techniques de combat n'était pas ma principale préoccupation. Donner un coup de pied c'est extrêmement difficile si l'on n'a pas un minimum de confiance en soi. Ces dames n'oseraient jamais répliquer à leur agresseur. C'est souvent ce manque de confiance qui fait que nos membres se paralysent, que l'on peine à s'exprimer, que l'on sent son corps trembler de partout. Mon premier travail consistait davantage à discuter avec elles afin de voir comment je pouvais leur redonner confiance en elles. Je me souviens de l'une d'elles que sa tendre moitié terrorisait. Il l'appelait au téléphone et elle demeurait figée par la peur, incapable de raccrocher. Naturellement, un prédateur comme son mari abusait de la situation pour lui extorquer de l'argent ou d'autres services. Puis un beau jour, lorsqu'elle a eu suffisamment confiance en elle, elle l'a sermonné de manière autoritaire lui indiquant qu'il n'avait plus d'emprise sur elle. Cela a pris un an avant qu'il n'osa l'appeler de nouveau et c'était par nécessité pour les enfants.

Si les arts martiaux vous ont apportés ne serait-ce qu'un soupçon de confiance de plus que vous en aviez, c'est déjà un gain appréciable. Cette confiance paraîtra probablement dans votre vie de tous les jours, que ce soit au travail ou au contact d'amis. Lorsqu'on est conscient de toutes les tensions qui existent dans notre environnement, acquérir un peu d'assurance n'est vraiment pas à dédaigner.

Naturellement, qui dit art martial, dit une certaine forme physique. Peu importe l'art que vous ferez, vous serez obligé de bouger. On ne peut pas assimiler les arts martiaux assis devant son ordinateur. Vous devrez apprendre comment utiliser votre corps sans vous blesser dans le dos au moindre mouvement. Il n'est pas rare que des étudiants me confient qu'ils ne pellettent plus la neige de la même manière ou que la méthode qu'il utilisait pour ouvrir une lourde porte a changé. Avec les arts martiaux, on devient plus conscient de son corps. On forcera moins avec le dos lorsque viendra le temps de soulever des charges. De plus, il s'en suit généralement d'un meilleur équilibre. Les risques de tomber diminuent de façon significative. On peut le voir aisément avec les personnes âgées qui pratiquent un art martial comme le tai-chi. Ils ont davantage de contrôle de leur équilibre et les chutes sont moins fréquentes.

Le simple fait de faire des techniques vous fera dépenser quelques calories en trop. Si vous êtes dans une école où le conditionnement physique est important, alors vous risquez de voir votre tour de taille retrouver sa minceur. Généralement, au moment où l'on commence un art martial, on change plusieurs petites choses à notre vie. Dans bien des cas, on sera plus sensible à notre alimentation. En étant plus conscient de notre corps, on prendra davantage garde aux excès de toute sorte en plus du fait de brûler plus de calories. Les gens qui s'entraînent aux arts martiaux auront tendance à monter l'escalier plutôt que de faire le détour pour chercher l'ascenseur le plus proche.

La plupart des écoles offrent un milieu social qui est très sain. Je me souviens d'un jeune voisin que j'avais pris sous ma protection. La police s'apprêtait à l'arrêter pour avoir tenté de battre sa mère. Le jeune avait alors quinze ou seize ans à l'époque. Il essayait de lui soutirer de l'argent pour acheter de la drogue. Après entente avec elle et les policiers, je le pris avec moi tous les jours. Durant plus d'un an, il m'accompagna au dojo et cela six jours par semaine. Vous auriez dû voir son visage lorsqu'il a reçu sa ceinture jaune au karaté. À l'époque, j'enseignais le karaté et le ninjutsu. Il faisait les deux arts martiaux en même temps. Après un an et quelques mois, comme je déménageais, je ne pouvais plus l'emmener. Quelques années après, on a revu sa mère qui était avec un nouvel homme dans sa vie, un policier. Lorsqu'on lui a demandé si son fils s'était remis dans le bon chemin, son conjoint sembla surpris. Quoi, tu as déjà eu des problèmes avec lui? Le jeune homme avait changé complètement. Séparé de la mauvaise influence de ses amis, il s'était doté d'objectifs, de nouvelles valeurs. Il était retourné à l'école et s'était repris en main. La chance avait fait que j'étais là au bon moment.

Dans un dojo, il se crée une camaraderie qui est basée sur le respect et l'appréciation des autres. Nous nous entraînons avec nos compagnons et non contre eux. Il n'est pas rare de voir un étudiant qui a besoin d'aide pour un travail chez lui de trouver plusieurs volontaires pour l'aider. Ce qui est le plus extraordinaire dans ce type d'amitié, c'est que ce sont des gens de milieux complètement différents qui en d'autres circonstances n'auraient absolument aucun lien en commun. Le *budo* ne juge pas la classe sociale des gens, il les juge par le cœur et l'effort qu'ils sont prêts à mettre pour avancer dans ce monde fascinant que sont les arts martiaux.

En plus de trente-cinq ans d'enseignements, j'ai eu plusieurs élèves qui m'ont avoué que sans les arts martiaux, ils se seraient suicidés. Venant de personnalités différentes et de milieux distincts, c'était vraiment surprenant d'entendre de tels propos. Les arts martiaux nous façonnent de plusieurs manières, ils nous aident à réveiller le guerrier qui sommeille en chacun de nous. Je ne sais pas si c'est la douleur ou l'effort qui nous travaille à ce point, mais nous en venons qu'à prendre conscience de l'importance de la vie elle-même. Il faut dire que le *budo* n'a rien d'une activité passive, cela n'a rien à voir avec ceux qui passent leur existence assis devant la télévision. Il exige de nous réflexions et prises de conscience de nos capacités et de nos possibilités.

Ça ne paraît peut-être pas à première vue, mais dans un style comme celui que j'enseigne, les gens sont obligés de réfléchir. Ils sont contraints d'établir des stratégies, d'apprendre à penser différemment. Ils doivent constamment se concentrer sur le geste pertinent qui doit être fait. Ils doivent s'habituer à voir ce qui n'est pas logique dans la manœuvre qu'ils ont effectuée. Ils ont la tâche de comprendre les principes qui font qu'une technique peut devenir efficace. Le but pour moi n'est pas d'en faire des robots, mais des gens autonomes qui peuvent juger par eux-mêmes du réalisme d'un enchaînement d'autodéfense. Avec les années, ils en viennent à penser de plus en plus rapidement, à voir ce qui cloche dans une technique. Cette façon de penser se répercute dans bien des facettes de leurs vies quotidiennes.

Un aspect important que nous apportent les arts martiaux et que l'on oublie souvent est sans aucun doute l'autodéfense. Beaucoup de gens se disent que l'on vit dans un milieu sécuritaire, un endroit où les risques d'attaques sont quasi inexistants. Est-ce que l'on peut vraiment être certain qu'on ne sera jamais agressé? Mon travail en sécurité m'a amené à réaliser qu'il n'y a pas d'endroit sécuritaire à cent pour cent. De nos jours, il est fréquent d'entendre parler de personnes qui entrent dans les maisons pour forcer les habitants à donner de l'argent et des bijoux. Ces criminels ne se cachent même plus. Un voisin qui n'a jamais dérangé qui que ce soit et qui pète un plomb parce que sa femme l'a laissé. Un itinérant que vous croisez tous les jours et qui cette fois-ci est vraiment en manque pourra peut-être vous causer quelques surprises. Le conducteur frustré que vous avez coupé par mégarde et qui s'en prend à vous peut se révéler dangereux. Beaucoup de gens vivent dans des situations de stress, prêts à exploser à la prochaine contrainte. On parle là d'individus qui en temps normal seraient gentils, serviables, des personnes que vous n'auriez jamais craintes. Tous ces exemples sont pour des personnes qui croient qu'elles ne sont pas à risques. Imaginez maintenant si pour retourner chez vous après le travail vous deviez traverser à pied un quartier mal famé, que vous ayez à côtoyer des groupes de jeunes délinquants ou simplement à œuvrer dans l'univers de la sécurité.

À partir du moment où l'on a confiance en soi, nos chances d'être agressés diminuent, surtout pour les femmes. Les délinquants sexuels sont dans la majorité des cas des prédateurs qui recherchent les proies plus faciles, celles qui démontrent de la peur. Alors, pour vous, quelle est la raison qui vous pousse à pratiquer des arts martiaux?

Peut-être la même raison que moi, simplement parce que vous aimez ça?

Chapitre 46

Faire le bilan

À quand remonte votre dernier bilan? Il est regrettable en occident de constater que les pratiquants d'arts martiaux ont peine à s'évaluer à leur juste valeur. Beaucoup se surestiment et trop se sous-estiment. Quelle ceinture noire ne s'est jamais posé de questions concernant sa qualité d'exécutant?

Il est indispensable, à intervalle régulier, de prendre un temps d'arrêt, histoire de faire un petit inventaire de nos forces et de nos faiblesses. Il y a différentes façons de procéder. Je suggère ici un bilan permettant de faire le point sur nos connaissances. Le tableau ci-dessous est divisé en niveaux qui se révéleront positifs ou négatifs, selon chaque personne. Bien entendu, il n'est pas nécessaire de posséder une maîtrise parfaite de chacun de ces points pour les considérer positifs. Cependant, une compréhension minimale de ces points doit permettre d'améliorer la qualité martiale du pratiquant. On considérera donc qu'un point est positif, lorsque l'on connaît une technique suffisamment pour être à l'aise dans son exécution.

Il est important que ce bilan soit en fonction de notre réalité, car un point qui peut être considéré comme négatif par certains sera perçu comme positif par d'autres. Par exemple, une personne dont la souplesse ne représente pas une priorité et qui juge inutile de développer cet aspect ne classera pas le manque de souplesse dans les points négatifs.

De 1 à 5, on comptera 5 pour maîtrise parfaite, 4 pour une bonne maîtrise, 3 pour une maîtrise faible, 2 pour une maîtrise médiocre et 1 pour aucune maîtrise (on peut remplacer aucune maîtrise par aucune connaissance sur le sujet). Pour faire le bilan, encerclez le chiffre correspondant dans les tableaux qui suivent.

Techniques

Coups frappés	5	4	3	2	1
Coups de pied	5	4	3	2	1
Clés de bras	5	4	3	2	1
Clés de poignets	5	4	3	2	1
Désarticulations	5	4	3	2	1
Déséquilibres	5	4	3	2	1
Projections	5	4	3	2	1
Immobilisations	5	4	3	2	1
Blocages	5	4	3	2	1
Points de pression	5	4	3	2	1

Est-ce que je contrôle bien...

Mes angles?	5	4	3	2	1
Mes distances?	5	4	3	2	1
Mes captures d'énergie?	5	4	3	2	1
Mes déplacements?	5	4	3	2	1
Mon équilibre?	5	4	3	2	1
Ma respiration?	5	4	3	2	1

Suis-je efficace contre...?

Un coup de poing direct, circulaire, etc.?	5	4	3	2	1
Des coups de pieds de différentes directions?	5	4	3	2	1
Une arme à feu (de proche)?	5	4	3	2	1
Des attaques au couteau directes, avec le tranchant sur la gorge, etc. ?	5	4	3	2	1
Des bâtons sur n'importe quel angle d'attaque?	5	4	3	2	1
Des étranglements ou différents agrippages?	5	4	3	2	1
Différentes clés de bras ou de poignets?	5	4	3	2	1
Des projections (judo, jujutsu, aïkido, etc.)?	5	4	3	2	1

Puis-je me défendre efficacement dans des conditions telles que...

	5	4	3	2	1
Le dos contre un mur?	5	4	3	2	1
Avec beaucoup de vêtements (hiver)?	5	4	3	2	1
Si je suis sur la glace ou dans la neige?	5	4	3	2	1
Sur un terrain en pente, inégal ou boueux?	5	4	3	2	1
En obscurité totale lorsque je ne peux voir l'adversaire?	5	4	3	2	1
Dan un endroit étroit?	5	4	3	2	1

Je connais et peux pratiquer ou utiliser...

	5	4	3	2	1
Au moins 2 exercices de contrôle d'émotions.	5	4	3	2	1
Au moins 2 exercices de respiration.	5	4	3	2	1
Au moins 2 exercices de concentration.	5	4	3	2	1
Au moins 2 exercices de méditation.	5	4	3	2	1
Au moins 2 armes permettant de contrôler un individu en situation réelle.	5	4	3	2	1
Au moins 2 types de frappes utilisant des énergies différentes.	5	4	3	2	1
Au moins 2 exercices de « timing ».	5	4	3	2	1
Au moins 2 exercices d'évaluation des distances.	5	4	3	2	1
Au moins 1 exercice de contrôle de la douleur.	5	4	3	2	1
Des exercices sur le *ki*.	5	4	3	2	1
Des exercices pour ressentir des attaques arrière.	5	4	3	2	1
Des exercices de vision globale (« soft focus »).	5	4	3	2	1

Puis-je...					
Contrôler un adversaire sans le blesser gravement?	5	4	3	2	1
Frapper quelqu'un efficacement à travers un manteau, ou une protection quelconque, etc. ?	5	4	3	2	1
Passer rapidement de l'inaction à l'action totale?	5	4	3	2	1
Apprendre quelque chose d'autre dans ce que je connais déjà dans mon style (on ne connaît jamais totalement son style)?	5	4	3	2	1
Ouvrir facilement mon esprit à un autre style?	5	4	3	2	1
Impressionner plusieurs adversaires par ma détermination?	5	4	3	2	1
Vaincre plusieurs adversaires?	5	4	3	2	1
Prévoir facilement les réactions de mes adverssaires?	5	4	3	2	1
Me défendre les mains attachées?	5	4	3	2	1

Voici quelques questions à se poser si on enseigne déjà où l'on désire devenir professeur.

Ai-je un bon contrôle sur le groupe?	5	4	3	2	1
Je jauge mes étudiants facilement?	5	4	3	2	1
J'ai du charisme face à un groupe?	5	4	3	2	1
J'aime que l'on me pose des questions?	5	4	3	2	1
J'aime innover avec de nouveaux exercices?	5	4	3	2	1
J'avoue mes erreurs lorsque j'en fais?	5	4	3	2	1
Lorsque j'enseigne, je suis au naturel?	5	4	3	2	1
On comprend facilement ce que j'explique?	5	4	3	2	1
J'accepte aisément qu'un étudiant ait raison?	5	4	3	2	1
Je ne manque jamais de patience?	5	4	3	2	1
Je peux voir aisément la logique ou l'illogisme d'une technique?	5	4	3	2	1

Dans les arts martiaux, il est important de connaître beaucoup de techniques, mais il est encore plus important de connaître divers concepts qui régissent secrètement l'ensemble des techniques. À quel point connaissez-vous ceux-ci?					
Je comprends le sens de faire « un » avec l'univers?	5	4	3	2	1
Je comprends le sens de faire « un » avec l'adversaire?	5	4	3	2	1
Je comprends les concepts du rythme?	5	4	3	2	1
Je comprends les concepts concernant l'alignement des os?	5	4	3	2	1
Je comprends les différents types d'énergie utilisables en combat?	5	4	3	2	1

Autre point important, beaucoup de ceintures noires figent et sont incapables de réagir efficacement en situation réelle. Je le redemande ici, comment réagiriez-vous face à une attaque au couteau?					
Ma capacité de maîtrise.	5	4	3	2	1

Il est évident que même avec toutes ces questions, nous ne pouvons faire complètement l'évaluation des connaissances que devrait posséder un bon art martialiste. Ce bilan n'avait ici que pour but de vous montrer qu'il existe bien d'autres choses dans les arts martiaux que de simples coups de poing ou de superbes katas, dont le sens caché véritable nous échappe hélas, trop souvent.

Il faut parfois, pour toucher à tous ces aspects, aller jeter un coup d'œil dans le jardin du voisin. Alors, n'hésitez pas à aller vous initier à d'autres arts martiaux que le vôtre. Les vieux maîtres étaient habituellement ceintures noires dans plus d'un style.

Chapitre 47

Vos objectifs

Vous faites maintenant des arts martiaux depuis peu ou au contraire depuis plusieurs années? Quels sont vos objectifs? Avez-vous déjà songé à un but dans votre cheminement martial? Pour tous les débutants, le principal objectif est d'acquérir la première ceinture. Même si ce n'est pas très élevé et glorifiant aux premiers abords, cette ceinture est le pied dans l'engrenage. Tous les pratiquants sont fiers de recevoir cette première graduation. C'est elle qui va nous motiver à continuer et qui est la première récompense des efforts que l'on a fournis sans ménagement. Elle est très symbolique. À ce stade, on ne se considère plus tout à fait comme un débutant.

Au moment où j'écris ces lignes, j'écoute un reportage où Hatsumi sensei dit que dans le *budo*, lorsqu'on pense maîtriser très bien quelque chose, nous sommes dans l'erreur. On aura beau cumuler les degrés, il y aura toujours quelque chose à améliorer. Je pratique les arts martiaux depuis plus de quarante ans et il m'arrive fréquemment de découvrir de nouvelles choses sur des techniques que je connais depuis si longtemps. C'est lorsque l'on croit que l'on maîtrise tout qu'il y a un petit problème... d'égo.

Revenons-en à nos moutons. Avez-vous déjà songé à ces objectifs? Pour ceux qui pratiquent les arts martiaux sportifs, la réponse est probablement plus simple. On le fait pour le prestige, pour les médailles et dans certains cas pour l'argent. Cet objectif a le mérite d'être clair et direct. Le défi qu'offrent les arts martiaux est stimulant pour beaucoup de pratiquants. Réussir à gravir les échelons pour finalement pouvoir se confronter aux meilleurs, quoi de plus euphorisant? Si cela est votre but, jusqu'à quel âge pensez-vous pouvoir performer de la sorte? Et si jamais vous ne parvenez pas à vous hisser parmi les niveaux supérieurs, comment le prendrez-vous? Une fois que vous aurez atteint l'objectif ultime, que vous serez déclaré champion du monde, que se passera-t-il par la suite? Est-ce que vous allez continuer à pratiquer les arts martiaux ou y aura-t-il un désintéressement de votre part parce que la carotte ne sera plus au bout du bâton? Mis à part cet aspect compétition, qu'aimez-vous d'autre dans les arts martiaux?

Pour beaucoup de personnes, même s'ils n'osent pas se l'avouer, la recherche de la confiance en soi est le but ultime. Je ne parle pas ici de vaincre la peur face à une agression, mais simplement d'être bien dans sa peau. De trouver une raison de revaloriser l'estime que l'on a de soi. Les arts martiaux nous démontrent que l'on a la capacité d'apprendre et de maîtriser des enchaînements qui sont parfois difficiles à faire. Repensez à la satisfaction que vous avez eu la première fois que vous avez réussis un kata compliqué ou que vous avez mis à genou votre partenaire d'entraînement qui vous apparaissait comme une montagne de muscles. Même si dans notre for intérieur on sait que l'on n'est pas invulnérable, il y a un petit changement qui se fait sentir. Une certaine liberté que l'on ne possédait pas auparavant. Ce petit quelque chose qui fait que l'on ne se sent pas inférieur face à des gens de situations plus élevées. Cette confiance se transpose souvent au niveau de nos relations sociales.

Pour d'autres, c'est simplement la passion de découvrir de nouveaux principes. Les arts martiaux nous offrent un apprentissage sans fin. Comparativement à la plupart des sports où vous ne pourrez continuer à performer avec les années, les arts martiaux vous offrent l'opportunité de vous améliorer jusqu'à un âge avancé. Bien sûr, vous ne sauterez plus aussi haut, ne ferez plus de pirouettes acrobatiques, mais vous compenserez par des déplacements simples, qui, effectués au bon moment, vous permettront de développer une puissance qui s'améliorera avec les années. Les arts martiaux sont une discipline physique bien sûr, mais avant tout, ils sollicitent notre intellect. Ils requièrent notre compréhension et notre faculté d'analyser une situation, un enchaînement et une stratégie optimale.

Si vous faites ces arts dans un but de sociabiliser avec d'autres personnes, il est certain que dans le *budo* vous trouverez des gens bien. Bien sûr, tout n'est pas perfection, mais dans l'ensemble on y côtoie des gens de cœur, des gens responsables qui feront preuve d'un bon sens des valeurs telles que le respect et l'honneur, des gens que l'on retrouve de moins en moins dans notre société. Pour ma part, les arts martiaux m'ont fait découvrir des gens formidables, des personnes sincères, qu'il me fait toujours plaisir de côtoyer.

Pour d'autres, la motivation passe par l'obtention de la ceinture noire. Malheureusement, beaucoup oublient que ce n'est pas l'aboutissement, mais simplement le début. Dans mon art martial, le palier du 5e dan est celui où plusieurs considèrent qu'ils ont réussi l'objectif ultime. Ici aussi, ce n'est qu'un début, un renouveau dans la façon de voir les techniques que l'on connaît déjà. Dans notre mode de pensée occidentale, lorsque l'on reçoit une ceinture, on a tendance à se dire que maintenant nous sommes cette ceinture, ce niveau. Pour beaucoup de vieux pratiquants japonais, le degré que l'on a n'est pas encore acquis. On a le devoir de valoir le degré que l'on a reçu. Ce degré n'est pas une fin, mais un objectif à atteindre. Je suis quinzième dan et j'ai le devoir de valoir ce degré. Il se peut que je réussisse, mais il est aussi possible que si je me repose sur mes lauriers, je perde de vue cet objectif et qu'en fin de compte je ne vaille plus ce niveau tant convoité. Alors avant de se présenter et de s'afficher avec un tel degré, il faut se demander si on le vaut vraiment au moment où l'on s'en sert pour se pavaner.

Au fil des décennies, j'ai vu beaucoup de gens commencer les arts martiaux parce que le conjoint ou la conjointe ou encore des amis les y avaient presque amenés de force. Dans bien des cas et c'était mon cas, ces gens resteront au dojo alors que leurs amis ont cessé l'entraînement depuis longtemps déjà. Est-ce que ces personnes avaient un objectif au départ? Probablement que non, le seul but était de faire plaisir à quelqu'un d'autre. Ils demeurent là juste parce qu'ils aiment cela. La ceinture noire n'est pas une fin en soi, l'entraînement se passe au jour le jour, sans obligation de performer. Si les ceintures se succèdent l'une après l'autre, c'est simplement que c'était dû, que c'est ce qui doit arriver. Ces personnes seront présentes au dojo tant qu'elles s'y sentiront bien, tant qu'elles y trouveront leur place. Pour elles, les arts martiaux ne sont qu'un bout de chemin qu'elles ont emprunté un jour. Elles n'ont pas de destination précise, mais le panorama est splendide et pour elles, avancer dans cette voie est pour l'instant quelque chose de très agréable.

Pour beaucoup d'autres, les arts martiaux sont un cheminement spirituel. Une façon d'être bien dans leur peau et de se relier à leur être intérieur et à l'univers. On peut trouver l'illumination dans la méditation passive, mais également dans le mouvement. Les arts martiaux nous offrent un outil extraordinaire pour atteindre le satori. C'est un bon exutoire pour se libérer de nos pensées négatives et de tout ce qui peut nuire à notre bon équilibre mental. C'est un merveilleux outil pour apprendre à gérer le stress auquel nous soumet notre vie moderne. Il y a peu de discipline qui nous amène à développer un aussi bon équilibre entre le physique et le mental.

Enfin, on peut faire des arts martiaux pour plusieurs raisons et se donner des buts divers. L'important est de continuer dans le chemin qui nous est tracé. Et, si un jour, la pratique des arts martiaux ne nous apporte pas un petit brin de satisfaction et de bonheur, alors peut-être que ça sera le temps pour vous de prendre un peu de recul.

Lorsque vous verrez l'un de vos amis abandonner le *budo*, demandez-vous ce qui l'a amené à quitter cette voie. Essayez de comprendre ses motivations, elles vous aideront probablement à mieux vous comprendre vous-même. Le *budo* c'est la vie, diront les vieux maîtres. Profitons-en pour développer notre conscience et se poser des questions sur nous et sur ce qui nous entoure.

Finalement, mis à part les arts martiaux, quel objectif avez-vous dans votre vie?

Remerciements

Ce livre résulte de plus de quarante années d'expérience dans divers arts martiaux. Nous sommes la somme de nos expériences, qu'elles aient été bonnes ou mauvaises. Que ce soit avec de bons professeurs ou de mauvais professeurs, avec de bons étudiants ou de mauvais étudiants, chaque pratiquant que l'on rencontre sur notre parcours nous offre une opportunité de progresser. C'est à nous de saisir ce moment précieux et unique, qui ne se présente qu'une seule fois.

Je remercie tous ces gens qui m'ont aidé à progresser. En particulier ma compagne et complice Francine Tremblay. Pour cette version numérique, je tiens également à exprimer ma gratitude à Éric Pronovost qui, avec patience, corrige les nombreuses fautes que je laisse passer trop facilement. Merci également à Frédéric Simard pour son aide dans le montage final de ce livre.

Et finalement, merci à vous cher lecteur d'avoir pris le temps de lire cet ouvrage.

Dépot légal – Bibliothèque et Archives nationales du Québec. 2017
Dépot légal – Bibliothèque et Archives Canada. 2017

www.ingramcontent.com/pod-product-compliance
Lightning Source LLC
LaVergne TN
LVHW051231080426
835513LV00016B/1528